J. BOULANGER

RUSSIE

PREMIÈRE SÉRIE

À TRAVERS L'ALLEMAGNE

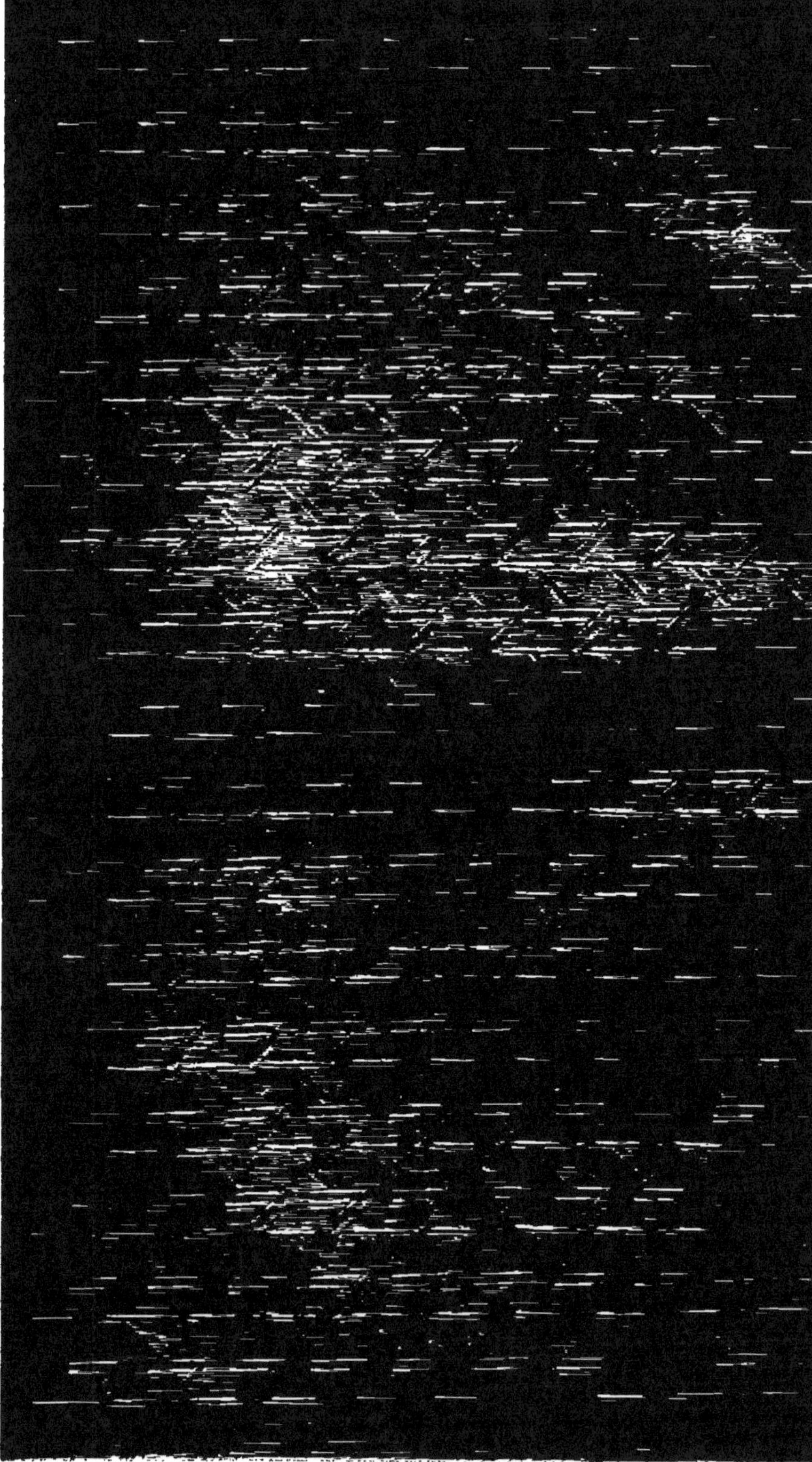

PENDANT UNE MISSION

EN RUSSIE

A TRAVERS L'ALLEMAGNE

OUVRAGES DU MÊME AUTEUR

Les Réformes nécessaires. — 1 vol. in-18. Paris, Guillaumin et Cie et Pedone-Lauriel, éditeurs, 1869.

Études économiques et financières. — 2 vol. in-18. Paris, Guillaumin et Cie et Pedone-Lauriel, éditeurs, 1883.

L'Indépendance de l'Égypte et le Régime international du canal de Suez. — 1 vol. in-18. Paris, Guillaumin et Cie et Pedone-Lauriel, éditeurs. 1885.

La Réforme de l'Impôt. — TOME Ier. LES IMPÔTS ET LES THÉORIES FISCALES AUX XVIIe ET XVIIIe SIÈCLES DANS LES DIVERS ÉTATS DE L'EUROPE. 1 vol. in-8°. Paris, Guillaumin et Cie et Pedone-Lauriel, éditeurs, 1885.

L'Impôt sur le Pain. — LA RÉACTION PROTECTIONNISTE ET LES TRAITÉS DE COMMERCE. — Guillaumin et Cie et Pedone-Lauriel, éditeurs, 1885.

Traité de Critique et de Statistique comparée. — DES INSTITUTIONS FINANCIÈRES, SYSTÈMES D'IMPOTS ET RÉFORMES FISCALES DES DIVERS ÉTATS AU XIXe SIÈCLE. — 1 vol. in-8°. Paris, Guillaumin et Cie et Larose, éditeurs, 1889.

SOUS PRESSE

Pendant une Mission en Russie. — Seconde série : A TRAVERS LA RUSSIE. — 2 vol. in-18.

La Réforme de l'Impôt. — TOME II. LES IMPÔTS ET LES THÉORIES FISCALES AU XIXe SIÈCLE.

Le Problème monétaire. — 1 vol. in-8°.

PENDANT UNE MISSION
EN RUSSIE

PREMIÈRE SÉRIE

A TRAVERS L'ALLEMAGNE

TOME PREMIER

Entraînement économique de l'Allemagne. — I. De Cologne à Brême.
II. Hambourg. — III. Commerce et Navigation maritimes en Allemagne.
IV. Berlin. — V. La Reichsbank et les Banques allemandes.

PAR

M. E. FOURNIER DE FLAIX

So weit die Deutsche Zunge klingt
Und Gott im Himmel Lieder singt,
Das soll es sein, das soll es sein,
Das, wackrer Deutscher, nenne dein!

A PARIS

GUILLAUMIN & Cie | L. LAROSE

LIBRAIRES-ÉDITEURS

1894

AVANT-PROPOS

Un rapprochement significatif vient de s'opérer entre la France et la Russie. Sans doute, les gouvernements, les hommes d'État qui dirigent les deux nations, auront à revendiquer leur part dans ce grand fait, destiné à caractériser les dernières années du xixᵉ siècle; toutefois cette influence, quelle que soit son importance, ne doit pas être mise en première place. L'alliance de la Russie et de la France s'est faite sous l'empire de la nécessité; elle sera maintenue par la même force. De là, le caractère spontané, populaire, irrésistible, qu'elle a revêtu chez les Russes comme chez les Français; elle est née de la force des choses.

Les événements de 1866, comme ceux de 1870, mais peut-être à un plus haut degré encore, ont profondément modifié les conditions de sécurité et d'indépendance des principaux États de l'Europe. Grâce aux chimères criminelles de Napoléon III, favorisées et exploitées par un entourage cosmopolite, grâce aux ressentiments, exagérés mais légitimes, aux illusions de parenté d'Alexandre II, les fondements séculaires de l'équilibre européen ont été renversés.

Jusqu'à présent, à une seule exception près, — l'éphémère empire de Napoléon Ier, — c'était à la France qu'était échu le devoir de faire respecter cet équilibre, tel que l'avaient combiné les grands traités internationaux de Westphalie, d'Utrecht et de Vienne. Ces traités formaient la charte de l'indépendance des diverses nationalités dont se compose la famille européenne, de cet ensemble que les diplomates appelaient l'*Europe*. Ces traités ont été le chef-d'œuvre et resteront la gloire de la politique française, représentée par Henri IV, Richelieu, Louis XIV, Louis XVIII. Napoléon III a cru que ces traités avaient fait leur temps. Tenant ceux de Vienne comme contraires à sa dynastie, il n'a pas hésité à détruire, de ses propres mains, l'œuvre des siècles, garantie de l'indépendance et de l'influence de la France, en vue d'intérêts transitoires. C'est un des cas les plus curieux où les intérêts permanents d'une nation ont été sacrifiés au profit exclusif d'une dynastie d'aventure.

Mal disposée, depuis la guerre de Crimée, la Russie a laissé faire. Elle a également préféré l'accessoire au principal, ses revendications d'amour-propre à sa sécurité et à son influence.

Qu'est-il arrivé? Il s'est tout à coup constitué au centre de l'Europe un empire militaire formidable, plus redoutable que le peuple romain. Que sont les vingt-cinq légions inventoriées par Auguste dans son testament, à côté de l'armée allemande? Qu'on cherche, dans l'histoire des empires militaires, une organisation aussi puissante, appuyée sur une race plus belliqueuse, à la disposition d'un gouvernement plus clairvoyant et plus ambitieux! Cet empire, qui renferme déjà 5o millions d'habitants appartenant la plupart à la même race et parlant la même langue, doués d'une énergique vitalité, exerce autour de lui une attraction d'autant plus efficace qu'il rencontre, de tous côtés, en Hollande, en Belgique, en Suisse, en Autriche, dans les provinces baltiques de la Russie, des populations sympathiques, rapprochées par la communauté du sang, de la langue, de la religion. On ne saurait évaluer à moins de 3o millions l'importance de ces populations qui, ralliées au foyer principal, formeraient une masse dont la prépondérance, eu égard à sa consistance et aux éléments supérieurs qui la constitueraient, s'imposerait à l'Europe entière. Il faut aujourd'hui des millions de soldats, des dépenses écrasantes, pour garantir, et non sans beaucoup d'incertitude, le lendemain des nations auxquelles les traités de Vienne donnaient plus de sécurité que 16 millions de fusils prêts à se lever au premier ordre.

Cette sécurité si parfaite dont l'Europe a joui de 18i5 à 1848, l'alliance de la France et de la Russie suffit pour la lui rendre. Séparés, désunis, isolés l'un de l'autre, ces deux grands peuples pourraient être impuissants à la maintenir. Si des circonstances imprévues, malheureuses, les portaient encore à méconnaître l'étroite solidarité de leurs intérêts, l'Allemagne, même en invoquant le prétexte de la cause de la civilisation, saisirait, sur-le-champ, la première occasion de les accabler séparément. Elle pourrait ainsi devenir, en quelques jours, l'arbitre absolu de l'Europe, de même qu'en dix jours la Prusse, conduite par Napoléon III lui-même, s'est transformée en arbitre absolu de l'Allemagne.

Menaçante par son organisation militaire, la force de ses institutions et sa haute ambition, l'Allemagne trouve dans l'alliance de l'Autriche et de l'Italie un concours capable de lui procurer la maîtrise de l'Europe, mais impuissant pour la maîtriser elle-même. Victorieuse de la Russie, avec la triple alliance, elle serait de taille à accabler la France, puis à soumettre ses propres alliés au même joug. La situation actuelle de l'Europe est donc très grave, plus grave même qu'au XVIe siècle lorsque Charles-Quint parvint à réunir sous la même main l'Espagne, l'Italie, l'Allemagne, les trésors du Mexique et du Pérou. Une partie de l'Allemagne, même de l'Italie, la Hollande, l'Angleterre, vinrent au secours de la France qui put ainsi sauvegarder l'indépendance de l'Europe.

Les conditions ne sont plus aujourd'hui les mêmes. La triple alliance forme un groupe de 120 à 130 millions d'hommes, plutôt favorisé que redouté par l'Angleterre. Devant de telles forces, tous les petits États, Suède, Norwège, Danemark,

Hollande, Belgique, Suisse, Roumanie, Bulgarie, s'inclinent ou se cramponnent à une neutralité plus ou moins sincère. Telle est à peu près la politique de l'Espagne et de la Turquie.

Seules la France et la Russie sont debout, opposant au groupe de la triple alliance une masse de 140 à 150 millions d'hommes. Unies, leur opposition est efficace ; désunies, impuissante.

Il faut remonter loin dans l'histoire de l'Europe pour retrouver des circonstances aussi dramatiques, aussi décisives. Elles se sont présentées au moment de la grande guerre punique. Rome épouvantait déjà tous les rois et tous les peuples. Annibal ne réussit jamais à convaincre la Macédoine, la Grèce, l'Égypte, la Syrie, de la nécessité de s'unir à lui. Elles lui donnèrent quelque argent et, avant Zama, elles étaient déjà condamnées [1].

L'alliance de la Russie et de la France est donc sortie des entrailles mêmes de l'Europe. Sans elle, l'Europe est finie. C'est le dernier rempart contre l'invasion et la dictature des nations germaniques [2].

Malgré l'immense influence exercée pendant le XVIIe et le XVIIIe siècle par la civilisation française, l'Europe presque entière s'est soulevée contre la

---

(1) Relire l'admirable chapitre v, *Grandeur et Décadence des Romains*. Unies, Carthage et la Macédoine auraient pu préserver l'Égypte, la Grèce, la Syrie ; désunies, Rome les abattit une à une.

(2) Joseph de Maistre, en prévision du maintien de l'empire de Napoléon Ier, ne cessait d'écrire à Saint-Pétersbourg : « L'Europe est finie. »

suprématie de la France et Napoléon Ier. Aujourd'hui il s'agit de préserver l'Europe de la suprématie de l'Allemagne, tout autrement menaçante, d'abord par sa situation même au centre de l'Europe qui lui garantit la séparation géographique de ses ennemis ou de ses victimes ; tandis que la France, reléguée à l'une de ses extrémités, n'a jamais pu prévenir les coalitions ; — puis, par la masse des populations allemandes, et leur redoutable accroissement annuel ; — enfin par le fait décisif, mis en évidence dans la guerre de 1870-1871, que l'Allemagne est loin d'être encore parvenue au même degré de civilisation que les peuples de l'Europe occidentale.

Des rapports suivis entre la France et la Russie ne se sont ouverts qu'au xviiie siècle. La France avait alors la Suède et la Pologne pour alliées dans le Nord ; elle a eu même la Prusse pour alliée. Les deux peuples se trouvèrent ainsi diplomatiquement séparés. Toutefois la séparation politique ne mit pas obstacle à la pénétration des idées françaises en Russie, durant tout le xviiie siècle [1] ; cette pénétration n'a même nulle part laissé plus de traces. Les classes supérieures de la Russie sont restées fidèles à la culture française ; elles parlent, avec une rare élégance, notre belle langue de Voltaire et de Condillac ; elles aiment notre

[1] Voir l'introduction mise par M. Rambaud à ses publications sur les rapports diplomatiques de la France et de la Russie avant 1789.

littérature, nos arts, nos modes; elles accueillent les Français comme des compatriotes. Il n'en est de même ni en Angleterre, ni en Allemagne, ni en Italie, ni en Espagne. L'influence de la France, de sa civilisation, de sa langue, y a presque disparu. Au contraire, elle est intacte et vivante en Russie. Dans les classes moyennes russes, aujourd'hui grandissantes, cette influence est entretenue par un assez grand nombre d'ingénieurs, d'industriels, de commerçants français, fixés depuis longtemps en Russie. M. Jules Goujon, membre de la Société d'Économie sociale de Paris, dirige à Moscou les établissements métallurgiques que ses parents y ont fondés, il y a plus d'un demi-siècle. A raison de leur importance, la Bourse des marchands de Moscou l'a désigné pour l'un de ses représentants auprès de l'Empereur. Combien ai-je rencontré, pendant mon voyage, de Français dans les mêmes conditions, entourés de l'estime publique et favorisant l'influence de la France! Les uns ont conservé la nationalité primitive, les autres y ont renoncé; tous sont restés Français de cœur. L'influence directe de la France est moins grande dans les masses populaires; néanmoins, elles sont entièrement sympathiques pour la France qui leur apparaît comme une sorte d'Eldorado, ou de paradis terrestre.

Les guerres de la Révolution et de l'Empire, celle de Crimée, n'éveillent chez les Russes aucun souvenir irritant. Ils reconnaissent qu'en 1856 la

France a eu la principale part à la paix, comme elle avait eu la principale part à la victoire. De même, si en 1814 et 1815, la Russie a été l'âme de la résistance à Napoléon, c'est elle qui a le plus contribué à conserver à la France les limites traditionnelles de son territoire [1].

On rencontre, il est vrai, dans quelques groupes du grand parti qui a pris en main la direction du gouvernement de la France, une certaine résistance à l'alliance de la Russie et de la France. On invoque contre, non pas le fait actuel de l'alliance, mais sa durée, l'éloignement des deux nations, les différences de leur civilisation et l'opposition de leurs institutions. Au xvi⁰ siècle, la Turquie n'était pas moins éloignée de la France que la Russie; elle différait de la France non moins par les institutions, la civilisation, la religion; cependant rien n'a pu ébranler les fondements de la politique établie par François I⁰ʳ. L'alliance ottomane a rendu de grands services à la monarchie française. Nos belles clientèles d'Orient en proviennent pour une bonne

[1] M. F. de Hénaut vient de publier un volume sur les résultats de l'alliance franco-russe pendant la Restauration : *Douze ans d'alliance franco-russe* — Quantin, 1892, — avec une préface remarquable de M. Paul Laffitte. M. Paul Laffitte relève le fait qu'après nos désastres de 1870 la Russie a tenu la même politique qu'après 1814 et 1815, non point par fantaisie politique, mais sous l'empire de la force des choses. « La France réduite à l'impuissance, » ce serait la Russie menacée sur sa frontière de l'Ouest et arrêtée dans ses » rêves d'Orient. La sécurité de l'Empire moscovite, son indépendance » d'action sont liées à notre existence de grande nation... Entre les trois races » qui dominent dans l'Europe continentale, un certain équilibre s'impose : » c'est là, et non ailleurs, qu'il faut chercher l'explication de l'alliance ou de » l'amitié franco-russe. »

part. Pourquoi l'alliance russe ne s'approprierait-elle pas, à son tour, à la République française ?

D'ailleurs, entre le gouvernement ottoman, à l'époque de Soliman le Magnifique, comme aujourd'hui, et le gouvernement russe actuel, combien de dissemblances ! Il y a en Russie une opinion publique, s'exprimant par une presse déjà considérable. Cette opinion s'est précisément manifestée à l'occasion de la visite de Cronstadt. En Russie, tout aussi bien qu'en France, l'opinion se préoccupe, et à très juste titre, de l'accroissement des forces militaires de l'Allemagne, des vues de son gouvernement et surtout de l'ambition illimitée et sans scrupule de la race germanique, de sa force d'expansion, de sa redoutable puissance d'assimilation. La nécessité de l'alliance avec la France s'y impose à tous les esprits et à tous les intérêts, de même qu'en France tous les vrais patriotes s'inclinent devant la nécessité de l'alliance avec la Russie.

Par suite, on doit considérer que ni la différence des institutions, ni l'éloignement, ni les divergences qui ont longtemps séparé, non point les deux nations, mais leurs gouvernements, ne sauraient prévaloir contre une nécessité réciproque et inéluctable.

Je n'ai pas à entrer ici dans l'histoire des relations politiques de la Russie et de la France. Cette histoire peut se ramener à un seul fait. Depuis Catherine II jusqu'à Alexandre II, l'influence de la

Prusse a prévalu auprès du gouvernement russe. Eh bien ! malgré cette influence, malgré l'autocratie des czars, malgré les guerres, la société russe est restée toujours attachée à la France. C'est encore en Russie qu'on constate combien la France a été grande au xviiie siècle.

Pendant la guerre de 1870, le peuple russe manifesta souvent ses préférences pour la France. Alexandre II, dominé par les souvenirs pénibles de la guerre de Crimée et son amitié pour sa famille prussienne, refusa et même empêcha toute intervention. Plus tard, il est revenu à des sentiments plus bienveillants. Il est certain qu'en 1875 il prévint les manœuvres hostiles de M. de Bismarck contre la France. En 1887, Alexandre III, mieux disposé encore que son père, après avoir abandonné la triple alliance, agit avec non moins de décision.

On put se rendre compte des changements opérés dans la politique du gouvernement russe, lors de l'Exposition de 1889. Le gouvernement ne prit point part à l'Exposition, mais il encouragea les particuliers à exposer. C'est pour répondre aux bonnes dispositions de la Russie que la *Société commerciale et industrielle*, qui a rendu tant de services au commerce français, prit l'initiative d'une Exposition des produits de l'industrie française à Moscou en 1891. Cette Exposition, après quelques moments difficiles, a parfaitement réussi, grâce au concours de M. Flourens, ancien ministre des affaires étrangères; de M. Dietz-Monin, sénateur; de M. Prévet, représentant la Société commerciale et industrielle; de M. Dru, directeur, et de M. le comte de Kercaradec, consul général de France à Moscou. La population de Moscou s'y intéressa et, quand le moment de la clôture arriva, elle s'empressa de solliciter un sursis.

Le plus grand résultat de cette Exposition a consisté à attirer en Russie un nombre tout à fait inaccoutumé de Français. Les Russes des hautes et moyennes classes voyagent : ils connaissent la France; ils s'y plaisent. Combien y meurent! Il n'en est pas de même des Français : très bien, trop bien chez eux, ils n'en démarrent pas. Au point de vue de cette grande alliance, indispensable à la sécurité de l'Europe comme à la pleine liberté d'action de la Russie et de la France, l'Exposition de Moscou a été une heureuse idée et un véritable succès. Je n'ai pu assister à la réception enthousiaste que la population de Saint-Pétersbourg et celle de Moscou ont faite à l'amiral Gervais et à ses braves matelots, mais j'en ai retrouvé partout le souvenir encore palpitant. A Moscou, l'élan a été immense; je le tiens de l'honorable M. Alexeeief, maire de Moscou, lui-même. « Je croyais bien, me » disait-il avec l'énergie de son français, que ça » marcherait bien; mais mes espérances ont été » dépassées. » A la tête des grands marchands de Kitaï-Gorod, M. Alexeeief a généreusement fait tous les frais de la réception. Il conduit la Douma et toute la grande cité moscovite avec la plus haute distinction. D'ailleurs, nous le retrouverons. L'Exposition avait préparé la réception.

Je ne fais pas allusion aux Français qui ont visité la Russie en 1891, à titre de commis-voyageurs ; mais aux touristes, aux artistes, aux observateurs indépendants, aux économistes. C'est ainsi que sortant du cabinet de M. Vyschnegradsky, ministre des finances, j'ai eu la bonne chance de rencontrer mon spirituel et habile adversaire du Congrès monétaire, M. Cernuschi, toujours alerte, toujours aimable. Montant dans le sleeping pour Nijni-Novgorod, je fais connaissance avec M. Marcilhacy, fils de l'ancien membre de la Chambre de commerce de Paris. En route pour Kief, le hasard me donne pour co-partner de sleeping M. Cambier, directeur des tramways d'Odessa. J'ai même eu pour compagnon, de Vienne à Munich, un négociant de Paris qui avait parcouru la Russie pour lever des photographies. Le mouvement est lancé et certainement il continuera. Le peuple russe n'aime pas les Anglais, excessivement rares en Russie ; il est saturé d'Allemands, qui commencent à quitter le pays. Par suite, il fait bon accueil aux Français.

L'alliance franco-russe ne se présente pas seulement comme la condition inéluctable de l'indépendance des divers États de l'Europe et de la libre action des influences différentes qui, tout en la partageant, lui donnent tant de variété et de vie, elle correspond, elle s'adapte à merveille, aux besoins économiques de la Russie et de la France.

J'écrivais, il y a trois ans, dans la préface du *Traité de critique et de statistique comparées des États* : « Dans quelques années, vers la fin de » notre siècle, si la paix est maintenue, la Russie » deviendra un vaste champ d'expérimentations » économiques, financières et fiscales. » J'indiquais notamment l'éventualité des conversions de la dette russe et l'urgence de modifier la législation fiduciaire et monétaire de la Russie, le tout avec le concours des capitaux français. Ce concours a été depuis réclamé quatre fois; chaque fois le capital français a largement répondu à la demande. On évalue qu'il a mis plus de deux milliards à la disposition de la Russie, et sa bonne volonté, de même que ses forces, sont loin d'être épuisées.

La Russie peut, en effet, servir à la France de vaste champ de colonisation où elle emploiera ses capitaux disponibles, où elle placera ses enfants, ingénieurs, professeurs, maîtres ouvriers, comptables, dans des conditions qui conviennent mieux à ses habitudes raffinées que les expérimentations africaines. D'un autre côté, la Russie n'a qu'à tendre la main pour puiser en France tout ce qui lui manque et tout ce dont elle a le plus impérieux besoin en capital matériel et intellectuel. Cette réciprocité de l'offre et de la demande revêt d'un nouvel aspect l'alliance de la France et de la Russie. A la fatalité politique inexorable vient s'adjoindre, pour en tempérer la rigueur, la convenance économique, l'appropriation de deux civilisations.

C'est en se plaçant à ce point de vue que le Ministère de l'Instruction publique, innovant, grâce à l'initiative du ministre, l'honorable et sympathique M. Bourgeois, à de vieux errements, m'a confié le mission de parcourir la Russie pour y continuer mes études économiques et sociales. J'admire beaucoup les cylindres de Dodone et de Délos, surtout quand ils peuvent servir à reconstituer l'état économique et social de la Grèce, encore si mal connu, du moins en France; sans doute on peut trouver quelque intérêt à découvrir quelques sauvages qui vont disparaître, mais je donnerai toujours la préférence à ce qui est vivant sur le détritus de ce qui a vécu.

Les études contenues dans ce volume sont le résultat de ma mission [1]. Elles ont toutes été faites ou préparées sur les lieux et complétées à l'aide de documents, la plupart de source officielle. Dans toutes les villes de la Russie, à Saint-Pétersbourg, à Moscou, à Nijni-Novgorod, à Kiew, à Odessa, partout j'ai rencontré soit des propriétaires, soit des industriels, soit des fonctionnaires, souvent d'anciens Français, avec lesquels je suis encore en rapport, qui m'ont prêté le

---

(1) En dehors des observations et des faits relevés personnellement, j'ai surtout fait usage de documents officiels, les uns imprimés, les autres manuscrits. J'ai pris soin de les citer. Je cite également les documents privés qui m'ont été communiqués, en particulier pour Constantinople, et les statistiques de Russie ou de Turquie que j'ai eu à consulter.

concours le plus bienveillant. Je dois placer au premier rang S. Exc. M. Vyschnegradsky, ministre des finances, qui a bien voulu favoriser lui-même mes diverses demandes. C'est son intervention personnelle qui seule m'a permis de visiter complètement la Banque impériale de Russie. L'appui de S. Exc. M. le comte Delianof, ministre de l'instruction publique, ne m'a pas été moins nécessaire pour obtenir les documents sur l'enseignement agricole en Russie, les artèles et les banques populaires. Je leur en exprime toute ma gratitude.

Je saisis aussi avec empressement l'occasion de remercier M. de Keppen, membre de la Société d'Économie sociale, ingénieur des mines, chef de bureau au ministère des domaines, et M. Bortniker, vice-directeur du département de l'agriculture à Saint-Pétersbourg, M. Alexeeief, M. Jules Goujon et MM. Beaux à Moscou, M. Afanassiew, directeur du Crédit mutuel à Odessa, de l'intérêt qu'ils ont pris à mes travaux; M. Kotchubey et M. Cambier à Kiew, de l'accueil qu'ils m'ont fait. A titre de l'un des plus anciens rédacteurs de la *Nouvelle Revue*, fondée et dirigée avec tant de distinction par Mme Adam, LL. EE. le prince et la princesse Shahovskoy Strechneff m'ont gracieusement invité à passer auprès d'eux une soirée dans leur splendide habitation des environs de Moscou. J'ai pu voir ainsi de près l'une des familles les plus antiques et les plus respectables de l'empire russe. J'y ai été reçu comme un ami et, pendant plusieurs heures, je me suis cru en France. Je n'ai pu, à mon très grand regret, me rendre à l'invitation du prince Mestchersky qui m'offrait de faire pour sa terre de Douguino (province de Smolensk) une étude détaillée comme celle à laquelle M. Kotchubey m'a convié. Mais ce qui est différé n'est pas perdu, je l'espère du moins. Même accueil et même invitation de la part de M. Muller, ancien négociant à Saint-Pétersbourg, marié avec une Alsacienne de Mulhouse, appartenant à l'administration du plus grand propriétaire russe, le prince Yousoupoff. Je compte y répondre plus tard.

Traverser l'Allemagne et revenir par Constantinople, sans faire quelques études sur le puissant empire qui s'est élevé autour de la France, en moins de deux siècles, et sur la ville exceptionnelle qui sert de trait d'union entre l'Europe et l'Asie, n'était pas possible.

On peut redouter la prépondérance politique et économique de l'Allemagne, sans être l'adversaire de tous les Allemands, de ceux surtout que des liens de parenté ou de science constituent vos amis. Mes études sur la Russie sont ainsi précédées de quelques travaux sur la puissance maritime de l'Allemagne, sur Hambourg, sur la grande œuvre de Schulze-Delitsch, l'une des véritables gloires de l'Allemagne, sur Berlin. De même qu'en Russie, j'ai rencontré bien des facilités en Allemagne. Je dois encore mentionner tout ce qu'ont fait pour m'aider MM. Mendelssohn, M. Schenck, M. Hutt et M. Méroux, l'excellent chancelier du consulat de France à Hambourg. Puisse le chapitre dans lequel je montre la puissance et l'organisation du port de Hambourg décider MM. les sénateurs opposés aux crédits indispensables au port du Havre à faire le voyage de Hambourg. Les écailles leur tomberont certainement des yeux comme il est arrivé à saint Paul. L'entraînement économique de l'Allemagne n'est pas moins à connaître que son entraînement militaire.

Il est facile de comprendre qu'au retour de Russie j'aie donné la préférence à la mer Noire et à Constantinople sur la Roumanie et Bucarest. Non seulement Constantinople est encore l'une des plus grandes et des plus curieuses villes d'Europe, mais l'une de celles réservées au plus brillant avenir.

La situation de Constantinople est supérieure même à celle de New-York, si favorisée cependant; c'est, on croit pouvoir l'affirmer, la plus belle du globe. La ville est établie entre deux continents et deux mers, réunies par un long canal, avec un port spécial occupant tout un bras de mer. Elle se compose de trois groupes, séparés et unis en même temps par la mer. Scutari en Asie, Péra et Galata avec leurs dépendances en Europe, et, entre elles deux, Stamboul, la vieille colonie des Thraces, d'Athènes, la ville de Constantin et de saint Jean Chrysostôme, la capitale de Justinien, le foyer de la résistance à l'Islam pendant huit cents ans.

Ces trois groupes forment aujourd'hui une ville d'un million d'habitants. Les races, les religions, les civilisations de l'Europe et de l'Asie s'y croisent. Comment se comporte cette grande cité sous la domination des Ottomans ? Quel est son régime intérieur ? Les mêmes règles qui prévalent sous l'influence du christianisme, sont-elles acceptées par l'Islam ? Les populations y trouvent-elles les mêmes garanties, et, si elles ne les trouvent pas, quels en sont les résultats sur leur condition : accroissement annuel, vitalité moyenne, taux des salaires, coût de la vie, hygiène publique et privée, approvisionnements, assistance, décès, funérailles et cimetières ? car toute chair en vient là.

J'ai essayé de substituer quelques faits sérieux à tous les romans qui se succèdent depuis les *Lettres persanes* sur les Orientaux. Il faut avouer que les *Mille et une Nuits* avaient découvert une mine plus inépuisable que celle du Potose : sérails, harems, houris, eunuques, esclaves, derviches, haschich, ont accaparé en quelque sorte l'imagination européenne. Il y a lieu d'en rabattre quelque peu, l'ombre de Montesquieu devrait-elle en frémir. J'appuie mes réserves sur les avis d'un des membres les plus autorisés de notre colonie française de Constantinople, M. Vital Cuinet, secrétaire général de la Dette publique, auquel je suis beaucoup redevable pour les renseignements relatifs à l'administration de Constantinople et aux mœurs de ses habitants. Les Turcs ont de grands défauts, mais ne leur attribuons pas, au moins, les nôtres.

La Turquie, comme la Russie, est sympathique à la France. Les capitaux français peuvent y trouver de bons emplois. Sous le gouvernement sage et modéré d'Abdul-Hamid II, les Turcs s'habituent à respecter les garanties sans lesquelles les capitaux français n'accourront jamais. Ils commencent à apprécier quelques-uns des progrès dus à la civilisation européenne, notamment le chemin de fer. Comme le territoire ottoman est plus fertile que le territoire russe, plus varié dans ses productions, qu'il jouit d'un bien meilleur climat, les chemins de fer n'auront, nulle part, des résultats plus avantageux. En outre, les Français possèdent, dans l'Empire ottoman, des droits particuliers, toujours respectés. Leurs consuls les couvrent d'une protection efficace. Il est permis de douter que le Congo et le Dahomey procurent jamais à nos produits, chers et raffinés, des clientèles comparables à celles qu'ils ont encore en Orient, clientèles qu'avec plus de vigilance, ils pourraient si bien étendre. Il n'entre pas dans les idées et les goûts des Français de fabriquer pour les nègres des dieux de pacotille pas plus que de les empoisonner avec l'alcool : il leur faut des femmes qui portent des gants et des hommes qui aient des chemises.

L'Exposition de Moscou a montré que les produits français, recevant toujours une certaine préparation artistique, ne sauraient convenir qu'aux peuples pénétrés d'une première couche de civilisation. On critiquait, au premier aperçu, leur beauté, leur éclat, leur cherté. On plaisantait sur leur adaptation avec le pays des moujiks. La plupart se sont néanmoins vendus. Et il y a eu assez peu de retours.

La France trouve en Algérie, en Tunisie, et elle trouvera au Maroc, quand elle le voudra, un ensemble colonial tout à fait suffisant pour satisfaire ses velléités d'émigration, ses essais de colonies de peuplement. La Russie et la Turquie, qui se touchent et qui ne peuvent guère se séparer, puisqu'elles sont réunies par le territoire, lui offrent des champs illimités pour toute espèce d'autres colonisations : colonisations d'idées, colonisations de capitaux, colonisations de langage, colonisations de civilisation. Pendant mon séjour à Moscou, je reçus la visite d'un propriétaire de la vallée du Volga qui avait entendu parler de ma mission. Il venait me demander de lui expédier un instituteur pour l'aider à former une école dans laquelle le français serait enseigné. En Turquie, les missions catholiques, si justement appréciées, si populaires, préparent à la France de véritables centres d'action. Je les crois appelés à un autre avenir que ceux qu'on essaie d'établir, à hauts frais, sur les bords des grands lacs de l'Afrique équatoriale, au milieu des nègres, malgré l'opposition impitoyable des Arabes esclavagistes, en présence des colons ou des aventuriers anglo-saxons et saxons, non moins hostiles.

L'antipathie séculaire des vieilles races celtiques et des races germaniques, que César et Tacite constataient il y a près de vingt siècles, n'est pas à la veille de disparaître. Elle est d'ailleurs, pour les populations françaises, une sorte d'excitant nécessaire. Elle entretient en elles la tradition et l'énergie de la lutte que tant d'avantages, naturels ou laborieusement acquis, les portent, dans les périodes de prospérité qu'elles traversent, à trouver parfois trop dures. Mais cette lutte demeure, pour longtemps encore, assez active, assez opiniâtre, assez redoutable en Europe pour qu'ailleurs la France dirige l'expansion de ses forces au milieu de peuples dont l'amitié n'a jamais failli, dont le concours est certain, qui, au lieu de l'envie et de la haine, ont au cœur pour elle de l'affection et du dévouement.

Ne nous laissons ni séduire, ni submerger par les races germaniques, Saxons ou Anglo-Saxons. Nous n'avons rien à en attendre, et nous avons tout à en redouter. Sir Charles Wentworth Dilke, qu'il serait peut-être injuste de compter parmi les ennemis systématiques de la France, de notre race et de notre influence civilisatrice, ne nous a laissé, dans son pamplet : *Problems on greater Britain* [1], aucune illusion. « Le monde, dit-il, appartient aux » races anglo-saxonnes, aux Russes et aux Chinois.

[1] 2ᵉ volume, p. 582. — Mac-Millan, 1890.

» Avant la fin du siècle prochain, la France, » l'Allemagne elle-même, ne seront plus que des pygmées. » Ces prévisions ne sont pas sans quelque fondement. Toutefois, il est inadmissible que les Allemands, si intimement unis par la race, la religion, la langue, les traditions, les mœurs, aux Anglo-Saxons, se contentent de la fonction que sir Charles Dilke consent à leur assigner. Nul doute, pour tous les esprits clairvoyants, qu'ils ne tentent un effort suprême pour constituer en Europe un quatrième facteur en réduisant l'Autriche, l'Italie, les Scandinaves, l'Espagne, sans parler des États secondaires, au rôle de comparses, et en brisant l'indépendance, comme en occupant le territoire, des vieux Celtes.

Dans ces luttes inévitables, inexorables, implacables, la race celtique, qui possède toujours la perle du globe, le territoire le plus riche et le plus agréable, trouvera-t-elle, pour le défendre et le conserver, un appui dans les Anglo-Saxons et dans les Chinois ? Les Anglo-Saxons, depuis deux siècles, ne l'ont-ils pas poursuivie, dépossédée, accablée de tous côtés, en Europe, dans l'Inde, en Afrique, aux Antilles, dans la vallée du Mississipi, au Canada, avec un acharnement impitoyable? N'ont-ils pas été l'âme de toutes les coalitions contre la France, sous la République et sous l'Empire, pendant vingt-deux ans? N'ont-ils pas contracté une dette de dix milliards pour soudoyer l'Europe entière? N'ont-ils pas menacé Charles X de la guerre lors de la conquête de l'Algérie et n'ont-ils pas reculé devant l'appui donné à Charles X par la Russie? N'ont-ils pas en 1840 reformé une nouvelle coalition contre la France au sujet de l'Égypte qu'ils détiennent encore aujourd'hui au mépris d'engagements solennels pris devant l'Europe entière? Qui nous a disputé le canal de Suez sans en avoir couru les chances, profitant de nos meurtrissures sanglantes de 1870? Qui rencontrons-nous partout, toujours jaloux, toujours en contradiction avec nos intérêts, toujours hostiles, au Maroc, à Terre-Neuve, à Madagascar, dans l'Afrique équatoriale? Faut-il oublier que Washington lui-même, bien que secouru par Louis XVI au prix de sa couronne et de sa vie, avant la guerre de l'Indépendance, n'a cessé d'attaquer notre race, et que même après, il en était encore l'ennemi? [1]

Cependant les longues guerres de la race celtique et de la race anglo-saxonne n'ont jamais eu le caractère atroce de la guerre de 1870, atroce dans ses préparatifs de la part de la Prusse, atroce dans la conduite de la lutte, atroce dans la spoliation. Pendant que Napoléon III offrait au roi

---

[1] Les scènes presque sauvages, provoquées par les protestants anglais, sous les ordres des capitaines Williams et Luggard, dans l'Ouganda, tout près du lac Victoria, contre les missions catholiques françaises, ne sont que la reproduction, sur un autre continent, des attaques dirigées par Washington lui-même contre les colons français de l'Ohio. Consulter la correspondance de Tocqueville, 7e volume, sur son séjour dans l'Ohio. Pour la crise de l'Ouganda, voir la *Semaine religieuse de Paris*, 4 juin 1892.

Guillaume une hospitalité de parade, M. de Bismarck dressait ses espions et M. de Moltke choisissait les endroits d'où son artillerie devait bombarder les musées et les hôpitaux. C'est ce que Nelson, Washington et Wellington ne se seraient pas permis. Ils appartenaient à peu près et à plusieurs égards au même courant de civilisation que la France. Au contraire, dans ses entretiens si curieux avec M. Thiers à Versailles, M. de Bismarck reconnaissait franchement que la France et l'Allemagne sont séparées par la nature et l'intensité de la civilisation. C'est l'argument dirimant contre les velléités de certains rêveurs en faveur d'une alliance franco-allemande. Il suffit de voyager en Allemagne pour faire justice de cette chimère.

L'Allemagne est et demeurera en Europe le représentant et l'allié du courant anglo-saxon; pour sauvegarder son indépendance, sa vie nationale, pour conserver son incomparable bijou de territoire, la France doit être l'alliée du courant slave. Avec cette alliance, elle échappera à la submersion des masses immenses que la Providence prépare dans un but d'unité et de rapprochement qui entre dans la destinée de l'humanité.

Depuis la dissolution de l'Empire romain et la fin des invasions qui l'ont détruit, il y avait en Europe trois groupes principaux de races : le groupe latin, le groupe germanique, le groupe slave. Par deux fois, sous Louis XIV et sous Napoléon, la France a essayé d'unir en un faisceau puissant le premier groupe et par deux fois elle a échoué sous l'influence de l'opposition du groupe germanique. Toute unité d'action, toute cohésion lui sont devenues impossibles; ses éléments épars, devenus réfractaires à toute vie commune, gravitent déjà vers les deux groupes qui seuls subsistent.

Au milieu de ce mouvement, presque fatal, élément principal, mais insuffisant s'il demeure isolé, du groupe latin, la France est tenue elle-même, au point de vue de sa propre conservation, de choisir.

Avec le groupe germanique, c'est l'absorption et la dépendance; avec le groupe slave, c'est l'indé-pendance et la vie.

Le caractère spontané, populaire, irrésistible des manifestations qui se produisent en France en faveur de la Russie n'a point d'autre source que l'instinct de vitalité de la nation.

Il en est de même pour la Russie.

LIVRE PREMIER

Entraînement économique de l'Allemagne.

CHAPITRE PREMIER

De Cologne à Brême.

La grande route de Russie. — Importance de Cologne. — Développement des villes en Allemagne. — La plaine du Nord de l'Europe. — Brême. — La gare de Brême. — Les ports de Brême. Souvenirs de la Hanse. — L'émigration.

Cologne forme la première station de la grande route de France en Russie. Ancienne colonie romaine, c'était une dépendance des Gaules, *Colonia Claudia Augusta Agrippinensium*. Elle remonte à l'époque des premiers Césars. Pendant le flot des invasions, elle se trouva englobée au milieu des tribus frankes et germaniques. Sa condition politique demeura dès lors incertaine. Cette incertitude lui valut, au moyen âge, de faire partie de la Hanse et d'y obtenir une place brillante qu'elle occupa pendant plusieurs siècles, à l'extrémité occidentale de cette vaste et curieuse ligue de commerce et de navigation qui n'englobait pas moins de quatre-vingts villes et ports jusqu'à Revel, unissant la Hollande et l'Allemagne aux États Scandinaves et à la Russie. Rattachée à l'empire d'Allemagne, elle subit l'influence prépondérante de la France au xviiᵉ siècle. La République l'incorpora définitivement, et pendant vingt ans Cologne fit partie du territoire national. Même en 1812, après les désastres de Russie, qui aurait prévu qu'elle en serait séparée?

Depuis 1815, et surtout depuis 1860, Cologne a repris une certaine importance. Elle est devenue une des grandes forteresses qui gardent le Rhin contre la France. Malgré les fortifications, la ville s'est presque entièrement renouvelée. Elle a achevé sa cathédrale si belle, mais pas plus belle, peut-être moins, que les grands monuments religieux de la France, Notre-Dame de Paris, Saint-Ouen, Saint-Sernin de Toulouse. Elle est aujourd'hui sillonnée de tramways, parée de beaux squares, sans toutefois que ses anciens monuments en aient souffert. Loin de là : c'est un des traits distinctifs des villes du nord de l'Europe, de savoir conserver, entretenir et rajeunir le vieux. Dantzig nous en fournira un autre exemple des plus intéressants.

Les Allemands, tout en cultivant le passé, n'y sacrifient pas le présent. Il suffit de se promener sur les deux rives du Rhin, devant Cologne, pour s'en convaincre et pour se faire une juste idée de l'entraînement économique de l'Allemagne. Non moins énergique que l'entraînement militaire, il est peut-être plus redoutable. Cologne n'a pas de port proprement dit. Les deux rives du Rhin ont été appropriées de manière à donner toutes les facilités à la navigation. Tramways, chemins de fer, magasins, sont installés sur les bords du fleuve. Il y a mieux : les grandes banques d'Allemagne ont établi à côté de ces magasins des succursales avec des enseignes qui vous invitent à entrer. Des banques à côté de docks sur le fleuve ou la rivière ?

Qui est-ce qui, en France, a pu avoir et surtout oser pratiquer une pareille idée ?

Cet esprit pratique, cette entente complète, ingénieuse, des affaires maritimes et du commerce, nous allons les retrouver sur une bien autre échelle, dans les deux plus grands centres de la navigation maritime de l'Allemagne, Brême et Hambourg.

La population de Cologne est en grand accroissement : elle ne dépassait pas 100,000 âmes en 1860 ; vingt ans après, elle atteignait 145,000 ; 161,000 en 1885 et aujourd'hui elle est de 289,537. C'est la sixième ville de l'empire par sa population. Le développement des villes a été plus rapide en Allemagne qu'en France. En 1885, sur 46 millions d'habitants en Allemagne, 18,700,000 appartenaient à 2,707 villes de tout ordre. En 1886, sur une population de 38 millions, les villes ne prenaient, en France, que 13,766,000. Ces chiffres donnent les proportions 41 % pour l'Allemagne et 35,95 seulement pour la France. Le développement urbain de l'Allemagne correspond à son entraînement économique. Malgré les progrès considérables de l'agriculture en Allemagne, l'industrie et le commerce, qui ont leurs foyers principaux dans les villes, sont ses principales forces productives. Au contraire, l'agriculture demeure la première force productive de la France, malgré les progrès de son commerce et de son industrie. Aussi les campagnes ont-elles plus d'importance en France, et les villes en Allemagne. C'est le résultat de la prépondérance du territoire et du climat dans l'ensemble des éléments qui constituent la France [1].

Bien qu'avant d'arriver à Cologne, on puisse remarquer déjà quelques différences dans la richesse du sol, la variété des produits, la nature du climat, ces différences se

____

(1) En 1890, l'empire allemand comptait 21 villes de plus de 100,000 âmes, la France n'en comptait que 12. Ces 12 villes représentaient 4,574,200 habitants, y compris Paris avec 2,447,957 habitants. Les 12 premières villes de l'Allemagne représentaient 4,516,800 habitants, y compris Berlin avec 1,574,800 habitants.

produisent surtout dès que l'on a quitté la rive gauche du Rhin, la rive gauloise et française, pour la rive germanique.

Au fur et à mesure que l'on s'éloigne de la grande cité des Ubiens *(Ubiorum oppidum)*, le terrain devient plus uni, les cultures moins diverses, les arbres plus rares et plus rabougris; maisons, jardins, parterres, parcs, tout ce luxe campagnard qui caractérise la France, en particulier les vergers, les arbres fruitiers en plein vent, disparaissent, même les châtaigniers, même les chênes. La campagne revêt un aspect triste, uniforme, entrecoupé seulement par des groupes industriels, qui disparaissent à leur tour. Plus on s'élève, avec la locomotive, vers le Nord, plus on se trouve dans une plaine immense, plate, verdoyante, où bientôt le froment cesse lui-même de mûrir; l'orge et le seigle le remplacent définitivement, avec quelques bois de bouleaux de temps à autre. Pour le Français qui arrive des riches contrées des Flandres, ces champs de seigle illimités où les familles entières sont réunies pour la moisson, ont quelque chose de bien pauvre. Il a quitté l'Occident; il est entré dans cette plaine qu'il ne cessera de parcourir jusqu'à l'Oural, au delà même du Volga. C'est la grande plaine du Nord, la plaine qui, du fond même de la Sibérie, a donné passage à tant de peuples.

On arrive ainsi à Brême. Brême n'a pas la même population que Cologne. Elle comptait 118,000 âmes en 1886. Ce n'est point une puissante forteresse investie du *Watch am Rhein*, mais c'est une vieille cité libre, fort riche, fort honorable, qui a conservé les traditions de la Hanse qu'elle a même dirigée avec Lubeck pendant la première période de cette grande ligue, aux XIIIe et XIVe siècles. Il existe encore à Brême, comme au surplus à Lubeck et à Hambourg, des familles remontant à la lointaine époque de la prépondérance de la Hanse. Bien que cette prépondérance ait depuis longtemps disparu, les villes directrices de la Hanse ont conservé un gouvernement libre. C'est un honneur pour le nouvel empire allemand d'avoir respecté cette liberté dont il profite, au surplus, car la liberté dont elles jouissent est un des principaux éléments de la prospérité de Brême et de Hambourg.

De même que Hambourg, Brême constitue un petit État, englobé dans l'empire; elle est administrée par un Sénat exécutif composé de dix-sept membres et une Chambre de cent cinquante bourgeois. Le territoire de Brême forme une *Union communale*, dirigée par une Assemblée provinciale.

La ville est belle, avec tramways, promenades et un parc où tous les soirs la population se rend pour prendre part à des concerts en plein air. Contraintes de rester enfermées pendant au moins sept mois de l'année, peut-être huit, les populations du nord de l'Europe profitent avec empressement des longues soirées de l'été.

Brême est remarquable par sa magnifique gare et ses deux ports. Les Allemands ont une autre conception des gares que les Français. Ils ne les réduisent pas à un lieu de passage, où le voyageur apparaît et s'évanouit. Au contraire, la gare est faite pour attirer le voyageur et le retenir. Il y dîne, il y soupe, il y lit les journaux, il y fait sa correspondance, il y entend de la musique, il y télégraphie, il y téléphone. La gare est un centre d'action et de réunion. On reconnaît, même dans les dispositions des gares, la qualité supérieure de la race germanique : la tendance à la vie commune, l'esprit d'association, la participation au même mouvement. Je connais des ingénieurs français qui ne voient dans la gare qu'un corridor.

Le premier port de Brême se trouve dans la ville même. Il est formé par un vaste dock, alimenté au moyen d'une prise sur le Weser, entouré de tous côtés de magasins, desservis par un chemin de fer et une ligne de tramways. Des rails spéciaux servent aux wagons de marchandises entre le dock et les magasins.

Le second port est 60 kilomètres plus loin, à l'embouchure du Weser : Bremerhafen, avec 13,000 habitants. En face se trouve celui de Geestemunde, appartenant à l'Empire. Bremerhafen est régi et entretenu par le Sénat exécutif de Brême; aussi le port de Bremerhafen est-il pourvu de tous les agencements nécessaires, qui n'ont pas coûté moins de 45 millions de marks. Il a fallu établir un impôt sur le revenu de 3 °/₀ et une taxe sur les transactions commerciales. Quelle est, en France, la ville qui supporterait un impôt sur le revenu de 3 °/₀ pour entretenir un port situé à 60 kilomètres ? Mais ce port, force motrice de la cité, est le centre même de l'un des éléments de la puissance maritime et de l'expansion coloniale de l'Allemagne. En 1883, sur un mouvement de 196,697 émigrants, 111,295 se sont embarqués à Brême. Si on prend le chiffre de 700 émigrants comme moyenne d'un chargement, l'émigration a provoqué en 1883 plus de 1,500 voyages. C'est un fret incomparable; mais le fret n'est rien à côté des relations nécessaires que les émigrants conservent avec la mère-patrie. Voilà comment il s'est fait que l'Allemagne est aujourd'hui la seconde puissance maritime du globe, et pourquoi elle est fatalement appelée à devenir une grande nation coloniale. Tacite voyait juste et de bien loin, quand il disait de la Germanie : *Fabrica gentium.* En 1880, l'excédent des naissances sur les décès est tombé en France à 61,940, et il s'est élevé en Allemagne à 522,970.

En 1890, le mouvement total maritime de Brême a été de 2,693,000 tonneaux. Brême tient le second rang parmi les ports allemands.

Hambourg est le premier, ainsi que le premier de l'Europe continentale.

CHAPITRE SECOND

Hambourg.

Si on arrive à Hambourg par les trains du soir, et si l'on descend dans l'un des beaux hôtels qui ornent les quais de l'Alster, on se trouve comme transporté dans une sorte de féerie. Jusqu'à une heure, deux heures du matin, le lac de l'Alster, qui forme le centre du second groupe principal de Hambourg, est parcouru par de nombreux bateaux à vapeur, avec escales des deux côtés du lac. Des lignes de chemins de fer, des tramways à vapeur ou à chevaux, suivent les quais du lac ou le traversent sur des ponts. Les quais, les ponts sont éclairés à l'électricité, avec des lampes de toutes couleurs. On se demande comment un grand port maritime peut se métamorphoser en un lac enchanteur.

Il faut, par suite, distinguer dans cette magnifique cité deux parties entièrement différentes : le port, qui est le foyer de tout et qui s'étend le long de l'Elbe, séparé du lac par une partie de la ville, la plus importante, la plus active, la plus riche, et le splendide quartier de l'Alster, garni d'hôtels, de villas, de jardins, de promenades, aussi grandiose qu'aucun autre quartier dans les plus belles villes d'Europe. Aussi Hambourg a-t-elle bien droit au titre de seconde capitale de l'Allemagne. Moins importante que

Berlin, elle a plus de caractère ; elle frappe davantage. C'est le cœur, c'est le moteur de l'entraînement économique de l'Allemagne.

§ 1. — HISTOIRE DE HAMBOURG

Une rapide esquisse historique de Hambourg est nécessaire pour saisir toute l'importance de Hambourg, son influence, son avenir, son rôle dans la puissance de l'Allemagne [1].

Quatre époques marquent le développement historique de Hambourg.

I. — La première s'étend du IXᵉ au XIIIᵉ siècle. Charlemagne élève le fort de Ham dans la forêt de Hamma [2] ; il est destiné à contenir les pirates wendes. Telle est l'origine de Ham-Bourg. En 1201, le fort fut pris par les Danois, puis il fut érigé en ville d'empire sous la suzeraineté du duc d'Holstein. Elle acquitta les droits de suzeraineté jusqu'en 1770, suzeraineté plus apparente que réelle.

II. — Du XIIIᵉ au XVIᵉ siècle, Hambourg fait partie de la Hanse, de cette grande association de commerce à laquelle Cologne et Brême ont appartenu. On ne peut voyager dans l'Allemagne du Nord, en Hollande et même dans les provinces baltiques de la Russie, sans retrouver les souvenirs

---

(1) En outre des faits, des renseignements et des chiffres pris à Hambourg même et à Berlin, cette monographie a été dressée en consultant : 1° Un grand travail de M. Meroux, chancelier du consulat général de France à Hambourg, dont M. le Ministre du Commerce a autorisé la communication ; 2° notre mémoire sur *l'Appropriation des Ports* (*Journal des Économistes*, 1887) ; 3° le Bulletin de Statistique du Ministère des Travaux publics, juillet 1891, et les atlas des ports ; 4° l'ouvrage de MM. Plocq et Laroche : *Études sur les principaux ports, 1882.*

(2) Vers 809. Dès 833, saint Ansgar devenait le premier archevêque de Hambourg.

de la Hanse. Il ne faut pas hésiter à reconnaître dans le Zollverein, qui a tant contribué à fonder l'empire allemand, une sorte de résurrection de la Hanse. Pendant la première époque, en effet, la Hanse a eu un caractère exclusivement commercial. Elle fut établie pour résister à l'anarchie féodale et donner quelque sécurité au commerce. Sans s'étendre jusqu'à l'Angleterre, elle y fut bien accueillie; mais elle demeura absolument étrangère à la France, bien que ses navires fréquentassent les ports français ainsi que ceux d'Espagne et d'Italie. La ligue se soutenait au moyen d'un droit de tonnage (Pfundzoll). Pendant la seconde période, dès le milieu du xve siècle, Hambourg a été la ville directrice, prépondérante, avec Lubeck et Brême. Les intimes relations de ces centres de commerce datent de cette époque. C'est alors que s'y constitua une véritable aristocratie commerciale qui n'est pas encore éteinte et qui a eu une grande influence sur la Hollande et sur l'Angleterre.

La Hanse ne put résister à la formation des grandes monarchies au xvie siècle, concordant avec la découverte de l'Amérique, les changements dans les courants commerciaux et la Réforme qui prévalut à Hambourg dès 1529. Toutefois le traité de Westphalie assura l'indépendance de Hambourg qui demeura un État libre, en même temps que la fermeture de l'Escaut et la ruine d'Anvers assurèrent sa prospérité.

III. — Cette indépendance s'affirme et se consolide aux xviie et xviiie siècles. Le commerce de Hambourg reprend de l'importance. La Banque de Hambourg, qui a eu tant d'influence sur le développement des banques publiques et privées en Angleterre, est fondée. Les riches banquiers de Hambourg précèdent les célèbres banquiers anglais du xviiie siècle. Centre de commerce, de navigation, de richesse, Hambourg cultive les arts et les lettres. Elle entretient de nombreux rapports avec la France. A la fin du xviiie siècle, grand nombre de protestants français s'y établissent, de même qu'un siècle plus tard, les émigrés, Dumouriez, M. de Montesquiou, Rivarol y accourent. Plus de 40,000 Français s'y réfugièrent.

L'importance commerciale de ce grand port ne pouvait échapper à Napoléon; il s'en empara en 1806 et l'occupa jusqu'en 1814. C'est à Hambourg que l'illustre Davoust maintint le dernier le drapeau de la France. Par contre, Napoléon méconnut les intérêts de la France et le sien en refusant de le rendre à l'Allemagne en 1813. La paix ne pouvait avoir lieu en y maintenant la France, parce qu'il avait été, peut-être plus qu'Anvers, le foyer du blocus continental. A la paix, Hambourg reconquit une entière liberté.

IV. — Rendue à l'Allemagne en 1814, Hambourg conserva sa condition d'État libre jusqu'en 1866. Sans entrer encore directement dans l'empire allemand, elle dut subir, comme les autres États allemands, la conséquence de la rupture de la Confédération germanique. Incorporée depuis à l'empire, elle n'a pas perdu toutes ses libertés. L'empire allemand s'est formé à des conditions moins dures que certaines unités nationales, — la France, l'Italie, la Grande-Bretagne. Au surplus, elle n'a pas eu à se plaindre de cette incorporation, car sa prospérité a pris, depuis cette époque, des proportions inattendues.

§ 2. — PROGRÈS DE LA NAVIGATION ET DU COMMERCE
DE HAMBOURG

Comme les autres grands ports de l'Europe, Hambourg avait beaucoup souffert des longues guerres de la Révolution et de l'Empire, du blocus continental et du terrible siège de 1813-1814. En 1815, 2,003 navires seulement entraient dans le port [1]; ils jaugeaient 144,391ᵗ. En 1836, l'entrée ne comptait encore que 2,497 navires avec un tonnage de 248,485ᵗ. En 1890, 8,716 navires sont entrés dans Hambourg, jaugeant 5,203,525ᵗ. Le progrès a donc été énorme. Les chiffres suivants, qui s'appliquent à l'ensemble de la navigation maritime, en marquent les principales étapes : Mouvement général : 1846, 921,843ᵗ; 1883, 6,706,000ᵗ; 1889, 9,628,502ᵗ. Il faut y ajouter le mouvement fluvial, c'est-à-dire les navires qui n'empruntent pas la voie de la mer. Il s'est élevé en 1882 à 2,881,564ᵗ. Ce mouvement avait, depuis plusieurs années, donné à Hambourg la prépondérance sur Marseille. Mais en 1889, le mouvemement maritime seul de Hambourg, avec 9,512,573ᵗ, a été supérieur à celui de Marseille, 9,396,877ᵗ avec 17,015 navires. Il est vrai qu'en 1890 le tonnage de Marseille est remonté à 9,601,100. Hambourg a réalisé un progrès plus grand encore en 1890. Son tonnage a été à l'entrée de 5,202,625ᵗ et de 5,448,670ᵗ avec Cuxhaven et Altona; et à la sortie de 5,214,904ᵗ, et 5,396,186ᵗ avec Cuxhaven et Altona : ensemble 10,844,856ᵗ pour le commerce maritime auxquels viennent se joindre 4,743,510ᵗ pour la navigation fluviale : ce qui donne le total de 15,588,366ᵗ [2].

[1] Avec augmentation néanmoins sur 1794, 1,504 navires.

[2] La flotte de Hambourg appartenant au port comprenait 252 navires en 1845 avec 48,246ᵗ, et 503 en 1886 avec 343,973ᵗ. Au 1ᵉʳ janvier 1892, cette flotte était composée de 278 voiliers avec 166,798ᵗ et 305 vapeurs avec 379,474ᵗ, y compris 43 vapeurs d'un tonnage supérieur à 2,000ᵗ. En 1890 il est entré à Hambourg 11,819 vapeurs et 4,542 voiliers, ensemble 16,361 navires. La flotte fluviale compte 6,000 bateaux dont 1,000 en fer.

En 1891, le progrès s'est encore accru. A l'entrée seulement, l'augmentation du mouvement maritime de Hambourg a été de 552,000ᵗ.

Dans ce mouvement la part de la vapeur est considérable. La *Dame-du-Lac (the Lady of the Lake)* entrait dans Hambourg dès le 17 juin 1816. Cependant, en 1850, il n'y avait encore que 530 navires à vapeur sur 4,094 navires à l'entrée. On en a compté 5,409 en 1890 sur 8,176 navires.

Les différences sont encore plus sensibles entre Hambourg et Anvers. En 1889, il est entré à Anvers 8,079 navires jaugeant seulement 2,805,605 tonneaux ; à Hambourg 8,716 navires avec 5,203,825 tonneaux.

Seuls les grands ports anglais de Londres et de Liverpool ont un mouvement plus considérable que Hambourg. Cardiff, il est vrai, compte encore plus de navires à l'entrée et à la sortie ; mais les navires à l'entrée sont la plupart sur lest ; ils ne viennent prendre que des charbons dont la valeur est d'ordre inférieur.

Si, au lieu de comparer les instruments du commerce, nous comparons les éléments du commerce lui-même, les marchandises, les résultats obtenus sont encore plus satisfaisants. En 1889, la valeur des marchandises importées et exportées a été pour Anvers de 1,550 millions, Hambourg de 3,065 millions. En 1890, il y a eu encore accroissement pour Hambourg, 3,296 millions [1]. Quant à Marseille, l'estimation des marchandises n a pas dépassé 1,953 millions en 1890.

Ainsi, le mouvement commercial de Hambourg est bien plus important que son mouvement maritime. Hambourg, en dehors de Londres et de Liverpool, est devenu de beaucoup le premier port de l'Europe continentale.

C'est là peut-être le caractère décisif de cette grande place de navigation et de commerce. Le commerce y prime la

---

1) Avec les marchandises appartenant aux chemins de fer et à la navigation fluviale, l'ensemble s'élève au moins à 6 milliards.

navigation. Hambourg domine, comme place de commerce, toute l'Allemagne, une partie de l'Autriche, les États Scandinaves et tout le nord-ouest de la Russie. Sa situation commerciale est tout à fait hors ligne. Hambourg approvisionne d'immenses régions de tous les produits du globe, place d'importations ; et en même temps, elle exporte les produits de l'Allemagne et d'une partie de l'Autriche.

Principales clientèles. — Europe : valeur des marchandises, 1889. — Angleterre, 786 millions de marks ; ports allemands, 95 millions ; France, 71 millions ; Portugal, 60 millions ; Russie méridionale, 56 millions ; Pays-Bas, 54 millions ; Belgique, 40 millions ; Norwège, 43 millions ; — Hors d'Europe : États-Unis, 353 millions ; Brésil, 181 millions ; Inde, 113 millions ; Chili, 111 millions ; Australie, 51 millions ; République Argentine, 67 millions.

Hambourg est, en outre, le second centre de l'émigration allemande. En 1890, 1,038 navires ont exporté 99,350 Allemands ou étrangers divers. C'est encore un superbe élément de fret.

§ 3. — LE PORT FRANC ET L'ADMINISTRATION DU PORT

A quoi sont dus les progrès si remarquables du mouvement maritime et du commerce de Hambourg ? A deux faits très importants : la franchise et l'administration du port.

La ville de Hambourg est entrée dans le Zollverein depuis le 1er octobre 1888 ; mais une réserve de *mille hectares* a été faite pour les parties les plus vives du port, fleuve, magasins, docks, canaux de chaque côté du fleuve ; cette réserve constitue, à vrai dire, le port même de Hambourg. Elle a été affranchie de tous droits de douane.

Les marchandises qui y pénètrent, soit par mer, soit par terre, ne sont assujetties à aucune taxe douanière; elles n'acquittent que les taxes habituellement dues dans tous les ports pour pilotage, quais, déchargement, chargement, etc. Quant aux marchandises qui en sortent, elles se subdivisent en deux catégories, celles reprenant la route de la mer, lesquelles n'ont à payer aucun droit de douane, et celles qui entrent dans l'intérieur de l'Allemagne. Ces dernières marchandises doivent alors acquitter les droits de douane de l'Empire. Bien entendu, les marchandises qui se consomment dans le port même sont tenues aux droits douaniers. Le port de 1,000 hectares constitue une sorte d'immense entrepôt où tout ce qui n'aboutit pas à la consommation demeure exempt d'impôts. C'est un très grand avantage pour Hambourg.

Tout un port converti en entrepôts offre de tout autres facilités pour les affaires qu'une série de docks, de magasins, d'élévateurs, même aussi vastes et aussi nombreux que ceux de Londres et de Liverpool. Nous ne saurions dire si ces avantages ne donnent pas lieu pour la douane allemande à de grands inconvénients : c'est assez probable; mais, dans l'œuvre de sa constitution, le gouvernement a voulu respecter tous les intérêts antérieurs à lui; il s'est tenu de garde d'abuser de sa force et de la centralisation; il n'a point cherché à accabler ceux qu'il englobait de force. Hambourg est donc une sorte de port franc, un port de transit. Tout navire, pourvu qu'il se trouve dans le périmètre des 1,000 hectares, n'est pas sujet aux formalités de douanes et surtout à l'avance des droits; il peut repartir, décharger, charger sans avoir à faire cette avance. De là l'énormité des stocks de marchandises que l'on constate à Hambourg. Nous allons indiquer les plus considérables en les comparant avec ceux de Marseille ou du Havre.

Cafés. — Hambourg, 1890, importations en valeur, 170 millions de marks ou 222 millions de francs. La même année, les importations de cafés en France, au commerce général, n'ont pas dépassé 250 millions de francs sur lesquels Marseille a pris 38 millions et le Havre 187 millions.

Laines. — Hambourg, importations 1890, 112 millions de marks ou 144 millions de francs; Marseille, même année, 33 millions; le Havre, 22 millions.

Peaux. — Hambourg, importations 1890, 64 millions de francs; Marseille, 46 millions; le Havre, 43 millions.

Huiles. — Hambourg, importations 1890, 27 millions de francs; Marseille, 30 millions.

Cotons. — Hambourg, importations 1890, 128 millions de francs; Marseille, 17 millions; le Havre, 160 millions.

Tabacs. — Hambourg, importations 1890, 50 millions de francs; Marseille, 10 millions; le Havre, 11 millions.

Sucres bruts. — Hambourg, importations 1890, 160 millions de francs; Marseille, 28 millions.

Tissus. — Hambourg, importations 1890 : laines, 94 millions de marks; soies, 21 millions de marks; cotons, 54 millions de marks, ensemble 211 millions de francs; Marseille, mêmes articles, 58 millions de francs; le Havre, 126 millions de francs.

Ainsi, pour ces trois sortes de marchandises de premier ordre, le Havre et Marseille réunis représentent 184 millions, tandis que Hambourg reçoit à lui seul 211 millions.

Céréales. — Hambourg, importations 1890, 65 millions de francs; Marseille, 166 millions de francs; le Havre, 37 millions de francs. La différence est énorme. Elle indique que l'Allemagne achète ses céréales en Europe, surtout en Russie.

Ces détails suffisent pour se faire une idée de l'importance du marché de Hambourg.

Reste un dernier article qui autrefois avait pris à Hambourg un grand développement. Il s'agit du vin. Hambourg était le centre du commerce des vins en Allemagne. Elle les demandait à Bordeaux. Les rapports de ces deux places étaient considérables. En 1890, les importations de vins de toutes sortes ont représenté à Hambourg 26 millions de marks ou 32 millions de francs. C'est une somme modeste.

Mêmes observations pour les eaux-de-vie, rhums, alcools, liqueurs. L'exportation est maintenant supérieure à l'importation. 1890, importation 11,600,000 marks, exportation 19,200,000 marks. **Bières,** importation 8,900,000 marks, exportation 13,700,000 marks.

A raison de ces accumulations de produits, Hambourg a pris la direction des opérations et des spéculations pour un grand nombre de marchandises, en particulier les cafés. Les grands marchands de Hambourg dirigent en partie les marchés de l'Europe et du globe. Plusieurs maisons ont établi des plantations importantes en Australie et dans l'Afrique australe : Godefroy et Sons à Samoa; Marshall et Woerman en Afrique.

Hambourg possède un second avantage qui est peut-être plus précieux que le premier. Hambourg, tout en faisant partie de l'empire germanique, a conservé son autonomie ; c'est un État particulier, qui se gouverne lui-même. Avant comme après l'entrée dans l'empire, Hambourg administre seul et librement son port : avantage incomparable, car Hambourg ne serait à peu près rien sans son port.

On sait que dans l'empire allemand, chaque État n'a cédé qu'une partie de sa souveraineté à la Confédération. En dehors de l'armée, de certains impôts et de quelques matières générales, les États sont libres. Tel est le cas de Hambourg. Il en résulte que le gouvernement de Hambourg s'occupe seul du port qui est sa principale affaire.

Le port étant l'élément vital de l'État, l'État a pour principal souci le port. Toutes les ressources de l'État provenant du port lui sont affectées. Ces ressources sont de deux sortes : 1° les taxes spéciales aux mouvements des navires et des marchandises dans le port dont la plus importante est un droit général de tonnage de 12 centimes et demi par mètre cube de jauge, sauf les barques; 2° les impôts généraux de l'État, sur lesquels nous reviendrons. L'objet essentiel de ces impôts, une fois qu'il a été pourvu aux dépenses nécessaires du gouvernement, c'est le port. Le port est la plus lourde dépense de l'État, mais la seule productive : car le port rend au delà de ce qu'on lui donne. Tout ce qui est nécessaire est donc octroyé sans difficultés.

Non seulement l'argent ne manque pas, mais il est bien employé, soit par les premiers armateurs ou négociants de l'Allemagne entière dont Hambourg est le foyer séculaire, soit par des ingénieurs d'élite qui n'appartiennent qu'au port, qui ne le quittent jamais et qui le connaissent admirablement.

Jusqu'à présent l'idée n'est survenue à personne de confier les travaux et les surveillances techniques du port à des ingénieurs habitués à faire des routes ou des tunnels.

Comparons maintenant cette organisation qui est à peu près la même en Angleterre et aux États-Unis, avec celle de la France. 1° L'État confond toutes les recettes des 195 ports qu'il administre dans celles de la France entière; 2° il distribue entre ces 195 ports les ressources au gré des intérêts électoraux; 3° il administre au moyen d'un ministre amovible qui, souvent, n'a jamais visité un port, d'un conseil d'ingénieurs qui viennent de tous les côtés de la France et de tous les genres de travaux, et d'ingénieurs locaux qui changent tous les cinq ans. D'un bureau de contrôle sur les routes, on les bombarde ingénieurs maritimes; à peine façonnés à ce métier, on les colloque dans les chemins de fer, et ainsi de suite de manière à toujours pourvoir à leur avancement, mais à ne jamais satisfaire aux nécessités publiques.

2.

Aussi, ne faut-il pas être surpris que la France, autrefois supérieure à l'Angleterre par son commerce maritime, ait perdu successivement le premier, le second, le troisième et qu'on lui dispute le quatrième rang.

§ 4. — AGENCEMENT DE L'INSTALLATION DU PORT DE HAMBOURG

Hambourg est située au nord des vastes plaines qui s'étendent dans toute l'Allemagne septentrionale et se prolongent jusqu'en Russie. Elle a été fondée, comme beaucoup d'autres villes maritimes, au milieu de bandes de pêcheurs. Ces bandes étaient établies le long des rives de l'Alster qui se jette dans l'Elbe, à l'endroit même où la ville a été établie. Des digues retiennent les eaux de l'Alster et servent à former les deux lacs situés à l'opposé de l'Elbe, qui forment l'une des curiosités et l'un des lieux de plaisir de la grande cité.

Hambourg doit sa puissance et sa richesse à l'Elbe. A 110 kilomètres de la mer, l'Elbe possède déjà à Hambourg et à Altona, qui en dépend maintenant, une largeur et une profondeur exceptionnelles. Le flot y monte facilement et le jusant laisse néanmoins dans le lit du fleuve une quantité d'eau très considérable. Aucun autre fleuve d'Europe, à l'exception du Danube, ne contient, à une aussi grande distance de la mer, une telle masse d'eau. Mais l'Elbe n'est pas un torrent comme le Danube. Il coule avec placidité, comme la Tamise à Londres. L'Elbe présente un autre avantage, c'est de se trouver au centre de l'Allemagne. Il en résulte qu'Hambourg est le cœur même de l'empire allemand, bien plus que Berlin. La proximité de Berlin favorise également Hambourg. Le canal du Nord, destiné à faire communiquer la Baltique avec la mer du Nord, améliorera encore la position de Hambourg. On parle même d'un autre canal qui réunirait l'Elbe au Danube et, par suite, Hambourg à la mer Noire.

A quelques kilomètres au sud de la ville, le fleuve se bifurque en deux branches qui ne se rejoignent que tout à fait au nord. La branche sud, Sudder Elbe, se dirige vers *Harbury*, — c'est de beaucoup la moins forte, — et la branche nord, partant de Ochsenwerder, se dirige vers *Hambourg et Altona*. Hambourg même se trouve à 110 kilomètres de la mer. Mais le flot de l'Elbe est assez puissant pour remonter 55 kilomètres plus haut. Par suite, il apporte deux fois par jour une grande force d'eau à Hambourg. Nulle part, le fleuve n'affecte un cours torrentiel. Il coule avec calme, comme la plupart des fleuves du Nord, qualité précieuse pour la navigation. Ce calme maintient sa puissance. A 8 kilomètres en mer, l'eau de l'Elbe est encore potable. Ce caractère paisible du fleuve présente de grands avantages. Il a facilité la construction des bassins et il permet de conserver, en dehors de ces bassins, un tirant d'eau moyen de 5 à 6 mètres. Il faut ajouter que l'eau de l'Elbe n'est pas vaseuse. Il ne se forme pas, sous elle, de nouveaux bancs entre ses rives [1].

Malgré toutes ces bonnes conditions, le Sénat et la Chambre de commerce de Hambourg ont compris, depuis longtemps, que le fleuve ne suffisait pas au développement des affaires maritimes. Ils sont venus énergiquement à son aide de deux manières, dont l'une n'est pas assez connue.

---

[1] La cote des plus hautes eaux donne 8m74: celle des plus basses 3m30; moyenne 5m50. Dans les bassins, la cote des plus basses eaux est de 5m50 à 6 mètres.

1° Il a été construit, soit sur la rive droite, sur laquelle se trouvent l'Alster et le foyer principal de la ville, soit sur la rive gauche, une série de bassins, avec cette particularité très remarquable que la plupart des bassins ont reçu une affectation spéciale. Principaux bassins à droite : Strand, Grasbrook, Sandthor, Schiffbauer, Brookthor, Binnen, Magdebourg, Nieder, Baakenhafen. — Principaux bassins à gauche : Aus Oberlander, Segelschiff, Petroleumhafen. Le mot Hafen signifie bassin.

Grasbrook et Sandthor sont les bassins les plus considérables. Le premier contient 8 hectares et le second 10 hectares. Ils sont affectés à la navigation à vapeur ordinaire. Niederhafen est le bassin des charbons, Petroleumhafen celui des pétroles. Ces bassins possèdent à marée basse une profondeur d'eau de 6 mètres au moins. Le Schiffbauerhafen est destiné aux transatlantiques ordinaires ; quant à la grande navigation (Australie, États-Unis, Indes), elle a été assignée à Aus Oberlander et à Segelschiffhafen qui peuvent contenir cent grands steamers.

Cet ensemble est dominé par un bel édifice en briques rouges, élevé à l'extrémité de Grasbrook, et surmonté d'une haute tour à cinq étages. L'édifice sert de magasins et le sous-sol de caves. Le tout contient 30,000 tonnes, mues par 8 élévateurs hydrauliques. Au haut de la tour, une boule rouge indique l'heure et le temps.

2° Quelques-uns de ces bassins, notamment Strand, Grasbrook, Sandthor, Schiffbauer, Baaken, sont en quelque sorte des prises d'eau sur le fleuve, consistant en des pilotis puissants sur lesquels ont été élevés des planchers portant magasins et hangars. Les navires abordent, chargent et déchargent des deux côtés. On dirait des docks flottants, surtout à marée haute. Les nouveaux bassins d'Aus Oberlander (émigration) Niederhafen (charbons) et Segelschiff ont plus de consistance; — néanmoins ils participent encore du même caractère.

Le long de ces divers bassins flottants sont rangés des multitudes de navires; les uns partent, les autres arrivent; d'autres chargent ou déchargent; cependant, le fleuve est incessamment sillonné par des bateaux à vapeur de toutes dimensions qui portent voyageurs, marins, marchandises de tous côtés; c'est un bruit, une activité, une presse universelle. Aux cris d'alarme des navires, ajoutez les sifflets des locomotives qui circulent sur les rails disposés le long de tous les quais des bassins. En tout 11,456 mètres de quais, 4,690 mètres de hangars et de magasins, et 156 hectares de bassins.

Pour compléter le tableau, il importe d'ajouter que toute la ville de Hambourg est sillonnée, comme Venise et comme Amsterdam et Rotterdam, d'une série de canaux intérieurs ou *flethen* portant navires et barques, et qu'il en est de même de l'autre côté de la ville, sur la rive gauche, pour les îles ou terrains situés entre le Norder Elbe et le Sudder Elbe. Bientôt ces îles seront totalement occupées, et les deux bras de l'Elbe se trouveront ainsi réunis.

On évalue à 100 millions de marks, soit 125 millions de francs, les dépenses de toutes sortes auxquelles ces agencements et installations ont donné lieu.

Ce magnifique port est entièrement éclairé au gaz ou à la lumière électrique; il est, en outre, desservi par cinq lignes de chemins de fer, avec cinq gares principales (Cologne, Berlin, Lubeck, Hanovre et Kiel). On étudie un projet de gare centrale.

Tous les quais sont garnis de grues. Les grues à Segelschiff et à Aus Oberlander soulèvent chacune 150 tonneaux. Le port contient six élévateurs.

Le reste de l'outillage est à l'avenant. Jamais le Sénat,

jamais la Chambre de commerce ne reculent devant ce qui est nécessaire. Ils préparent déjà de nouveaux bassins [1].

Aussi le port compte-t-il 95 lignes de bateaux à vapeur dont 28 transocéaniennes et 67 européennes. Sur les 28 premières 16 sont allemandes, et 29 sur les autres. Les lignes transocéaniennes se subdivisent en : 6, Amérique du Sud ; 5, Indes Occidentales et Mexique ; 6, Brésil, la Plata, Amérique du Sud ; 5, Afrique ; 6, Asie et Australie [2].

Au 31 décembre 1890, la flotte de Hambourg comprenait 500 navires à vapeur, tonnage 540,000 tonneaux, sur lesquels 45 navires avaient un tonnage supérieur à 2,000. Les plus puissants étaient *Furst-Bismarck*, 8,720 tonneaux, vitesse, 20 nœuds ; *Augusta Victoria*, 7,662 tonneaux ; *Columbia*, 7,578 tonneaux ; *Normanie*, 8,716 tonneaux.

Mais ces détails, ces chiffres ne donnent qu'une idée insuffisante de ce grand port. Bien qu'inférieur à Londres, comme il est plus concentré, il produit plus d'effet. Rien de plus saisissant que les séries de grands transatlantiques, alignés le long de Segelschiff et de Aus Oberlander, embarquant les émigrants ou les emportant. Marseille est auss très beau, mais les steamers, quoique très nombreux, ont moins de puissance. Ils répondent à d'autres besoins.

(1) Il y a lieu de citer particulièrement l'organisation du travail sur les quais. Tous les engins possibles sont mis à la disposition des travailleurs. Les taxes sont graduées d'après le temps, c'est-à-dire que le second jour se paie plus cher que le premier et le troisième que le second. En général, il n'est pas accordé plus de quatre jours. Le travail de nuit est surtaxé à l'heure. L'île qui sépare les deux bras de l'Elbe est couverte de magasins, de canaux, de darses, d'abris divers, de cales de radoub, avec affectations spéciales.

(2) En 1891, de nouvelles lignes sont venues s'ajouter aux 95 premières. La Compagnie Hambourgeoise-Américaine, dite Packetfahrt, a installé 4 grands steamers pour écumer le fret humain (émigrants), à Gênes et à Naples.

§ 5. — UNE PROMENADE DANS LE PORT DE HAMBOURG

Je puis maintenant faire au lecteur les honneurs du port de Hambourg. Il peut me suivre avec profit. Ainsi ai-je fait moi-même, lorsque M. Méroux, l'aimable et savant chancelier du Consulat général de France à Hambourg, après m'avoir préparé par une sorte de conférence, m'a guidé lui-même avec une bienveillance dont je saisis l'occasion de le remercier. Le temps n'était guère propice. Une sorte de buée enveloppait Hambourg, l'Elbe, le port, comme d'un linceul jaunâtre et triste. Néanmoins nous nous embarquons sur un des petits steamers à vapeur qui font le service du port entier. Suivant d'abord la rive droite, nous remontons l'Elbe, ayant devant nous la haute tour en briques rouges qui marque l'heure pour tout le port. Nous passons devant les ports-mouillages. Ces ports-mouillages, particuliers à l'Elbe, sont des espèces de docks flottants, édifiés sur des ducs d'Albe ou corps-morts; puis nous longeons Sandthor et Grasbrookhafen, affectés aux navires de navigation courante; Schiffbauer, pour les transatlantiques; l'établissement du gaz (*Gas Anstalt*). Parvenus au pont qui fait communiquer les deux rives, nous prenons la rive gauche où se trouvent les plus grands établissements maritimes de Hambourg : *Aus Oberlanderhafen*, port des immenses steamers destinés aux émigrants, ou au commerce avec l'Australie; *Segelschiffhafen*, port des gros voiliers; *Petroleumhafen*, centre du commerce des pétroles. La rive gauche du fleuve fait partie de l'île qui, devant Hambourg, sépare les deux bras de l'Elbe. Plusieurs canaux réunissent ces deux bras. On peut prévoir le moment où le port les absorbera l'un et l'autre et où cette île, déjà très envahie, deviendra le foyer du commerce maritime. Rien ne saurait donner l'idée du mouvement, de l'agitation, du bruit qui règnent partout. Aux cornements des énormes steamers, entrant ou sortant, chargeant ou déchargeant, correspondent les sifflets des locomotives des chemins de fer qui entourent le port de tous côtés ou qui traversent le pont. Les bruits sont tels qu'il est parfois difficile de parler et de se faire entendre. Le spectacle est plus animé qu'à Londres où qu'à Marseille. L'Elbe, bien que divisé, suffit à tout. Il paraît plus puissant que la Tamise à Londres, bien supérieur à l'Escaut à Anvers, à la Garonne à Bordeaux. Mais si l'Elbe est pour Hambourg une force naturelle inestimable, l'État, c'est-à-dire Hambourg même, n'a rien refusé, ne refuse rien, ne refusera rien au port. Quelle prévoyance partout, quelle supériorité d'organisation, quel incomparable mécanisme ! Comment nos ports, abandonnés à eux-mêmes, gérés par des ingénieurs pris au hasard, gouvernés de Paris par des ministres instables et sans expérience, privés de leurs propres fonds, pourraient-ils soutenir la concurrence, déjà si ingrate pour eux, puisque, par la nature même des choses, les navires du Nord peuvent écumer leurs frets en les visitant pour se diriger vers toutes les parties du globe, tandis qu'il est vulgaire qu'on ne se rend pas à New-York ou à San Francisco, en passant par Hambourg.

En regagnant la rive droite, je pus parcourir Altona, charmante ville, sans importance maritime. Altona et Hambourg sont réunies de fait, bien que ne dépendant pas du même gouvernement intérieur. Je n'ai pu visiter Cuxhaven, établi à l'embouchure de l'Elbe, pour alléger les navires de très grande charge. Ce n'est qu'un port de refuge où sont concentrés les services du pilotage, des phares et balises.

Après une journée si heureusement remplie, je l'achevai à revoir, avec M. Méroux, l'Alster, les riches quartiers, les

beaux monuments qui le séparent de l'Elbe, à parcourir les
grandes voies, les parcs de Hambourg. Le soir, comme à
Brême, comme à Berlin, à Saint-Pétersbourg, la population
tout entière court vers les réjouissances à l'air libre. Le
port redevient désert. La vie se porte aux extrémités de la
grande cité, si active, si laborieuse, si bruyante. Nulle
ville, même Londres malgré sa masse, même Paris, avec
ses industries innombrables et ses non moins innombrables
divertissements, ne donne une plus vivante idée de la
puissance de l'homme.

§ 6. — L'INDUSTRIE A HAMBOURG

Hambourg n'est pas seulement un grand centre de
commerce et de navigation maritime et fluviale, c'est encore
un grand centre industriel et par suite d'affaires de toute
sorte, un foyer d'activité financière.

Les industries principales sont la meunerie, la mouture
du froment et du seigle, les conserves de poissons, de
viandes salées et de fruits, les fabriques de chocolat, de
chicorée et de margarine, les brasseries, les raffineries et les
distilleries, les fabriques de produits chimiques (en particulier l'acide sulfurique, le borax, les poudres et la dynamite,
la transformation des salpêtres venant du Chili), les savon-
neries, huileries, raffineries d'huile, stéarineries, filatures
de laine, jute, chanvre, peignage des laines, fonderies,
construction de machines, de navires.

On trouve dans le rapport de M. Méroux un tableau
comparatif du progrès industriel de Hambourg de 1883
à 1890. Ce tableau montre, dans un grand centre, le
développement industriel de l'Allemagne depuis quelques
années. Les industries ont été réparties en 12 groupes. En

1883, ces 12 groupes comportaient 746 usines ou fabriques et 1,199 en 1890. Ils employaient 22,239 ouvriers en 1883 et 30,110 en 1890. Moteurs à vapeur, 396 en 1883 et 494 en 1890.

Les groupes les plus considérables étaient, dans l'ordre de leur importance : 1° les constructions navales, 174 usines avec 8,669 ouvriers en 1890 au lieu de 116 usines avec 6,703 ouvriers en 1883; 2° les produits alimentaires, 464 usines en 1890 avec 6,139 ouvriers au lieu de 179 usines avec 4,583 ouvriers en 1883; 3° la métallurgie, 103 usines avec 2,609 ouvriers en 1890 au lieu de 73 usines avec 1,426 ouvriers en 1883; 4° les industries pyrographiques, 98 usines avec 2,530 ouvriers en 1890 au lieu de 56 usines avec 1,362 ouvriers en 1883; 5° les confections, 66 fabriques avec 1,903 ouvriers en 1890 au lieu de 82 fabriques avec 1,141 ouvriers en 1883; 6° industries du cuir et du papier, 36 usines avec 2,017 ouvriers en 1890 au lieu de 31 usines avec 1,146 ouvriers en 1883. Les industries textiles seules avaient perdu : 20 fabriques avec 620 ouvriers en 1890 au lieu de 25 usines avec 986 ouvriers en 1883.

§ 7. — LES BANQUES A HAMBOURG

Les Banques ont naturellement des éléments de prospérité dans un pareil centre de commerce, de navigation, d'industrie, d'autant plus qu'ancien foyer de la ligue hanséatique, Hambourg est, depuis fort longtemps, un marché financier; une des premières banques de dépôts et de virements a été fondée à Hambourg au début du dix-septième siècle (1619), Cette banque a honorablement poursuivi sa carrière jusqu'en 1875; elle a survécu notamment aux réquisitions du maréchal Davout, qui en 1813, la fit occuper militairement. En 1875, elle a cédé ses affaires à la Reichsbank qui a établi une succursale à Hambourg. Ses virements ou giro s'étaient élevés en 1875 à 35,180,684,000 marks. Cette succursale est la première de l'Empire. Depuis, d'autres banques se sont fondées et ont installé des succursales à Hambourg, savoir :

La Norddeutschbank, la Vereinsbank, la Discontogesellschaft, la Deutsche Bank et l'Anglo-Bank. Ces banques forment le groupe des banques commerciales proprement dites, ce sont les plus en vue. La Deutsche Bank n'est qu'une succursale de la Deutsche Bank de Berlin.

La *Norddeutsche Bank in Hambourg* remonte à 1856 ; elle fut alors fondée au capital de 15 millions de marks, divisé en actions de 750 marks versés. Depuis, le capital a été augmenté de 15 millions de marks. En 1889 le mouvement général des affaires de cet établissement s'est élevé à 13,883,373,000 marks, au lieu de 10,640,770,000 en 1883.

Vient ensuite, comme importance, la succursale de la *Reichsbank*, dont le mouvement d'affaires a été, en 1889, de 10,845,397,000 marks, au lieu de 8,585,983,000 marks.

La *Vereinsbank* occupe le troisième rang ; elle a été fondée le 13 août 1856. Son capital est de 30 millions de marks versés. Opérations en 1889, 8,992,154,000 marks, au lieu de 5,714,477,000 en 1883.

La succursale de la *Deutsche Bank* a été ouverte en 1871. La Banque elle-même est au capital de 75 millions de marks depuis 1888. Opérations, 7,191,777,000 marks en 1889, au lieu de 4,461,209,000 en 1883.

La *Commerz und Disconto Bank* fonctionne avec un capital de 30 millions de marks. Opérations en 1889, 6,820,000,000 marks, au lieu de 2,265,000,000 en 1883.

L'*Anglo-Deutsche Bank* a eu en 1889 un mouvement d'affaires de 2,380,764,000 marks, au lieu de 640,490,000 marks en 1883. Fondée en 1871 ; capital actuel 12,309,000 marks.

Ces banques font toutes les opérations de négoce, de change et de crédit. Il y a lieu de leur ajouter les banques ayant un caractère spécial :

1° *Hypotheken Bank in Hambourg*. — Cette banque hypothécaire remonte à 1871 ; elle a été établie au capital de 7 millions de marks.

2° *Maklerbank in Hambourg*. — Banque de courtages et de Bourse ; capital 1 million de marks.

3° *Waaren Creditanstalt*. — Banque d'avances et de prêts sur marchandises ; capital actuel 3,750,000 marks versés.

4° *Wechselbank in Hambourg*. — Banque de commission ; capital 3,750,000 marks versés.

5° *Waaren und Liquidation Kasse in Hambourg*. — Capital 3 millions de marks ; Banque de spéculations sur marchandises.

6° *Saint-Pauli Credit Bank*. — Fondée en 1873 au capital de 1,200,000 marks ; Banque spéciale au quartier Saint-Pauli, près Altona.

7° Les Banques populaires à Hambourg, au nombre de trois : *Volksbank*, fondée en 1865 ; — *Hansabank*, fondée en 1875 ; — *Saint-Georges Volksbank*, fondée en 1883.

La *Volksbank*, de Hambourg, a une grande importance ; associés 8,431 ; capital 3,500,000 marks.

§ 8. — LES FINANCES ET LES IMPOTS A HAMBOURG

Les recettes du budget de 1890 fixées à 51,528,345 marks ont été évaluées pour 1891 à 55,431,457 marks. Depuis 1883, l'État a emprunté 126 millions dont la plus grande partie a été affectée aux travaux du port.

Les principales ressources de l'État consistent dans :

1° Le *Grundsteuer* ou impôt foncier qui a produit 9,364,000 marks en 1889, au lieu de 6,940,000 en 1884. Il représente 5 $^{o}/_{oo}$ du capital pour le bien urbain et 4 à 3 pour les autres.

2º L'impôt sur les revenus; d'après une certaine progression, on alloue une diminution aux familles nombreuses; a produit 9,428,243 marks en 1889, au lieu de 6,478,500 en 1881.

3º La taxe pour les eaux de la ville, destinée à l'entretien des digues et des écoles. Elle a donné 2,408,929 marks en 1889.

4º La taxe de mutation sur les immeubles, 2 $\frac{1}{2}$ % en cas de vente, 1 % en cas de donation; elle a rendu 3,616,997 marks en 1889, au lieu de 1,042,644 marks en 1880.

5º Les taxes successorales qui ont fourni 15,347,829 marks en 1889; entre époux et pour les descendants il n'y a pas de droits. Les ascendants acquittent 2 $\frac{1}{2}$ %, les parents aux deuxième et troisième degrés et les adoptifs 5 $\frac{1}{2}$ %, le quatrième degré 7 $\frac{1}{2}$ %, les autres 10 %.

6º Taxe de déclaration des marchandises : 1 % sur les marchandises entrant dans le port et venant de la mer; 1 dixième pour 1,000 pour celles sortant et allant à la mer; transit exempt. Rendement en 1889, 3,495,097 marks.

7º Droit de tonnage sur tout navire d'une capacité de 120 mètres cubes à raison de 52 centimes $\frac{1}{2}$ par mètre cube. Ceux inférieurs acquittent moitié. Barques de pêche exemptes, ainsi que navires sur lest. Produit en 1890, 1,268,225 marks.

8º Timbre des effets; produit en 1889 1,714,048 marks au lieu de 1,250,000 marks en 1880.

9º Taxe sur les chiens, 10 marks; a donné 137,574 marks en 1889;

10º Droits de douane de l'empire sur le tabac, le sel, le sucre, l'alcool, les cartes à jouer, les bières. Ces droits ont fourni en 1890 34,980,922 marks, sur lesquels il a été restitué à l'État de Hambourg par l'empire 7,870,000 marks.

11º Recettes des domaines de l'État, 12,224,647 marks en 1889.

12º Recettes diverses, même année, 6,712,621 marks.

Ces ressources permettent à l'État de Hambourg de tenir le port en parfaite condition sans avoir rien à démêler avec le gouvernement central. Elles ne sont pas de nature à tarir la richesse publique; la richesse est très grande à Hambourg. On y compte plus de 300 à 350 familles millionnaires. Plusieurs possèdent de grosses fortunes.

§ 9. — LE GOUVERNEMENT ET LES INSTITUTIONS

N'est-il pas nécessaire de compléter cette monographie de cette puissante ville de Hambourg par quelques indications sur son gouvernement, sur ses institutions?

L'État même de Hambourg contient 41,371 hectares sur lesquels Hambourg en prend 5,000, y .compris Altona, Wandsbeck et Ottensee. L'ensemble de la population est de 694,000 habitants. Hambourg en compte 500,000. Il en a gagné 200,000 depuis 1860 [1].

Quoique incorporé à l'empire allemand, l'État de Hambourg forme encore une république administrée par un Sénat et la Chambre des bourgeois. Le Sénat exerce le pouvoir exécutif; il est composé de dix-huit membres, élus à vie parmi les marchands principaux ou les personnes distinguées de la cité par la Chambre des bourgeois, dite la Bourgeoisie. Cette seconde Chambre comprend cent soixante membres dont la moitié est élue au scrutin secret par les citoyens de vingt-cinq ans d'âge acquittant des contributions directes, un quart par les propriétaires de maisons dont la valeur excède 3,000 francs d'impôt foncier, et le dernier quart par les guildes, corporations et tribunaux. Aucuns peuvent préférer ce savant agencement à la brutalité du suffrage universel pur et simple. Les membres de la Chambre sont élus pour six ans, de façon à ce que la Chambre soit renouvelée par

---

[1] Étapes du mouvement de la population : État : 1861, 306,507 habitants; 1880, 453,869; 1890, 694,100. — Hambourg : 1885, 467,468 habitants; 1890, 500,000, dont 14,200 à Altona.

trois ans. Le pouvoir législatif lui appartient seul, sauf le veto du Sénat qui ne peut s'exercer en matière fiscale.

Tout ce mécanisme n'a en vue qu'un objet : le port est tout. L'administration du port est confiée à une délégation du Sénat qui a pour règle de toujours consulter la Chambre de commerce.

Sans doute, les avantages naturels tiennent une place de premier ordre ; les institutions politiques y ajoutent encore ; mais tout ce qui est particulièrement destiné au fonctionnement du mécanisme est non moins important : 1º les appropriations matérielles du port ; 2º la modicité des taxes ; 3º le nombre des chemins de fer et des tramways ; 4º celui des gares ; 5º des banques puissantes ; 6º la proximité de Berlin ; 7º des canaux qui donnent un développement inattendu à la navigation fluviale ; 8º enfin, et par dessus tout, un personnel supérieur de grands négociants, de marchands, de banquiers et d'ingénieurs [1].

C'est à Hambourg qu'apparaît dans toute son énergie et aussi dans tout son avenir l'entraînement économique de l'Allemagne. C'est là qu'il faut venir l'étudier et le contempler, car il est une menace redoutable pour les nations concurrentes qui s'attarderont, dans les luttes économiques, avec des mécanismes vieillis ou imparfaits, ou dans des discussions politiques, contraires à l'activité des affaires.

Le *Struggle for life* s'exerce ici dans toute sa plénitude et sa violence. Point de miséricorde pour ceux qui se laisseront distraire de leur tâche de chaque jour. Ils succomberont

---

[1] M. Méroux, très enthousiaste pour Hambourg qu'il connaît à fond, la compare à Tyr, à Carthage, à Alexandrie, à Venise. Mais Hambourg est un port fluvial à l'intérieur des terres. Elle appartient à la seconde catégorie des ports. C'est donc à Londres qu'il faut comparer Hambourg.

peu à peu, et leur place, qu'ils n'auront pas su conserver, sera prise d'assaut par d'autres.

Aussi la ville de Hambourg a-t-elle à peu près complètement perdu le caractère original, cosmopolite, international, qui lui avait valu, au siècle dernier, une si brillante réputation d'hospitalité et de libéralisme, pour se faire le plus ardent foyer de l'ambition germanique et le centre des révoltes du vieux Bismarck, errant, comme un lion découronné, dans la cage de sa retraite. Autrefois si importantes, les relations de Hambourg avec la France tendent à diminuer. Le temps est loin où, en 1842, un vaste incendie ayant ravagé plusieurs quartiers de la grande cliente de Bordeaux, le commerce bordelais, sur l'invitation du maire, donnant lui-même un exemple généreux, couvrit, en quelques heures, avec un élan magnifique, une large souscription de sympathique secours. Dans plusieurs circonstances Cobden a payé à Hambourg un tribut d'admiration. Il y saluait l'application séculaire de ses théories politiques et commerciales. « Allez » à Hambourg : c'est le port le plus important de toute » la partie occidentale de l'Europe [1]. » Cobden devançait les temps. Certes, il s'applaudirait d'avoir été si bon prophète, en présence des progrès extraordinaires de Hambourg, mais peut-être constaterait-il aussi, avec regret, que le Hambourg, qui a accueilli les calvinistes et les émigrés français, est aujourd'hui la place forte de l'implacable ennemi de la France, du chancelier de fer et de sang.

Nous redirons cependant avec Cobden : Il faut aller à Hambourg, sinon pour y chercher la vieille hospitalité de temps qui ont disparu, du moins pour se tenir au courant du développement des forces de l'Allemagne. Les meilleurs

____

[1] *Cobden*, par M. Léon Say ; meeting du 3 mars 1843, p. 67. 1892.

enseignements sont ceux qu'on reçoit de ses ennemis. Nous voilà bien loin du grand courant d'idées généreuses du xviii° siècle et des espérances de Cobden. Peut-être reprendront-ils leur cours. En attendant soyons vigilants.

§ 10. — LA CRISE DU CHOLÉRA A HAMBOURG

Hambourg, il est vrai, vient de traverser une épreuve terrible. Le choléra asiatique, importé par les équipages d'un navire russe, y a éclaté subitement et s'y est propagé avec une intensité formidable à partir du 22 août (1892). L'incurie, l'insuffisance, l'incapacité du gouvernement local, qui a tant fait pour la prospérité du port et la splendeur de la ville, ont saisi l'Allemagne entière. Dans moins d'une semaine le travail a été désorganisé partout ; les familles aisées ont essayé de prendre la fuite ; le fléau, ne trouvant nulle part de résistance, a redoublé ses ravages. Des familles entières ont péri. A peine a-t-il été possible de dater leurs actes mortuaires. Médecins, pharmaciens, hôpitaux, transports, cercueils, terrains et sépulture, tout a manqué, tout jusqu'aux linceuls. On a vu des cadavres laissés plus de vingt-quatre heures sans pouvoir être enlevés, jetant partout les miasmes, la terreur et la mort. Chacun a dû faire son pain, porter son eau, laver son linge. On n'osait plus soigner les malades, ni recevoir ses parents, ni donner la main à ses amis. Les liens de famille et de société étaient brisés ; c'était presque le spectacle d'Athènes, décrit par Thucydide, ou le tableau de Florence tracé par Boccace. Il a fallu entourer la ville d'un cordon militaire afin de contraindre les habitants à ne pas quitter leur foyer pestiféré. Tous les navires venant de Hambourg, il y a quelques jours les bien venus partout, étaient signalés de toutes parts et repoussés de partout. Il y a eu des jours où il a fallu ensevelir 700 cadavres. Appliquant cette proportion à Paris, on aurait compté par jour 3,500 cadavres; l'appliquant à Londres, 7,000. C'eût été accablant [1].

Peut-être les riches et intelligents négociants de Hambourg ont-ils oublié que l'acquisition, la conservation, l'accroissement de la richesse ne doivent tenir qu'une place dans la vie des peuples et dans les obligations des gouvernants. Les vieux quartiers de Hambourg, entre l'Elbe et l'Alster, surtout les rues qui longent les *Flethen*, laissent beaucoup à désirer. C'est là que s'entassent les ouvriers du port, les marins émigrants, les étrangers; c'est là que le choléra a dû frapper à coups redoublés.

§ 11. — DISCUSSION DE L'INDÉPENDANCE DE HAMBOURG

L'Allemagne entière s'est sentie menacée. Le gouvernement de Hambourg a été attaqué. On l'a représenté comme un organisme vieilli, ne répondant plus à des besoins nouveaux. Il y a dans ces attaques une part de vérité. Les préoccupations, les habitudes, même les ambitions du lucre commercial ne doivent désormais tenir qu'une place dans l'œuvre des administrateurs des grandes villes. Peut-être

(1) On avoue que du 22 août au 1er octobre, il y a eu à Hambourg 17,000 cas de choléra et plus de 7,000 décès. Les banques ont dû accorder aux traites et billets un moratorium à fin octobre; une des Compagnies d'assurances sur la vie de la ville a suspendu ses paiements. D'après des calculs qui semblent exagérés, les pertes du commerce seraient évaluées à 200 millions de marks. Nous devons quelques-uns de ces chiffres à M. Méroux, qui a su rester à son poste au milieu de cette épidémie, pendant que la plupart des agents consulaires désertaient le leur; le corps médical a, au contraire, fait preuve d'un dévouement admirable.

ces vastes agglomérations humaines ne sont-elles plus capables de se suffire seules. Peut-être même vaut-il mieux qu'elles dépendent de gouvernements à plus hautes visées. Ainsi s'expliquent tant de changements. La nécessité est leur loi [1]. Pendant qu'à une année de distance de ma visite, j'écrivais cette monographie du magnifique port de Hambourg, tout à coup le choléra jetait une lumière sinistre sur la ville elle-même, son administration, son hygiène, la prévoyance, la capacité des directeurs de l'État et, au milieu des acquisitions les plus intelligentes de la richesse, dévoilait le dénûment pour défendre la vie même. Curieux exemple de solidarité territoriale. Il n'est pas permis, par son incurie, de mettre ses voisins en péril. Vérité entre les hommes, vérité entre les familles, vérité entre États. Combien de petits États ont dû leur ruine à cette cause ! Et si maintenant l'État de Hambourg perd son indépendance politique, Hambourg conservera-t-il le premier rang parmi les ports de l'Europe continentale ?

(1) Pour le moment, le gouvernement de l'Empire s'est contenté de nommer un commissaire de surveillance de l'Elbe. Ce commissaire a interdit le travail de nuit à Hambourg. Cette activité si remarquable de jour et de nuit dans le port avait peut-être surmené les ouvriers. Dans des articles curieux sur cette crise : *The Sins of Hambourg*, le *Times* y fait allusion, tout en mettant au premier plan des causes de la crise la malpropreté des vieux quartiers du port.

CHAPITRE TROISIÈME

Progrès de la navigation maritime et du commerce de l'Allemagne.

La visite du port de Hambourg, le spectacle de sa prodigieuse activité, sa puissance qui éclate en tout, son avenir que tout prépare, conduisent nécessairement à se rendre compte du développement actuel de la navigation maritime et du commerce de l'Allemagne. Le commerce extérieur et la navigation maritime sont les deux branches de la troisième force productive des nations : non la force la plus efficace et la plus nécessaire quant à la formation de la richesse et quant au bien-être pour les populations, mais la force qui manifeste le plus au dehors l'action et l'influence des États, la force qui concourt le plus à l'extension de leur puissance. Tyr, Carthage, Athènes, l'Égypte, dans les temps anciens; Venise, la Hollande, la Hanse, dans les temps modernes, et, sous nos yeux, l'Angleterre, sont des exemples mémorables de la place que les peuples grands commerçants ont tenue et tiennent encore dans l'histoire de l'humanité. En outre, il faut toujours conserver présent, en s'occupant de l'Allemagne, le souvenir de la puissance et de la durée de la Hanse.

La Hanse a été un fait germanique; ce fait démontre, par l'histoire du passé, que les qualités particulières, les dispositions indispensables aux nations commerçantes, sont aussi anciennes et aussi redoutables dans la race germanique, que ses aptitudes militaires. La création d'un instrument aussi puissant que le port de Hambourg constitue une sorte de révélation et de menace. Bien aveugles seraient les hommes politiques ou les publicistes qui ne sauraient ni voir ni comprendre.

D'ailleurs le développement de la navigation maritime et du commerce extérieur n'est point particulier à l'Allemagne. C'est un fait général [1], d'ordre supérieur, l'un des plus importants, sinon le plus important de tous les faits qui caractérisent la grande époque à laquelle nous appartenons. Pour apprécier les progrès de la navigation maritime et du commerce de l'Allemagne, il faut par suite comparer ces progrès à ceux accomplis par les autres peuples principaux.

Nous bornerons ce travail comparatif à l'Angleterre, les États-Unis, la France, l'Espagne et l'Italie, parce que les autres nations ne peuvent entrer en compétition avec les premiers.

En vue de cette comparaison, nous utiliserons, avant tout, les beaux travaux de M. Kiœr, directeur de la statis-

---

(1) Le bureau *Veritas* a fait pour 1891 le relevé des principales compagnies de navigation à vapeur : Angleterre, 11 ; France, 3 ; Allemagne, 2 ; Italie, 2 ; Autriche, 1 ; Espagne, 1 ; Russie, 1 ; Danemark, 1 ; États-Unis, 1 ; Hollande, 1. On compte pour tout le nord de l'Europe, en entendant sous cette désignation l'Angleterre, l'Allemagne, la Belgique, la Hollande, le Danemark et la France, 29 lignes régulières expédiant 40 vapeurs par semaine sur les divers ports des États-Unis. Angleterre, 23 ; Allemagne, 9 ; Hollande, 2 ; Danemark, 1 ; France, 1. New-York est le port d'arrivée pour 32 services dont 14 relèvent ensuite pour d'autres ports ; Baltimore est le point d'atterrissement de 7 lignes, dont 2 poursuivent sur d'autres escales, et, en outre, cette ville sert de seconde escale à 8 autres services. Philadelphie reçoit 1 service directement et 4 indirectement ; enfin, Boston et Norfolk sont visitées chaque semaine, comme seconde escale.

2...

tique de Norwège, sur les marines marchandes (1881) et sur le mouvement de la navigation maritime (1892), consistant en deux mémoires dont le premier est relatif à la période de 1850 à 1879 et le second à la période de 1872 à 1889-1890 [1]. Ces mémoires sont du plus haut prix quant à la navigation maritime; il est nécessaire de les compléter quant au commerce extérieur même par d'autres documents.

Pour les années de notre siècle antérieures à 1850, les renseignements, assez nombreux déjà pour l'Angleterre et la France, sont plus rares et plus difficiles à rencontrer, quant à l'Espagne et quant à l'Allemagne. Ils n'abondent réellement, en ce qui est de l'Allemagne, que depuis la constitution de l'empire allemand, c'est-à-dire que depuis 1872. Plusieurs États allemands, spécialement les États maritimes, ne faisaient pas partie du Zollverein; il était à peu près impossible d'obtenir des résultats d'ensemble. Puis les douanes n'avaient point l'organisation savante qu'elles possèdent aujourd'hui; on ajoutait moins de foi et de prix à leurs relevés et en général à la statistique. C'est ainsi que, pour la France, les résultats officiels ne datent que de 1827.

§ 1. — LA NAVIGATION MARITIME

A la fin du XVIII° siècle, au moment de la Révolution française, la France et l'Angleterre venaient au premier rang des peuples maritimes et marchaient à peu près

----

[1] *Les Marines marchandes* (Christiania, 1881): *Le Mouvement de la navigation* (Christiania, 1892). — Comparer *Bulletin du Ministère des travaux publics*, mai 1891 : « Mouvement de la navigation maritime dans les ports français »; et juillet 1891 : « Mouvement maritime de l'Allemagne. »

de pair. La Révolution française amena des changements profonds et irrémédiables à cette situation. De 1792 à 1814, la navigation maritime devint peu à peu une sorte de monopole exercé par l'Angleterre qui acquit ainsi la prépondérance maritime définitive non seulement sur la France, mais sur toute l'Europe. Cette prépondérance a été l'un des résultats les plus néfastes de la Révolution. Mêmes conditions pour le commerce extérieur. Point de marine, point de commerce.

A la paix, en 1814, le monopole maritime de l'Angleterre a cessé, mais ses conséquences se sont prolongées fort loin encore. En ce qui concerne la France, ce ne fut qu'en 1831 que le mouvement des importations et des exportations, qui put naturellement reprendre plus facilement et plus vite que la navigation maritime elle-même, atteignit au même total qu'en 1789, — soit après quarante-deux ans, retard de près d'un demi-siècle ! On ne possède qu'à partir de 1820, quelques chiffres sur ce relèvement qui prit, il est vrai, un caractère général, et qui ne s'est pas arrêté depuis.

M. Kiœr a réuni cependant quelques chiffres pour l'Angleterre, la Norwège, la Suède et la Prusse, dès 1816. Tonnage anglais, en 1816, 2,215.307 tonneaux ; tonnage norwégien, 146,450 ^{t} ; tonnage suédois, 116,620 ^{t} ; tonnage prussien, 116,000 ^{t} ; américain du Nord, 1,176,590 ^{t} ; il n'y ajoute le tonnage français qu'à partir de 1829, 577,624 ^{t} ; tous les autres tonnages avaient plutôt faibli qu'augmenté de 1816 à 1829. La navigation maritime se relevait avec lenteur des longues guerres.

Pour suivre le développement général de la navigation maritime depuis 1820-1827 jusqu'à 1890-1891, il est nécessaire de le partager, ainsi que l'a fait M. Kiœr, en trois étapes ou périodes : la première, de 1820-1827 à 1850 ; la seconde, de 1851 à 1872, et la troisième, en cours, de 1873 à 1890. La révolution de 1848 et la guerre de 1870 servent de marques de séparation entre les périodes.

1. *Première période.* — M. Karl von Scherzer [1], dans son bel ouvrage sur la vie économique des peuples, a dressé un tableau qui résume les progrès de la navigation maritime pendant cette période :

	1820	1830	1840	1850
	1.000 t	1.000 t	1.000 t	1.000 t
Marine à voile.......... Tonnage.	3.140	3.022	4.560	6.513
Marine à vapeur........ dito .	6	28	116	392
Accroissement des forces maritimes.	3.170	3.164	5.140	8.473

Ce tableau montre à la fois la lenteur du relèvement de la navigation maritime, moins puissante en 1830 qu'en 1820, l'apparition et l'influence de la navigation à vapeur.

En le décomposant d'après ses principaux facteurs, on constate les résultats ci-après :

ÉTATS	1829		1850	
	Tonnage total.	Vapeur.	Tonnage total.	Vapeur.
Angleterre	1.985.783	26.390	3.159.583	149.305
États-Unis	1.490.108	26.410	2.940.560	352.384
France.............	577.924	»	658.297	17.810
Allemagne.........	127.488	»	410.727	3.051
Norwège	124.589	»	288.606	»
Suède.............	108.651	»	195.138	»

Faute de documents et de renseignements, M. Kiœr n'a pu

(1) *Das Wirthschaftliche Leben der Volker.* Leipzig, 1885.

comprendre dans ses relevés pour cette période ni l'Espagne, malgré l'importance de sa navigation maritime, ni l'Italie. Les États-Unis occupent dès 1850 la seconde place. On voit que la France, l'égale de l'Angleterre en 1789, ne représentait plus en 1850 que le cinquième du mouvement maritime anglais, nouvelle preuve de la réserve qu'il faut désormais apporter dans les déclamations sur la Révolution française. Quant à l'Allemagne, les chiffres de 1829 ne comprennent que la navigation maritime pour la Prusse et pour Brême; ceux relatifs à 1850 se décomposent ainsi : Prusse, 211,619 tonneaux ; Schleswig-Holstein, 82,500 ^{t}; Hambourg, 61,540 ^{t}; dont 3.051 vapeur ; Brême, 55,068 ^{t}.

II. *Seconde période.* — Les documents et les renseignements deviennent plus nombreux et moins incomplets. On est à même de dresser un tableau plus exact de l'état de la navigation maritime qui réalise, chez tous les peuples, des progrès remarquables. La seconde moitié du xixe siècle est aussi prospère que la première moitié, surtout jusqu'en 1840, a été pénible et difficile. La transformation de la marine à voile s'accentue; l'importance de la marine à vapeur prend un essor inattendu. M. Karl von Scherzer résume de la manière ci-après les progrès de la navigation maritime pendant cette période :

	1850	1860	1870	1881
	1.000 ^{t}	1.000 ^{t}	1.000 ^{t}	1.000 ^{t}
Marine à voile............ Tonnage.	6.543	9.586	13.868	15.002
Tonnes transportées.............	19.230	28.120	41.100	42.630
Marine à vapeur......... Tonnage.	392	820	1 918	5.644
Tonnes transportées.............	5.850	12.040	28.020	109.441
Accroissement des forces maritimes.	8.473	13.686	23.458	43.222

La nouvelle proportion d'accroissement correspond précisément à l'influence de la transformation de la marine à voile en marine à vapeur. Le steamer possède un autre pouvoir maritime que le voilier, même que le clipper [1].

Si on rapproche les chiffres relatifs à 1870 de ceux relatifs à 1850, on constate, sans doute, un développement considérable : un peu plus de 112 % pour la voile ; 500 % pour la vapeur, et près de 300 % dans l'ensemble des forces.

Mais combien est autrement significatif le résultat qui s'accuse, dès 1881, c'est-à-dire au milieu de la troisième période : marine à voile, 130 % ; vapeur, 1400 % ; forces maritimes, 501 %.

Les facteurs principaux de cet accroissement vont être indiqués dans un tableau d'ensemble afférent à la troisième période.

III. *Troisième période.* — Les événements de 1870-1871, n'ayant eu qu'un caractère partiel, n'arrêtèrent pas le développement économique et maritime des peuples. Ils furent, au contraire, suivis d'une sorte de recrudescence d'activité. Aussi une nouvelle période s'ouvre en 1872. La comparaison du mouvement maritime en 1872 et en 1889 fournira à la fois les résultats de la seconde et de la troisième période.

Mouvement maritime international.

ÉTATS	1872		1889	
	Tonnage total.	Vapeur.	Tonnage total.	Vapeur.
Angleterre..........	44.950.700	22.863.400	78.941.000	67.582.500
États-Unis.........	12.884.300	4.076.700	31.884.400	22.892.400
France.............	15.529.300	8.594.500	31.149.700	26.350.900
Espagne	6.520.100	»	25.424.900	23.907.800
Allemagne.........	10.392.700	5.847.700	20.472.700	17.414.500
Norwège...........	3.560.500	565.000	5.334.500	2.836.000
Italie.............	7.354.300	4.484.300	15.336.000	13.670.000

(1) On calcule qu'un steamer accomplit en moyenne trois voyages pendant que le voilier n'en fait qu'un seul du même ordre.

Les sept peuples, mentionnés sur ce tableau [1], figurent au premier rang des nations maritimes, quoique dans des conditions très inégales. Les peuples qui viennent ensuite, tels que la Russie, la Suède, l'Autriche-Hongrie, sont à une très grande distance. Si on se rapporte aux mouvements maritimes des années 1820 et 1850, on constate un accroissement prodigieux pour tous les peuples, en particulier pour l'Allemagne qui passe de 127,400 tonneaux à plus de 20 millions; accroissement américain, 2100 %; anglais, 3900 %; français, 5300 %; allemand, 15000 %. Ces proportions extraordinaires et les chiffres dont elles résultent ne suffisent pas pour donner une *idée exacte du développement de la navigation maritime de l'Allemagne et de la place prise par l'Allemagne parmi les principaux États maritimes*. En effet, le mouvement maritime est d'ordre complexe. Il dépend des diverses nations qui en sont les facteurs, mais il ne traduit pas la puissance maritime particulière à chacune d'elles, puisque toutes y prennent part. A raison même de sa situation géographique, reléguée dans les mers du nord de l'Europe, l'Allemagne ne se trouve pas dans de bonnes conditions pour avoir un grand mouvement maritime. Les autres peuples n'ont qu'un intérêt restreint à fréquenter ses ports éloignés, tandis qu'au

(1) Ces chiffres sont ceux fournis par M. Kiœr; ils ne concordent pas entièrement avec les chiffres du *Bulletin du Ministère des travaux publics.*

Ce Bulletin (mai 1891) donne pour le mouvement maritime de la France en 1889, 39,622,969 tonnes de jauge dont 31,448,068 tonnes vapeur, cabotage compris. Si on en déduit 12,245,674 pour le cabotage dont 7,869,620 tonnes vapeur, on trouve des différences encore plus grandes. Mêmes différences pour l'Allemagne. Le Bulletin (juillet 1891) donne, cabotage compris, un mouvement total de 25,485,600 tonnes de jauge pour 1889 dont 5,727,000 cabotage et 20,415,051 vapeur.

contraire tout appelle ses marins à se présenter sur des mers et dans des ports mieux situés.

Il faut donc décomposer les facteurs du mouvement maritime pour connaître la puissance de chacun d'eux. Les tableaux dressés par M. Kiœr permettent de les dégager.

ÉTATS	1872			1891		
	Voile.	Vapeur.	Totaux.	Voile.	Vapeur.	Totaux.
Angleterre...	4.374.511	1.477.965	5.852.476	2.936.000	5.647.600	8.583.600
États-Unis..	1.174.799	136.514	1.311.313	1.709.500	740.700	2.450.200
Norwège....	1.022.407	20.968	1.043.375	1.502.000	203.100	1.705.700
Allemagne..	891.660	97.030	988.690	709.800	723.600	1.433.400
France......	880.639	213.436	1.094.075	377.800	604.900	982.700
Italie........	914.399	45.020	959.419	634.200	209.000	843.200
Espagne	390 820	82.993	473.813	190.000	278.000	468.000

Ce premier tableau indique [1] le développement du matériel maritime, de même que le précédent avait donné les résultats du mouvement maritime. Il le rectifie en ce qui est du pouvoir maritime réel des peuples.

L'Angleterre et les États-Unis, ces derniers bien inférieurs à l'Angleterre, conservent le premier et le second rang. La Norwège tiendrait le troisième, mais la médiocrité de sa marine à vapeur la rejette au cinquième. La France perd le troisième rang qui est pris par l'Allemagne. Elle est au quatrième et la Norwège au cinquième. L'Italie vient ensuite et l'Espagne après elle.

(1) Le bureau *Veritas* donne pour 1891 des chiffres tout différents : Angleterre, voile, 3,563,524 tonneaux ; vapeur, 5,369,952 t. — États-Unis, voile, 1,519,114 t; vapeur, 447,138 t. — Allemagne, voile, 654,147 t; vapeur, 762,195 t. — France, voile, 286,114 t; vapeur, 500,516 t. — Norwège, voile, 1,393,481 t; vapeur, 221,202 t. — Italie, voile, 586,984 t; vapeur, 199,153 t.

Ces résultats sont entièrement confirmés [1] par le tableau suivant indiquant la répartition du mouvement maritime entre les principaux pavillons pour les années comparées 1888 et 1890 :

		1888			1890		
		Voile.	Vapeur.	Total.	Voile.	Vapeur.	Total.
1.	Pavillon anglais......	31.73	37.71	50.51	37.71	61.23	54.65
2.	— améric. É.-U.	6.83	2.75	3 50	14.81	7.91	9.84
3.	— allemand.....	6.36	7.38	7.30	6.36	6.80	6.68
4.	— français :....	»	10.12	8.82	3.18	6.32	5.45
5.	— norwégien...	15.67	1.59	4.18	13.07	1.80	4.95
6.	— italien.......	6.27	2.53	3.22	6.27	2.24	3.12
7.	— espagnol.....	1.62	4.84	4.24	1.80	4.35	2.93

Ainsi, les sept peuples qui possèdent lé mouvement maritime international le plus considérable, sont également les facteurs principaux de ce mouvement, mais dans des conditions très différentes. L'Allemagne vient, comme facteur, au troisième rang. Elle a pris, après soixante-dix ans d'efforts, le rang que la France occupait. De 1789 à 1891, la France, tout en profitant d'un accroissement des plus remarquables, a été devancée par des peuples plus actifs qu'elle; mais elle a compté au moins six révolutions et trois invasions dans ce même siècle.

On peut ajouter pour compléter ces détails que de 1886 à 1890 les constructions maritimes ont été réparties dans

(1) Les relevés du trafic du canal de Suez 1889 et 1891 donnent les mêmes résultats.

1889 : prorata de l'Angleterre dans le nombre des navires, 76 33 °/₀; dans le trafic, 77 85. — France, 4 91 et 5 70. — Allemagne, 5 66 et 4 91. — Hollande, 4 26 et 3 75.

1891 : Angleterre, 76 47 et 77 63. — Allemagne, *7 56* et *7 12*. — France, 4 07 et 5 05. — Hollande, 3 49 et 3 02.

l'ordre suivant pour les facteurs principaux du mouvement maritime :

ÉTATS	VOILE		VAPEUR	
	Navires.	Tonnage.	Navires.	Tonnage.
Angleterre.........	1.558	614.815	2.900	2.603.583
Allemagne.........	274	80.629	211	162.164
États-Unis........	2.109	226.456	92	76.548
France............	3.071	55.914	235	86.857
Norwége..........	277	41.906	86	22.778
Italie.............	966	55.572	23	1.785

La part que le pavillon allemand prend dans le mouvement maritime de l'Allemagne est favorable, 41.4 %. C'est bien moins que le pavillon anglais en Angleterre, 74 %; mais c'est bien mieux que le pavillon français, 35 %, ou que le pavillon américain, 22.4 % (1).

§ 2. — LE COMMERCE

Avant 1789, l'Angleterre et la France se disputaient la suprématie maritime; quant à la suprématie commerciale, elle appartenait à la France. Dans l'année même 1789, les importations en France atteignirent 634 millions et les exportations 438 millions. Ensemble du mouvement commercial, 1,072 millions. En Angleterre, les importations s'élevèrent à 385,400,000 francs et les exportations à 420,375,000 francs. Total du mouvement commercial anglais, 805,775,000 francs. La différence était même considérable. En 1797, après la crise révolutionnaire et la plus

(1) En 1889, en dehors du cabotage, le mouvement maritime de la France a été de 27,377,295 tonnes de jauge, dont 9,880,193 sous pavillon français et 17,491,102 pavillon étranger; prorata 36 %.

forte avalanche du papier-monnaie, le mouvement commercial de la France n'était plus que de 564 millions; il avait baissé de moitié pour tomber en 1812 à 481 millions. Progression inverse en Angleterre : 1797, 1,042 5 millions; 1812, 1,663 3 millions. Le commerce de la France avait perdu 60 % et le commerce anglais avait gagné plus de 100 %. Ces faits désastreux, qui ont accablé la France et tous ses intérêts sur le globe pour une période dont rien ne permet de fixer le terme, dominent encore la condition des États contemporains.

A cette époque, le commerce de l'Allemagne, bien moins considérable que celui de la France et de l'Angleterre, souffrit également beaucoup des grandes guerres dans lesquelles elle fut un acteur principal et intraitable. Avec la paix de 1814 et de 1815, la France put ressaisir quelques-unes de ses anciennes clientèles et l'Allemagne entreprendre, grâce au Zollverein, une lutte commerciale efficace; mais l'Angleterre conserva la prépondérance commerciale, de même que la prépondérance maritime. Ce ne fut néanmoins qu'après la révolution de 1830 que la France put voir son commerce remonter à la même importance qu'en 1789, Quarante ans avaient été perdus.

M. Karl von Scherzer, dans le livre cité déjà, a dressé un tableau très intéressant de l'état du commerce des principaux États en 1830, au moment où la France, au prix d'une nouvelle révolution, précurseur de bien d'autres, s'émancipe, au moins, des plus dures conditions des traités de 1814. Ce tableau nous donne une base pour étudier et comparer les progrès du commerce de l'Allemagne.

A ce moment, le Zollverein n'avait pas encore pris un caractère général. Préparé dès 1819 par List, contenu en principe dans l'article 19 du traité de Vienne, il ne comprenait, en 1830, que la Bavière et le Wurtenberg, associés depuis 1828. Mais il acquérait, dès 1833, une grande importance par l'accession de la Prusse et des divers petits États qu'elle avait groupés autour d'elle.

Le tableau de M. von Scherzer marque, de 1830 à 1880, les diverses étapes de l'accroissement du commerce des principaux États, pour le commerce spécial, en dehors du mouvement des métaux précieux. Il sera intéressant de le comparer avec un tableau du commerce général relevé par nous de 1850 à 1881 et 1889 :

ÉTATS	1830	1840	1850	1860	1870	1880	1889
	En millions de marks (1 fr. 25).						Spécial.
Angleterre	1.760	2.260	3.880	6.360	9.180	12.122	15.775
France	740	1.320	1.500	3.340	4.540	7.414	8.022
Allemagne	660	1.120	2.100	3.200	4.240	5.976	8.879
Colonies anglaises	580	1.240	1.800	3.800	4.820	7.840	»
États-Unis	500	800	1.280	2.740	3.420	6.180	7.106
Russie	400	500	640	920	2.000	2.420	2.550
Autriche-Hongrie	320	440	580	1.020	1.660	2.688	»
Hollande	320	540	880	1.120	1.420	2.420	4.250
Belgique	280	400	700	960	1.280	2.320	3.015
Italie	220	340	520	920	1.480	1.322	»
Espagne Portugal	220	280	400	600	820	1.080	»
Suède et Norwège	160	240	340	600	840	1.100	»
Amérique du Sud	280	440	760	1.240	1.700	2.020	»
Totaux	6.440	9.980	14.540	26.810	37.420	54.302	»

Le coefficient général d'accroissement est 8.5; celui de l'Allemagne est 9. Seuls les États-Unis, les colonies anglaises, la France, ont des coefficients supérieurs de 13, 12, 10. Mais celui de l'Angleterre descend à 7. Le coefficient de la France s'explique par la violence de la reprise après la crise de 1789-1815 et ceux des États-Unis et des colonies anglaises par les ressources de territoires neufs et les courants d'émigration.

Nous avons publié dans le *Journal de Statistique de Paris* un tableau du développement du commerce pour les divers États que nous croyons devoir reproduire, sauf à le compléter jusqu'en 1890, afin qu'il serve de contrôle aux évaluations de **M.** von Scherzer. Il s'agit dans ce second tableau du commerce général :

ÉTATS	1850	1881	1889
	1.000.000 de francs.		
Royaume-Uni...................	4.825	17.150	18.589
France.........................	2.700	9.457	10.123
Allemagne	2.525	8.275	13.199
Hollande.......................	1.100	3.600	5.145
Autriche.......................	725	3.515	3.259
Belgique.......................	875	2.900	6.133
Russie.........................	900	2.850	3.008
Italie	650	2.475	2.446
Espagne et Portugal..	500	1.850	»
Scandinavie....................	425	1.450	1.858
Suisse.........................	500	1.614	1.665
États danubiens	200	559	»
Grèce.........................	100	229	»
Turquie........................	450	595	726
Europe........................	16.475	56.537	13.177
États-Unis	1.700	7.200	»
Dominion......................	400	1.100	»
Amérique centrale	500	1.514	»
Amérique du Sud...............	»	2.888	»
Australasie	»	2.400	»
Cap de Bonne-Espérance........	»	625	»
Maurice.......................	»	165	»
Égypte........................	»	522	»
Alger	»	405	»
Tunis.........................	»	60	»
Maroc.........................	»	38	»
La Réunion....................	»	30	
Total........	20.300	73.484	

Les deux tableaux qui précèdent et qui se complètent démontrent combien ont été importants, depuis 1830, les progrès du commerce de l'Allemagne. Elle occupe réellement le second rang et devance les États-Unis, surtout en ce qui est du commerce spécial. Elle a porté son principal effort depuis 1880, car jusqu'à cette époque, le commerce allemand n'avait pu atteindre aux résultats du commerce français et du commerce américain. La France a conservé le second rang jusqu'en 1880. Elle a été de 1880 à 1889 refoulée au quatrième, de même que pour la navigation maritime. Il est également à remarquer que l'Allemagne s'est sensiblement rapprochée du commerce anglais et qu'elle est devenue pour l'Angleterre le plus redoutable des concurrents.

D'après d'autres calculs de **M.** von Scherzer, le prorata par tête de l'activité commerciale donnait les résultats ci-après entre les principaux États qu'il a groupés. Nous y avons ajouté le prorata pour 1889 :

ÉTATS	1830	1850	1870	1882	1889
Angleterre	72	122	312	355	500
France	22	43	124	195	265
Allemagne	24	63	106	141	265
Russie	9	11	27	54	33
Autriche	13	19	47	49	128
Italie	13	26	61	58	82
Espagne et Portugal	15	23	42	60	»
Hollande	114	296	388	662	1.029
Belgique	78	166	252	421	1.023
États scandinaves	32	57	115	131	168
États-Unis	40	53	98	120	211

Le coefficient commercial de la France et de l'Allemagne se trouve le même, à raison de la différence de population. Il en est de même pour les États-Unis. Au contraire, la disproportion entre l'importance du commerce et la population surélève le coefficient de la Belgique et de la Hollande. D'autre part, en Russie, la population ayant grandi plus rapidement que le commerce, son coefficient commercial a baissé.

§ 3. — CHEMINS DE FER

Tous les instruments de l'activité économique sont en rapport avec l'entraînement général de l'Allemagne. De là le développement donné aux chemins de fer. Sans doute, les considérations stratégiques, qui ne sont jamais négligées en Allemagne, et on ne saurait que l'en féliciter, y ont tenu et y tiendront longtemps une grande place; mais elles ne sont pas exclusives des raisons économiques. Aussi l'Allemagne a-t-elle précédé tous les peuples de l'Europe continentale dans la rapide extension de son réseau ferré [1].

ÉTATS	1845	1855	1865	1875	1883	1890
			Kilomètres			
Allemagne........	2.143	7.826	13.900	27.984	35.581	42.783
Angleterre	4.082	13.414	21.386	26.819	29.890	32.112
France.......... .	870	5.529	13.577	21.596	29.688	36.891
Russie	144	1.044	3.819	18.966	24.392	31.140
Autriche-Hongrie .	128	2.829	6.397	16.766	20.598	27.417
Italie	»	912	4.367	7.709	9.450	13.163
Espagne	»	475	4.823	6.129	8.251	9.774
Etats-Unis........	7.456	29.569	56.462	119.668	192.436	254.200

Le tableau ci-dessus constate qu'à toute époque l'Allemagne a possédé un réseau ferré supérieur à celui de la France et, depuis 1875, supérieur à celui de l'Angleterre.

[1] *Leben der Volker*, 706. Brachelli. — *Statistiche Skizze*, 1892. — *Bulletin du Ministère des Travaux publics*, 1891 et 1892. En ce qui concerne l'Allemagne, tous les chiffres sont empruntés aux relevés allemands, souvent en désaccord avec les relevés français.

L'activité du réseau correspond à son développement [1].

ÉTATS	RECETTES 1.000 francs.		CAPITAL ENGAGÉ 1.000 francs.		VOYAGEURS 1.000		MARCHANDISES 1.000 tonnes.	
	1881	1890	1881	1890	1881	1890	1881	1890
Angleterre...	1.735.000	1.997.500	19.192.000	21.635.000	654.838	817.744	264.480	297.500
Allemagne..	1.162.500	1.588.000	11.756.000	12.886.000	224.467	426.055	180.190	215.910
France......	1.079.000	1.140.000	1.588.000	14.050.000	179.730	244.104	84.647	87.043
Russie......	555.000	619.000	6.345.000	7.650.000	25.045	47.200	13.062	64.800
Aut.-Hongrie..	571.500	538.570	3.838.000	7.320.000	47.032	95.416	63.141	100.936
Italie........	165.000	249.993	2.787.000	»	34.372	49.333	10.270	16.500
Espagne.....	132.500	178.977	2.096.000	2.506.500	14.813	22.959	8.088	9.850
États-Unis ..	3.405.500	5.015.000	29.750.000	46.900.000	270.000	520.400	290.000	712.500

(1) Les résultats donnés dans ce tableau sont ceux de l'année 1889 pour la France, la Russie, l'Espagne et les Ltats-Unis.

En 1890, les chemins existant aux États-Unis formaient 335,225 kilomètres.

Le rouble papier russe est évalué à 3 francs.

Si l'Allemagne n'atteint pas au mouvement extraordinaire de l'Angleterre, elle vient tout à fait en tête des États de l'Europe continentale, avec une grande avance sur la France. De 1889 à 1890, les recettes brutes des chemins de fer allemands ont passé de 1,458 millions à 1,588. Accroissement 130 millions [1].

§ 4. — NAVIGATION INTÉRIEURE

Le développement extraordinaire des chemins de fer avait laissé supposer que la navigation intérieure, fleuves, rivières, canaux, perdait de son importance. Les voies artificielles, plus coûteuses, mais plus rapides, semblaient appelées à se substituer, au moins pour partie, aux anciennes voies nationales ou internationales des courants commerciaux. On oubliait que sur ces voies la vapeur pouvait aussi procurer la vitesse, et que pour un grand nombre de marchandises lourdes et encombrantes, la vitesse était une condition accessoire à côté de celle du bon marché. La navigation intérieure, loin de décroître, a augmenté parallèlement avec l'accroissement du mouvement des chemins de fer.

Les Compagnies de chemins de fer ont essayé, de leur mieux, à contester cet accroissement, à propager et à

[1] En 1890, la France avait 223 kilomètres de chemins industriels, et l'Allemagne 2,613, avec 748 de chemins ferrés miniers.

Sur l'ensemble de toutes ces lignes, l'Allemagne comptait en 1890 13,107 locomotives, 10,450 tenders, 24,386 wagons à voyageurs, 261,300 à marchandises et 1,604 wagons-poste. — La France possédait en 1891 environ 11,000 locomotives, 27,000 voitures à voyageurs et 250,000 wagons divers.

Statistique comparée des locomotives : Europe, 63,000 ; Amérique, 40,000 ; Asie, 3,300 ; Australie, 2,000 ; Afrique, 700 ; Angleterre, 17,000 ; Autriche, 5,000 ; Italie, 4,000 ; Russie, 3,500 ; Belgique, 2,000 ; Espagne, 1,000 ; Hollande, 1,000 ; Suisse, 900.

3.

entretenir l'erreur de l'imperfection, de l'insuffisance et de l'inutilité de la navigation intérieure, tout en cherchant à accaparer les canaux et à ruiner la batellerie sur les rivières au moyen de tarifs spéciaux; mais la plupart des gouvernements ont eu la prévoyance de ne pas se livrer tout à fait à leur monopole. Ils en sont aujourd'hui récompensés par les progrès de la navigation intérieure et par les services qu'elle rend à l'industrie et à l'agriculture. Des Congrès, dont le dernier vient d'être tenu à Paris en septembre 1892, des documents nombreux, parmi lesquels ceux de l'Administration française occupent une place très honorable [1], ont mis ces faits en pleine lumière et montré l'importance des questions économiques qui s'y rattachent, spécialement pour l'alimentation des grandes villes, le transport des gros matériaux et l'enlèvement des scories et déjections. Les tarifs de péage ou la gratuité de certains canaux et rivières canalisées, ont donné lieu, de la part des chemins de fer, à de véritables polémiques, dans lesquelles le monopole n'a pas eu la victoire.

Aussi, tous les États ont-ils conservé et entretenu avec soin les éléments de leur navigation intérieure. M. Von Scherzer en a dressé un tableau comparatif fort intéressant. Nous le résumons pour les États les plus importants [2].

---

[1] A propos du Congrès de 1892, les Ponts et Chaussées de France ont fait paraître plusieurs publications d'un grand intérêt, notamment la *Statistique de la Navigation intérieure en France*, avec un historique des travaux depuis le XVIe siècle. C'est un monument.

Depuis 1814, la France a dépensé 639 millions 605,662 francs pour la navigation intérieure (fonds du Trésor).

Le Congrès de 1892 a donné lieu à de belles discussions qui seront suivies de publications destinées à renseigner complètement sur l'état de la navigation intérieure des divers peuples.

[2] *Leben der Volker*, 702.

ÉTATS	CANAUX	FLEUVES ET RIVIÈRES	ENSEMBLE
	en milles géographiques (7 kilomètres 500)		
Russie	175	4.188	4.363
Allemagne	264	3.152	3.416
France	630	1.080	1.710
Angleterre	625	357	982
Autriche-Hongrie	83	585	668
États-Unis	666	3.370	4.036
Brésil	»	4.442	4.442
Indes	448	520	968
Chine	1.054	740	1.794

M. Von Scherzer évalue le mouvement annuel de la navigation intérieure en Angleterre de 30 à 35 millions de tonnes, et celui des États-Unis de 25 à 30 millions; quant à celui de la France, il est actuellement de 25 millions [1].

Comme l'indique le tableau ci-dessus, l'Allemagne se trouve dans une situation très favorable quant à la navigation intérieure, puisqu'elle possède plus de 22,000 kilomètres de voies fluviales naturelles, sans compter les canaux; canaux et rivières, la France ne compte que

[1] D'après les relevés officiels français, les fleuves et rivières auraient eu en 1891 un réseau de 7,495 kilomètres, et les canaux de 5,201, soit 12,696 kilomètres — chiffre correspondant à 1,710 × 7.5. — Tonnage 25,181,056 tonnes effectives et 3,536,760,514 kilométriques, brutes.

M. Mulhall (*Dictionary of Statistics*, p. 67), donne pour la navigation intérieure de l'Angleterre 7,856 kilomètres et 20 millions de tonnes; pour l'Allemagne 27,300 kilomètres; pour la Russie 34,900 kilomètres, trafic 105 millions de livres sterling; pour la France 13,400 kilomètres, trafic 19,500,000 tonnes.

Le *Bulletin du Ministère des Travaux publics* (juillet 1890) évalue à 6,897 kilomètres le réseau de la navigation intérieure de l'Angleterre — avec l'Irlande — sans donner de renseignements sur le tonnage. Voir cependant octobre 1891 sur le trafic (8 millions 155,112 tonnes) des canaux appartenant à seize Compagnies de chemins de fer.

12,827 kilomètres de voies fluviales. L'Allemagne est, en effet, traversée du sud au nord par six cours d'eau considérables : Vistule, Oder, Elbe, Weser, Ems, Rhin, — et de l'ouest à l'est par le Danube. Les marchandises que transporte le Danube sont évaluées par M. Von Scherzer à 50 millions de mètres cubes, et celles que transporte le Rhin à 92 millions, dont les deux tiers pour l'Allemagne et un tiers pour la Hollande. L'Elbe est plus essentiel encore pour l'Allemagne, parce qu'il lui appartient tout entier. En 1883 le mouvement fluvial de l'Elbe en Saxe était évalué à 17,000,000^{mc}. Dans le port de Hambourg, il s'est élevé à 23,500,000^{mc}. A Brême, le Weser transporte chaque année 1,000,000^{mc}. Mais c'est la pauvre Sprée qui règne avec Berlin avec un mouvement de plus de 29,000,000^{mc}.

M. Von Scherzer répartit ainsi le matériel de la navigation intérieure entre chaque voie fluviale [1] :

VOIES	VOILE		VAPEUR		TOTAL
	Navires	Tonnage	Navires	Tonnage	
Elbe	9.050	760.102	339	13.260	773.363
Oder	2.905	240.759	102	2.600	243.359
Rhin	2.514	426.734	199	10.876	437.610
Vistule	675	57.938	43	1.782	59.720
Canaux	476	7.985	»	»	7.985
Weser	344	31.845	22	618	32.459
Ems	265	6.358	4	71	6.429
Danube	41	2.672	»	»	2.672
Lacs	39	3.333	28	1.575	4.908
Ensemble	16.309	1.537.726	737	30.772	1.568.507
Cabotage	1.705	89.474	94	2.390	91.864
Ensemble	18.014	1.627.200	831	33.162	1.660.371

(1) *Leben der Volker*, 702.

L'importance de cette navigation a nécessité depuis long-temps la constitution de diverses Compagnies de navigation fluviale et de Sociétés nautiques [1]. Au premier rang des Compagnies intérieures de navigation se placent le Lloyd allemand, l'une des grandes Sociétés de navigation maritime, la Compagnie de Hambourg-Magdebourg, les deux Compagnies de navigation à vapeur de l'Elbe, établies à Dresde ; la Société à vapeur de Mannheim et celle de Mayence, celle de Francfort et celle pour Coblentz, Cologne et Dusseldorff.

D'après des relevés ou comptages officiels [2], on a cons-taté, de 1881 à 1885, une moyenne de : bateaux chargés 114,466, vides 31,912, tonnage 22,951,000, avec marchandises 14,318,000 tonneaux ; et en 1890, 119,895 bateaux chargés, 39,292 vides, tonnage 31,520,000, marchandises 20,475,000 tonneaux [3].

Il existe, par suite, en Allemagne, une grande activité pour la navigation fluviale, de même que pour la navigation maritime. Dans les grandes villes de l'Allemagne, il a été fondé de nombreuses Sociétés nautiques, les unes pour la navigation maritime, les autres pour la navigation fluviale. La plus considérable est l'Association nautique centrale d'Allemagne, ayant son siège à Berlin. Ces Sociétés ont pour objet le développement et les intérêts supérieurs de la navigation fluviale tout aussi bien que de la navigation maritime.

(1) Legoyt. *Forces de l'Allemagne*, 171.

(2) *Bulletin des Travaux publics*, 366. Juin 1892.

(3) En 1887, on a constaté en France sur les principaux fleuves et canaux, dans quatorze localités, 132,263 bateaux chargés avec 17,568,000 tonnes de marchandises, et 39,989 vides ; moyenne : 1881-1886, 14,718,000 tonnes. Tonnage total des bateaux, 28,577,000 onnes. *(Génie civil,* 18 mai 1889.)

En outre, de nombreuses écoles maritimes ont été établies dans les grands ports.

§ 5. — MOUVEMENT DES ROUTES [1]

Les renseignements spéciaux et comparatifs manquent en partie pour l'Allemagne, à raison du grand nombre d'États qui composent la Confédération germanique, et du fait que chaque État est propriétaire de ses routes qu'il administre seul. La centralisation, indispensable aux chemins de fer, ne l'est pas pour les routes. L'Allemagne possède-t-elle un réseau de routes de diverses natures aussi complet que celui de la France (nationales, départementales, communales)? C'est peu probable, eu égard aux différences dans la constitution de la propriété foncière. Au 1er janvier 1873, la Prusse possédait 2,947 milles de routes d'État, 901.3 de routes provinciales, 2,703.2 de routes de cercles et 14.4 de routes minières, ensemble 6,565.9 milles ou 49,000 kilomètres. Ce réseau a dû être augmenté depuis. Quelle activité a-t-il conservée? C'est ce qu'il est fort difficile de savoir.

Le recensement de 1888 a constaté pour la France : 1° 37,802 kilomètres de routes nationales avec un tonnage de 3,453,702,204 tonnes kilométriques brutes et 1,734,004,422

(1) Les renseignements comparatifs sur les routes diverses font encore défaut, parce que les progrès des chemins de fer ont répandu l'opinion erronée que les routes avaient beaucoup perdu de leur importance. — BRACHELLI (1887, *Staten Europa's*) laisse les routes de côté, même dans le complément (1892). — KOLB (*Nations*, 1886) donne quelques chiffres pour la France, aucun pour l'Angleterre. — DE FOVILLE (*France économique*, 1890) cite, pour les rejeter, des chiffres de M. Mulhall. — M. MULHALL (*Progress of the World*, 1889) attribue à l'Allemagne environ 95,000 kilomètres de routes, 203,200 à l'Angleterre et 64,000 à la France, chiffre qui ne répond à rien. Ces chiffres ont été rectifiés dans le *Dictionary of Statistics*, 1884.

utiles, avec une augmentation de près de 500,000 tonnes brutes et 254,000 utiles sur 1882 ; 2° 48,891 kilomètres de routes départementales avec un tonnage de 2,500 millions de tonnes brutes et 1,500 millions utiles ; 3° 138,157 kilomètres chemins de grande communication ; 4° 83,871 kilomètres chemins d'intérêt commun ; 5° 603,745 kilomètres chemins vicinaux et communaux, dont 254,150 entretenus [1]. L'Allemagne ne doit pas posséder un pareil réseau, parce que son agriculture et la condition de ses campagnes ne le comportent pas. Mais il est bon de montrer la grandeur agricole et foncière de la France. Le réseau vicinal de la France lui a coûté 6 milliards, il exige chaque année 100 millions. Les forces productives de l'Allemagne sont dirigées dans un but de déploiement et d'action extérieurs ; celles de la France, en vue de la mise en état et en œuvre de son incomparable territoire. Ces différences manifestent, en réalité, des politiques économiques opposées et correspondent à des conditions naturelles qui ne sont pas les mêmes.

L'*Album de Statistique graphique* de 1889 (p. 10) résume la circulation sur les trois grands réseaux des voies de communication de la France par les chiffres suivants :

| VOIES | Longueur kilomét. | TONNAGE | | Pourcentage |
		Moyen	Kilomét. 1.000.000¹	
Chemins de fer......	32.128	323.989	10.409	68 °/₀
Voies navigables....	12.499	254.394	3.179	21 °/₀
Routes nationales...	37.803	45.870	1.731	11 °/₀
TOTAL....	82.430	624.253	15.319	100

[1] *Annuaire statistique de la France*, 1891, p. 312.

§ 6. — ENSEMBLE DES MOYENS DE TRANSPORT INTÉRIEURS

Dans un tableau spécial du *Dictionary of Statistics*, p. 395 (1884), M. Mulhall a réuni, en les ramenant au mille anglais (1,600 mètres), les trois éléments des transports intérieurs, entre 1880 et 1884. Ce tableau, malgré des inexactitudes assez graves, présente un intérêt réel au point de vue de la comparaison des forces productives des États. On ramène le mille anglais au kilomètre en multipliant les quantités par 1,6.

ÉTATS	EN 1.000 MILLES			TOTAL	MILLES	
	Routes	Chemins de fer	Voies fluviales		par 10.000 habitants	par 100 milles carrés
Angleterre.........	142	18	5	165	51	140
France...........	238	18	8	264	70	130
Allemagne.........	265	21	17	303	67	150
Russie...........	65	15	22	102	13	5
Autriche-Hongrie..	66	12	3	81	22	30
Italie...........	74	5	2	81	28	72
États-Unis........	260	104	21	385	35	27

Depuis dix ans les éléments de ce tableau ont changé; néanmoins ils peuvent servir, bien qu'imparfaits, pour montrer combien, sous tous les rapports, l'Angleterre, la France et l'Allemagne possèdent une organisation supérieure de voies de transport intérieures [1].

(1) En se reportant aux tableaux qui précèdent, on rétablit facilement les chiffres véritables.

M. Mulhall dans son ouvage [1] : *Balance Sheet of the World*, qui remonte à 1881 et qu'on doit consulter avec prudence, bien qu'il rende encore des services, a consacré trois tables (9, 10 et 11) à une étude comparative sur le développement des forces de transport des peuples. Voici un extrait de la table 9, la plus intéressante; elle résume l'accroissement de 1868 à 1880.

ÉTATS	Chemins de fer		Navigation maritime		PRORATA p. %
	Valeur en livres sterling				
	1870	1880	1870	1880	
	En 1.000 liv. st.		En 1.000 liv. st.		
Angleterre	43.417	62.800	34.878	58.390	55 »
France.................	24.890	40.940	5.610	6.920	56 45
Allemagne	28.730	52.320	4.550	6.410	76 42
Russie	16.140	30.240	1.880	3.271	86 05
Autriche-Hongrie..........	13.234	21.036	1.540	1.980	55 06
États-Unis.................	84.167	110.240	30.450	31.150	23 28

Ces chiffres, quoique très incertains et peut-être entachés de fantaisie, ne sont pas trop en désaccord pour être comparés à l'ensemble des résultats ci-dessus. Ils montrent la puissance du développement économique jusqu'en 1880; or cette puissance s'est bien accentuée depuis douze ans.

§ 7. — POSTES, TÉLÉGRAPHES, TÉLÉPHONES

Ces grands agents de l'activité économique des nations ont naturellement suivi les progrès généraux qui se sont accomplis depuis 1850. Le télégraphe électrique ne date même que de 1850; le téléphone est très postérieur.

[1] Londres, 1881.

I. *Postes*. — Pour la période antérieure à 1870 [1], M. Von Scherzer, à peu près seul, donne un renseignement comparatif intéressant, c'est le prorata par tête des lettres et des cartes postales [2].

ÉTATS	1865	1870	1883
Angleterre..........................	24	26	41
États-Unis.....	13	17	27
Allemagne........................	6 ·	10	18
France...........................	8	9	16
Autriche-Hongrie.................	3	6	13
Russie...........................	0.2	0.6	1.3

A partir de 1871, on possède des renseignements plus complets. L'empire allemand est fondé; l'Union postale universelle, avec un bureau central à Berne, est constituée en 1874; de nouvelles facilités sont données aux correspondances nationales et internationales.

Le tableau ci-après indique, pour les années 1878, 1883 et 1890, le classement des principaux États.

(1) Pour les résultats comparés antérieurs à 1870, M. Maurice Bloch *(Statistique de la France,* 2ᵐᵉ vol., p. 374) donne quelques chiffres intéressants :

FRANCE : Lettres, 1821, 45,000,000; 1869, 364,700,000. Recettes, 1821, 23,800,000 francs; 1869, 94,000,000. — Journaux, 1830, 34,946,000; 1869, 367,000,000. — Mandats, 1820, 317,642; 1869, 139,000,000.

ANGLETERRE : Lettres, 1839, 75,000,000; 1869, 831,900,000. Recettes, 1838, 2,339,700 liv. st.; 1869, 4,649,200 liv. st.

RUSSIE : Lettres, 1821, 5,000,000; 1872, 30,000,000.

ALLEMAGNE : Lettres, 1857, 112,000,000; 1867, 172,000,000. *(Europe politique.)*

(2) *Leben der Volker,* 711.

ÉTATS	1878			1883			1890			
	Lettres et Cartes en 1,000	Journaux en 1,000	Bureaux	Lettres et Cartes en 1,000	Objets divers en 1,000	Envois d'argent 1,000 fr.	Recettes 1.000 fr.	Lettres et Cartes en 1,000	Imprimés en 1,000	Envois d'argent — 1.000,000
Angleterre.........	1.208.818	197.076	15.951	1.578.258	505.955	813.150	216.276	2.035.500	642.200	4.779
Allemagne	651.876	428.406	13.637	915.600	680.021	15.794.426	317.426	869.569	364.656	27.341
France	481.873	232.412	6.488	682.582	706.671	2.451.858	202.708	654.114	819.894	3.414
Autriche-Hongrie.	226.565	66.748	4.148	345.433	127.964	10.027.078	85.656	372.462	47.759	16.160
Italie...........	173.104	80.780	3.609	241.684	181.885	628.099	45.420	162.337	170.149	555
Russie	88.216	78.263	4.663	154.364	114.578	11.298.111	81.644	139.852	21.965	16.479
États-Unis	1.431.786	»	47.863	1.394.622	1.369.576	»	315.451	2.289.949	1.562.544	700
Espagne..........	»	»	»	»	»	»	22.315	91.733	34.000	150

Ainsi qu'il résulte [1] de diverses constatations, au point de vue économique, quatre États viennent seuls au premier rang : d'abord l'Angleterre et les États-Unis, puis l'Allemagne et la France.

II. *Télégraphes.* — La télégraphie électrique s'est développée parallèlement à la poste. Mais son importance n'a grandi qu'à partir de 1860. L'Europe ne comptait encore que 3,502 stations fournissant 8,917,938 dépêches sur 293,832 kilomètres de fils [2]. Nombre de dépêches par 1,000 habitants : Grande-Bretagne, 159; Allemagne, 431; France, 84; Russie, 12. En 1869, les dépêches s'élèvent à 38,567,298 sur 728,592 kilomètres de fils, et à 78,796,140 en 1875 sur 942,000 kilomètres.

Les principales étapes de ce développement sont marquées dans le tableau ci-après [3] :

(1) Les recettes des postes et des télégraphes sont réunies en Allemagne, France, Russie et Autriche-Hongrie. Comparer la *Statistique internationale des Postes* publiée par le Bureau international de Berne pour 1890.

(2) Les chiffres de l'année 1871 sont donnés par M. M. Bloch, *Statistique*, 2ᵐᵒ vol., p. 386; ceux de 1878 par Neumann Spallart, *Ubersichten*, 1880, p. 268; ceux de 1889 par le *Statesman's Year's Book* 1891.

Pendant l'impression de ce chapitre, M. Maurice Bloch a fait paraître une seconde édition de son bel ouvrage *l'Europe politique et sociale* (1892). Elle doit être consultée sur tous ces chiffres comparatifs pour la période postérieure à 1869; pour la période antérieure, la première édition est plus complète.

(3) Pour les télégraphes, consulter : le *Journal télégraphique* publié à Berne et la *Statistique générale de la Télégraphie*, Berne 1889.

ÉTATS	1871			1878			1889		
	Longueur des lignes kilom.	Stations	Dépêches	Longueur des lignes kilom.	Stations	Dépêches	Longueur des lignes kilom.	Stations	Dépêches
États-Unis (1889)...	113.728	5.888	12.404.658	152.400	8.829	23.000.000	286.000	18.470	54.108.326
Allemagne (1889)...	36.607	3.726	11.001.596	60.118	8.225	11.217.100	103.308	»	25.391.418
France (1889)......	43.811	1.989	4.962.626	59.407	4.772	12.333.073	96.632	»	26.703.597
Aut.-Hongrie (1889)..	36.291	1.281	5.276.009	22.711	2.484	4.208.204	48.176	6.023	13.167.169
Russie (1888)	50.348	595	2.399.410	75.455	2.326	5.196.856	142.216	3.796	10.804.587
Angleterre (1890)...	35.463	5.000	2.380.266	41.334	5.259	23.356.106	50.304	7.352	62.403.399
Italie (1889)........	16.930	4.237	1.932.596	24.201	2.109	4.908.534	35.322	4.283	9.178.373

Tous les États ont beaucoup augmenté leur activité télégraphique; mais l'Angleterre, placée au sixième rang en 1871, a pris le premier, et la France le troisième.

III. *Téléphones.* — Instrument encore plus récent que le télégraphe électrique, mais en grand progrès.

M. Neumann Spallart a publié pour 1885 une première statistique des téléphones [1]. Elle est reproduite dans le tableau qui suit et comparée aux résultats actuels.

ETATS	1885			1890		Fils 1.000 kilomètres
	Villes	Cabines	Abonnés	Abonnés	Cabines	
Allemagne	112	17.000	17.156	»		»
Angleterre	180	12.000	13.896	40.000		»
France............	20	10.000	9.166	18.195		9
Autriche	10	4.500	4.000	»		»
Italie.............	18	7.000	8 481	12.081		»
Russie...........	7	3.000	»	»		»
États-Unis	»	48.400	151.256	227.350		1.400

(1) *Ubersichten*, 1887, p. 182. La statistique téléphonique est encore à faire. Voir cependant le *Génie civil*, 24 décembre 1892, pour celle de France, par M. Turquam.

Les progrès de la téléphonie aux États-Unis sont extraordinaires. En 1890 on avait installé 467,356 téléphones avec 240,442 milles de fils, et enregistré 453 millions de conversations dans l'année. Le capital des sociétés téléphoniques représentait 72,344,787 dollars.

D'après de nouvelles applications du phénomène de l'induction à distance, il faut s'attendre, pour le siècle prochain, à de nouveaux progrès dont nous n'avons pas plus l'idée aujourd'hui que nos grands-pères n'ont eu la conception du téléphone il y a cent ans.

CHAPITRE QUATRIÈME

Berlin.

Berliner weltaustellung.

La nature ne s'est pas montrée aussi prodigue pour Berlin que pour Hambourg, sans être cependant tout à fait ingrate. L'opiniâtre génie prussien ou borussien a suffi à tout. Berlin est rapidement devenu la seconde ville de l'Europe continentale par sa population et sa richesse, la quatrième ville du globe. C'est un grand progrès, un grand honneur, si on se reporte seulement à l'époque de la mort de Frédéric II, une sorte de miracle si on se reporte au commencement du XVIIIe siècle. La population de Berlin ne dépassait pas alors 30,000 habitants. Elle représentait à peine le $1/18$ de celle de Paris. Depuis, Paris n'a pas quintuplé (2,450,000 habitants au lieu de 550,000); Berlin a eu un accroissement supérieur à 52 fois (1,578,794 habitants). La vitalité prussienne, l'habile et heureuse direction donnée à la nation par la monarchie des Hohenzollern, la Fortune, comme auraient dit les Romains, ont chacune leur part dans ce magnifique développement, en rapport direct avec les progrès, plus extraordinaires encore, de la Prusse elle-même; elles ne sont pas tout cependant. Les grandes cités, les puissantes agglomérations urbaines possèdent une vitalité, une raison d'être et de développement propres, une indépendance réelle à l'égard des nationalités dont elles font partie; leur individualité ne se confond pas avec celle de la nation.

§ 1. — SITUATION ET DESCRIPTION DE BERLIN

Berlin est la capitale de la plaine du nord de l'Europe. Ouvrez une carte de l'Allemagne, vous reconnaîtrez que Berlin occupe une position centrale, entre la Russie et la France, entre l'Allemagne du nord et l'Allemagne du midi, au milieu de la grande plaine du Nord, cette plaine immense qui, à vrai dire, commence même en France et, au-dessus des Ardennes, s'étend à l'infini, plate, sablonneuse, toujours verdoyante, *parsemée de quelques bouquets de chênes noirs et de bouleaux, rebelle déjà à la culture du froment,* traversant la Russie tout entière pour se confondre avec la Sibérie.

Plaine monotone, mélancolique, froide. En hiver, le thermomètre y descend souvent au-dessous de 20, même *de 25 degrés. Aussi la température hivernale moyenne* de Berlin est 0°8, tandis qu'elle s'élève à Paris, appartenant néanmoins au climat septentrional, à + 3°53. Non seulement le climat est froid, mais encore humide. Le sol a un aspect pauvre, parfois desséché. A partir de l'Elbe, *qui coupe la plaine allemande en deux parties presque égales, avec un nivellement naturel plus régulier, il devient souvent marécageux ;* les eaux s'écoulent difficilement, faute de pente ; elles forment une multitude de petits lacs. Tous ces caractères s'accusent davantage quand on entre dans le Brandebourg. « Le Brandebourg, dit Reclus, est souvent » désigné par ironie sous le nom de sablière (Sändbüchse). » Plusieurs villes et villages de la contrée sont tellement » environnés de sables mouvants que, lors des jours de » tempête, ils disparaissent dans une brume de poussière ; » quand le vent s'apaise, les rues, les maisons sont envahies ; » il faut travailler pendant longtemps au dégagement des

» voies obstruées ; quelques régions de la plaine, même aux
» environs de Berlin, ont l'aspect de déserts de sable.
» Pendant les chaleurs de l'été on pourrait se croire en
» Arabie, si des forêts de pins ne se montraient dans
» l'éloignement [1]. »

Mais ce sol, plat, sablonneux, marécageux, n'est pas infertile. Il répond plus volontiers au labeur de l'homme que les landes de l'Aquitaine ou que les bruyères de la Bretagne. Sollicité avec acharnement par une population énergique, il est devenu un élément considérable de richesse. Il est couvert de prairies le long des cours d'eau ou sur le bord des lacs ; il produit d'abondantes récoltes de seigle, d'orge, d'avoine, de blé noir, de pommes de terre et, dans certaines parties, de betteraves. Les Français y ont implanté, au xvii⁰ siècle, le mûrier et la culture du ver à soie. Le mouton y prospère, et fournit des laines excellentes. Aussi le Brandebourg peut-il nourrir une population de plus de deux millions d'habitants, sans y comprendre Berlin, et de près de quatre millions avec Berlin ; soit, en laissant Berlin de côté, une densité de 118 par kilomètre carré.

La production agricole de la plaine du Nord, particulièrement celle du Brandebourg, est une première cause de prospérité et d'avenir pour Berlin. Il en est une seconde plus importante encore : c'est la situation commerciale et même maritime de Berlin, situation des plus favorables. La Sprée, qui traverse Berlin, s'y métamorphose en une sorte de rivière canalisée. Sous des dehors bien modestes, elle n'en est pas moins une artère des plus précieuses. D'un côté, elle met Berlin en communication avec l'Oder qui se jette dans la Baltique, et de l'autre avec l'Elbe qui se jette dans la mer du Nord. L'Elbe réunit Berlin à Hambourg, aujourd'hui le

---

(1) *Europe centrale*, p. 785.

premier port de l'Europe continentale. La Sprée remplit pour Berlin la même fonction que la Seine à Paris. Berlin, comme port intérieur de l'Allemagne, a acquis une importance considérable.

A ces deux avantages, il faut en joindre un troisième. Berlin se trouve à peu près au centre de l'empire allemand, qui occupe lui-même le centre de l'Europe. A cet égard, Berlin est mieux placé que Paris, que Saint-Pétersbourg, que Constantinople et même que Londres. Toutes les forces germaniques y convergent naturellement.

§ 2. — LE TERRITOIRE ET LA POPULATION

Berlin n'est mentionné dans aucun document avant le XIIIe siècle. Il paraît avoir été fondé en 1220 par Albert II, margrave de Brandebourg, à un endroit de la Sprée qui servait de passage : car le mot Berlin signifierait *bac*, d'après les uns ; *fond de boue*, d'après les autres ; *champ des oies*, d'après M. Ebel. C'était alors comme tant d'autres grandes villes à leur origine, comme Londres, comme Paris même, un refuge de pêcheurs, une sorte d'entrepôt de pêche entre l'Oder et l'Elbe, établi entre les deux bras de la Sprée, comme la Cité de Paris entre les deux bras de la Seine, en plein marécage, comme Londres à l'embouchure de la Lea dans la Tamise. Malgré les avantages de sa situation géographique, le développement de Berlin a été très lent. Berlin ne comptait encore que 6,000 habitants au XVIe siècle. La guerre de Trente ans fut pour le Brandebourg, comme pour toute l'Allemagne, une époque de grande décadence. Aussi, à la fin du XVIIe siècle, Berlin renfermait à peine 30,000 habitants. Sa prospérité ne date que de l'immigration des Français et des Tchèques. Les Tchèques arrivèrent les premiers, pendant et après la guerre de Trente ans. Puis les calvinistes français, les familles de huguenots, au nombre de plus de 2,000, population d'élite, déjà dans l'aisance, industrieuse, fanatique, morale, animée d'une haine inexorable contre Louis XIV et la France, race des puritains d'Écosse. C'est ainsi que Berlin devint le centre du protestantisme allemand et le foyer d'une population très énergique. C'est une ville d'exilés religieux. De là l'exaltation qu'on remarque dans la population, même chez tout Prussien. Un troisième élément ethnique est venu se mêler aux Français et aux Tchèques : l'élément israélite. La colonie juive de Berlin est importante. Elle a eu une très large part dans le mouvement économique de la Prusse : Tchèques, Français luthériens ou calvinistes, juifs, se sont facilement entendus contre l'influence française, d'origine latine et catholique. Quant au fond primitif de la population de Berlin, il est plus slave que germain. Les Wendes ont formé le sous-sol de la population. Les Allemands sont arrivés plus tard. Pour saisir toute la valeur de ces mélanges et le rôle de chacun de leurs éléments, il ne faut pas oublier qu'en 1740, lorsque Frédéric II a pris en mains le gouvernement de la Prusse, elle ne comptait pas plus de 2,500,000 habitants dont un quart d'étrangers de toutes nuances. Berlin les rassemblait et les résumait toutes. Il en a été ainsi pour la Rome primitive. Chaque race avait son quartier. Les calvinistes français donnèrent à la plaine sablonneuse sur laquelle ils s'établirent le nom de *pays des Moabites*; c'était un souvenir de la Bible et une allusion à leur exil. Le quartier des Moabites existe encore; il porte le même nom. Il est situé au nord de Berlin, sur la Sprée, entre Thiergarten et Charlottenburg.

Le territoire de Berlin, successivement augmenté, comprend actuellement 6,258 hectares, divisé en quarante-deux

quartiers ou arrondissements [1], dont six : Luisenst (double),
Tempelhof, Stralau, Oranienbourg, Rosenthal, comprennent
chacun plus de 100,000 habitants. Stralau, avec 168,000
âmes, était, en 1885, le plus considérable. Ce territoire
décrit à peu près un cercle irrégulier : de Lichtenberg
à l'extrémité du quartier Moabit, de l'est à l'ouest, et du
nord au sud, de Pankow à Tempelhof. Berlin n'est entouré
d'aucune fortification; n'ayant pas d'octroi, il n'est enserré
dans aucun mur fiscal.

Le vieux Berlin (Alt-Stadt), traversé par la rue Royale, est
à peu près au centre, entre Alt-Cöln, dans une île formée
par la Sprée et le Kupfergraben; le château royal, les
Musées se trouvent dans cette île; à côté Neu-Cöln; les
nouveaux et plus beaux quartiers sont Friedrichstadt,
Dorotheenstadt, Thiergarten. La célèbre promenade Unter
den Linden s'étend dans Dorotheenstadt, avec l'Opéra
et la Bibliothèque. La plus belle rue de Berlin, Friedrichstrasse, coupe plusieurs quartiers. La ville s'est constituée
comme Londres et Paris, par l'annexion successive de faubourgs (Vorstadts); principaux Vorstadts : Moabit, Stralau,
Spandau, Wedding, Schöneberg; d'autres faubourgs se
sont formés depuis.

Les faubourgs de Stralau, de Rixdorf, de Schöneberg, de
Charlottenburg, de Pankow, de Weissensee, se confondent,
pour ainsi dire, avec la ville même, qui, comme Londres,

(1) Principaux documents à consulter : 1° *Verwaltungs Bericht
des Königlichen Polizei Präsidiums von Berlin 1871-1880;
2° Statistische Jahrbuch der Stadt Berlin 1888-1890; 3° Bericht
uber Handel und Industrie von Berlin 1892; 4° Die Deutsche
Kaiserstadt Berlin,* von E. Friedel, 1882; 5° *Erlauterungen zum
Jahres Abschluss der Stadt Berlin; 6° Verwaltungs Bericht des
Magistrats zu Berlin 1889-1890;* 7° Conférence sur Berlin à la
Société de Statistique de Paris, 1885, par E. Fournier de Flaix.

n'a que des limites idéales. Les véritables lignes séparatives de l'agglomération sont à peu près marquées par les voies des chemins de fer qui enveloppent et desservent Berlin de toutes parts. D'abord, le chemin de fer de ceinture qui, au sud, se tient au delà de la limite de la ville, englobant Wilmersdorf, Schöneberg, Tempelhof et Rixdorf, tandis qu'au nord, il se tient en deçà de cette limite. A l'ouest, il enserre le groupe considérable de Charlottenburg, tandis qu'à l'est il laisse de côté Lichtenberg. Neuf autres lignes ferrées coupent le cercle tracé par le chemin de fer de ceinture et pénètrent, plus ou moins profondément, dans l'intérieur de la ville; notamment, au sud, les lignes de Potsdam et de Dresde; à l'est, la ligne de Francfort-sur-Oder et l'Ostbahn; au nord, les deux grandes lignes de Stettin et de Hambourg; à l'ouest, le Nordhausbahn qui aboutit à la gare centrale. Berlin est ainsi le pivot de tous les chemins de fer allemands qui le mettent en rapport avec toutes les parties de l'Allemagne et avec toute l'Europe. Les lignes de Hambourg, de Potsdam, de Francfort-sur-Oder, sont celles dont les gares sont placées le plus près du cœur de la ville. Enfin, un grand et très commode métropolitain à quatre voies part de la gare centrale à l'ouest, aboutit à l'est, à la gare de Francfort, et complète ce vaste réseau. Son agencement est ainsi supérieur à celui de Paris, parce que les gares se trouvent mieux reliées entre elles, plus à la portée des voyageurs et des marchandises.

Sur ce territoire se trouvent actuellement agglomérés 1,578,791 habitants, ce qui donne pour 62,580,000 mètres carrés, 39 mètres carrés par habitant. A Paris, la surface par habitant n'est que de 29 mètres, tandis qu'à Londres, dans le périmètre du Board of Works, elle est de 70 mètres.

Il est curieux de suivre les diverses étapes de la formation de ce groupe humain de près de 1,600,000 âmes, qui ne dépassait pas 6,000 âmes à l'époque du traité de Westphalie, et 30,000 à la fin du xvɪɪᵉ siècle.

En 1709 la population de Berlin s'élevait à 49,855 habitants, sans compter 5,045 militaires. De 1709 à 1800, elle fut portée à 172,122 habitants dont 25,222 militaires. Elle représentait à peu près, à cette époque, le tiers de la population de Paris. Nouvelle étape de 1800 à 1840, 328,692 habitants dont 18,739 militaires. Paris comptait alors 1 million d'âmes ; la proportion est restée la même. En 1861, grâce à l'annexion de certaines parties de sa banlieue, Paris passe à 1,700,000 âmes. Berlin en compte 545,000. Si on défalque du chiffre de la population de Paris l'apport résultant de l'annexion, on trouve que de 1840 à 1861 le mouvement d'accroissement de Berlin a été plus considérable que celui de Paris. — Paris, 50 °/₀ ; Berlin, 66 °/₀. — De 1861 à 1871, Berlin s'augmente de 281,000 âmes, soit de 52 °/₀ ; proportion déjà moindre. De 1871 à 1883, il gagne 373,000 habitants, soit 38 °/₀. Quant à Paris, l'accroissement, pendant la même période, a été de 644,000 âmes, soit 38 °/₀. De sorte qu'à ce moment, la proportion d'accroissement de ces deux agglomérations a été la même. Je ne connais pas d'argument plus péremptoire pour montrer l'intensité du mouvement urbain. En outre, il en résulte que les événements de 1870-1871 ont eu sur le développement de Berlin une influence bien moins sensible qu'on ne l'admettait. En effet, la population de Paris, malgré tous les désastres de la guerre, a eu une proportion d'accroissement égale à celle de Berlin, après les victoires de la Prusse. Mais, la proportion s'appliquant à des quantités différentes, Paris gagne 644,000 habitants, tandis que Berlin n'en gagne que 373,000.

Le parallélisme disparaît, au contraire, à partir de 1883. De 1883 à 1891 Berlin s'accroît de 379,000 habitants, proportion 31 °/₀, tandis que Paris ne s'accroît que de 103,400, proportion 4 ³/₄ °/₀ seulement. L'augmentation de Paris n'égale même pas le tiers de celle de Berlin. Si ces proportions se conservaient, dans un quart de siècle Berlin aurait la même population que Paris.

D'ailleurs cet accroissement s'opère dans les mêmes conditions qu'à Paris : l'afflux extérieur y a plus de part que l'excédent annuel des naissances sur les décès. Dans les quatre années 1886 à 1889, les excédents de naissances se sont élevés à 61,666, tandis qu'il est entré à Berlin 196,273 personnes de plus qu'il n'en est parti. En 1889, le nombre des naissances a été de 50,853 et celui des décès de 36,247. Ce sont les maxima du mouvement de la population. 195,743 personnes sont arrivées dans la ville et 141,225 l'ont quittée, pendant la même année : chiffres les plus considérables relevés à Berlin.

D'après les résultats ci-dessus pour 1889, la mortalité aurait été seulement de 24 °/₀₀. Elle se maintenait encore en 1875 à 31 °/₀₀. Il y aurait eu, par suite, une grande amélioration, due aux travaux d'assainissement qui ont été accomplis à Berlin et sur lesquels je vais revenir. Il est vrai que cette proportion est encore supérieure à celle de Paris qui ne dépasse pas 22 °/₀₀ et à celle de Londres 20 °/₀₀.

Le très rapide développement de Berlin correspond au mouvement de concentration qui a eu lieu en Allemagne, depuis trente ans, ainsi qu'à l'augmentation de la population et de la richesse qui a suivi ce mouvement. Il en est l'expression. Si les succès politiques et militaires de 1866 et 1870 y ont contribué dans une certaine mesure, le fait qu'il s'est surtout accusé de 1883 à 1891 indique que la part principale doit être attribuée aux conditions économiques et sociales actuelles de l'Allemagne et à l'accroissement général des grandes villes.

§ 3. — LES CONDITIONS ÉCONOMIQUES

Sous le rapport des conditions économiques, il existe entre Berlin et Paris des ressemblances caractéristiques. De même que Paris, Berlin est un centre complet; aussi les Allemands lui attribuent avec raison le titre de cité du monde. Comme Paris, il exerce une influence générale, bien moins grande sans aucun doute et à tous les points de vue, mais du même ordre. L'Empire allemand serait brisé, la Prusse tomberait en décadence, — rien d'extraordinaire dans ces prévisions, — que Berlin, suivant la loi qui préside à toutes les vastes agglomérations urbaines, conserverait sa vie propre, son action particulière, tout comme Babylone, Constantinople, Rome, Athènes, Paris, New-York, Londres. Centre complet veut dire, par suite, centre complexe : 1° Berlin est, d'abord, ainsi que Paris, un centre considérable de travail, de commerce, d'industrie, de production; 2° c'est, en outre, de même que Paris, un port très important de navigation intérieure; 3° dans les centres de cette puissance, le travail même, fût-il celui d'un million d'ouvriers, ne représente qu'une partie de la vie économique; vient au premier rang l'agglomération urbaine elle-même : maisons, édifices, palais, rues, places, tout ce qui est particulièrement citadin; 4° puis la circulation, la viabilité le long de ces masses de pierre ou de bois; 5° puis les institutions locales, l'administration de ce foyer; 6° puis l'hygiène qui lui est obligatoire sous des peines rigoureuses : typhus, fièvres typhoïdes et infectieuses, choléra, diphtérie; 7° puis les approvisionnements et les consommations dont l'abondance et le renouvellement quotidien sont une des merveilles de la civilisation; 8° puis la pauvreté, la misère, le vice et l'assistance, inhérents aux grandes masses humaines; 9° à côté du sous-sol urbain, souvent pénible, parfois atroce, la parure urbaine : les lettres, les sciences, les arts, les religions, l'éducation et l'enseignement; 10° enfin, faut-il encore ne pas oublier le verset du psalmiste : *Omnis caro ad te veniet,* et se préoccuper de notre place au cimetière, car la terre dont nous sortons ne nous lâchera pas. Dans les agglomérations de 2 millions d'êtres humains, il y a un prorata fatal de 50,000 à 60,000 cadavres qui, chaque année, sans compter les moments de presse, comme en temps de choléra, viennent réclamer leur place; nulle part la charité n'est mieux exercée : car la mort n'attend pas. Ce n'est pas une petite affaire que de donner asile à 50,000 corps humains par an. Le cimetière n'est pas pour ces agglomérations moins préoccupant que l'eau, l'égout ou la balayure. Au siècle dernier, c'était la provision de pain qui inquiétait; aujourd'hui le pain mieux garanti, c'est l'eau, c'est le détritus de la vie, c'est le cimetière.

I. *L'industrie.* — A Berlin comme dans tout le Brandebourg, l'industrie est d'origine française. Elle remonte aux huguenots qui, expulsés par Louis XIV, acceptèrent l'hospitalité du grand-électeur. L'influence de ce noyau français calviniste a transformé Berlin, et par Berlin exercé une action décisive sur la Prusse. Parmi les 22,000 habitants de Berlin en 1697, ce noyau comptait 4,292 personnes, et 5,690 en 1707 sur 37,000 habitants. Voici, à cet égard, l'opinion de M. Oscar Schwebel, l'un des récents historiens de Berlin :

« Toutes les branches de l'activité industrielle et commerciale
» de Berlin, toutes sans exception, ont été puissamment déve-
» loppées, pour le bien-être de tout le pays, par les émigrés
» français. Quant aux services publics, aux travaux scientifiques
» et littéraires, les huguenots y ont remporté des succès hors

» de proportion avec leur petit nombre. Les noms d'Ancillon,
» de La Mothe-Fouqué, d'Erman, de Chamisso, etc., comptent
» parmi les plus glorieux de notre histoire... »

Mais il existe un témoignage plus autorisé, c'est celui
de Frédéric II lui-même [1] :

« Les huguenots ont contribué à repeupler notre ville dépeuplée
» et créèrent les fabriques qui nous manquaient. Notre commerce
» consistait auparavant dans la vente de nos blés, de nos vins et
» de nos laines; les quelques fabriques de drap qui existaient
» encore étaient sans importance... elles furent presque ruinées
» par la concurrence anglaise. Lorsque Frédéric-Guillaume Ier
» monta sur le trône, on ne faisait plus un chapeau, plus un

[1] Consultez : *Nouvelle Revue*, janvier 1891, « Berlin et sa colonie
française », par M. E. Fuster. « Il y a encore à Berlin bien des
descendants de huguenots qui ont conquis une véritable réputation
d'orfèvres. »

L'influence religieuse et par suite intellectuelle du noyau calviniste
n'a pas été moins grande que son influence industrielle par la
fondation de l'*Église du Refuge*, bien que dès 1720, on n'y prêchait
plus qu'en allemand. Le 28 octobre 1885 (200e anniversaire de la
fondation de la colonie française de Berlin), une statue a été érigée
à Calvin devant l'Hospice des réfugiés.

Le prince impérial, la princesse sa femme, la princesse Victoria,
les ministres de Puttkamer et de Gossler et le premier bourgmestre,
M. de Förckenbeck, assistaient au service divin. M. de Förckenbeck
a présenté une adresse de félicitations des représentants de la
municipalité. Le pasteur Nessler l'a remercié au nom de la colonie
française. L'église était remplie jusqu'à la dernière place. Le sermon
a été prononcé par le pasteur Fournier.

Sur la colonie française de Berlin, consulter un article de
M. du Bois-Reymond, membre éminent de cette colonie (*Revue
scientifique*, 23 octobre 1886). M. du Bois-Reymond rappelle combien
grande a été sur la civilisation en Prusse l'influence de l'entourage
français de Frédéric II, Voltaire, Maupertuis, La Mettrie, Formey,
Mérian. Cet entourage est demeuré étranger à la véritable colonie
française de Berlin.

» bas qui ne fût fabriqué par les Français. Ils fabriquaient
» toutes les sortes de draps, tricotaient des bonnets et des bas,
» travaillaient les feutres et toutes les façons de teintureries.
» Quelques-uns étaient marchands et vendaient les produits des
» ateliers des autres.

» A Berlin, des orfèvres, des bijoutiers, des horlogers, des
» sculpteurs; à la campagne, des planteurs de tabac et de
» légumes. C'est ainsi que la Marche se trouva, à la fin du règne
» de Frédéric-Guillaume Ier, dans l'état le plus florissant qu'elle
» eût alors connu. Quant aux enfants nobles, ils firent des études,
» et l'instruction se trouva bientôt presque partout entre les mains
» des Français, auxquels nous devons ainsi plus de cordialité dans
» les rapports sociaux, et des mœurs plus civilisées. »

L'industrie de Berlin s'est singulièrement renouvelée
depuis, dans ce milieu qui est passé, en moins de deux
siècles, de 30,000 à près de 1,600,000 âmes. Néanmoins,
les traces de ses origines n'ont pas disparu. De même que
l'industrie parisienne, elle se caractérise par la prédo-
minance de la petite industrie, le grand nombre des ateliers,
la variété, la multiplicité des applications du travail. Ainsi,
en 1881, Berlin seul a exporté aux États-Unis pour une
somme de 20 millions de francs. Cette somme s'est répartie
entre 25 espèces de marchandises : livres, dessins, photographies, drogueries et produits chimiques, lainages,
instruments de musique, confections, bijoux d'imitation,
joaillerie, fleurs artificielles, cannes et parapluies, albums,
joujoux, chemises et broderies, soieries, ouvrages en cuir
et en peaux, gants.

En 1785, Mirabeau, le clairvoyant observateur de la
monarchie prussienne, constatait que Berlin et Potsdam
possédaient 9,845 métiers avec 18,098 ouvriers. Il en
évaluait la production à 7,764,430 écus. (*Monarchie
prussienne*, IIIe vol., liv. IV.) Quels changements en un
siècle !

II. *Le Commerce.* — La Chambre de commerce de Berlin publie chaque année un compte rendu du mouvement commercial et industriel de Berlin. Le compte rendu pour l'année 1891, paru en 1892 [1], présente un tableau complet du commerce et de l'industrie à Berlin, intimement reliés l'un à l'autre, comme à Paris. Produits échangés, produits fabriqués sont divisés en neuf classes :

1º Commerce et fabrication des produits agricoles, céréales, graines oléagineuses, maraîchers et jardiniers. Culture des fruits et des fleurs. Alcools et distilleries. Bière et brasseries. Fabriques de sucre. — En 1891, il est entré à Berlin 1,089,042 D. centeners farine (canaux 387,752, chemins de fer 701,290); 41,000,000 de litres alcool (chemins de fer 32,500,000, canaux 8,500,000). Berlin a expédié 3,046,308 litres. 75 brasseries ont fabriqué 1,344,241 centners de malt et 2,999,024 de bière, dont 1,596,000 consommés à Berlin. Entrée des vins, 7,790,100 kilos, dont la moitié à peu près a été consommée.

2º Commerce et préparation des produits animaux et coloniaux. — Bétail : consommation de Berlin 1891, 122,232 bœufs, 515,159 porcs, 124,591 veaux, 381,993 moutons. Industrie des os, production annuelle, 4 millions de marks. Entrée du beurre 667,104 kilos; du saindoux 12,839,642 kilos; du lard 1,297,857 kilos. Café 91,180 décimètres cubes. Œufs 24,109,208.

3º Matières minérales. — Ciments divers; poêles (2,600 à 2,800 par an); porcelaine; glaces.

4º Industries métallurgiques. — Houille : entrée à Berlin 1891, 1,332,384 tonnes de houille, 778,528 de coke, 52,000 d'anthracite, 590,600 de briquettes. Entrée de la

---

(1) *Bericht über Handel und Industrie von Berlin nebst eines Ubersicht über die Wirsamkeit des ältesten Kollegiums,* 1891; — erstaltet von den Kaufmannschaft von Berlin.

fonte 94,855 tonnes. Produits divers du fer et de l'acier :
Berlin comprend de nombreux établissements pour la fabrication des machines, avec 16,798 ouvriers. En 1891
56,835 ouvriers ont été assurés dans 2,473 établissements
qui travaillent l'acier; il existe à Berlin plusieurs Sociétés
métallurgiques très importantes pour les machines de
chemins de fer; machines électriques en cuivre, en zinc,
en laiton; industrie des bronzes, de l'argent, de l'or;
machines à gaz.

5° Produits chimiques. — Pharmacie; couleurs, etc.;
eaux minérales; huileries diverses; pétrole (entrées 1891,
67,718,319 kilos, au lieu de 34,876,000 en 1884);
savonnerie (entrées d'huiles et graisses 13,400,000 kilos
en 1891); fabriques de stéarine; produits chimiques de
toute sorte.

6° Vêtements, étoffes, modes (laine, coton, soie, lin,
jute). — En 1891, dans le principal établissement d'apprêt
de Berlin, 130,000 pièces ont été apportées et préparées.
Progrès de la passementerie, de la bonneterie, de la lingerie,
de la literie, de la draperie, de la fabrication des tapis, des
confections pour dames et pour hommes, de la chemiserie,
de la chapellerie. Commerce des plumes.

7° Industrie et commerce du papier et objets en papier. —
Entrée à Berlin, 40,000 à 45,000 centners. Développement
des papiers de luxe.

8° Industrie du cuir et commerce des peaux. — Fabrique
de gants. Chaussures.

9° Industrie du bois. — Dans tout le nord de l'Europe,
le bois est une industrie de premier ordre. Boissellerie
(boutons); horlogerie; instruments de médecine et de
musique; fabriques de parquets, de wagons; fabriques de
meubles; menuiserie, charpenterie; fabriques de produits
résineux.

La statistique des professions, bien que remontant à 1885, complète ces renseignements fort intéressants. On comptait à Berlin 28,700 ouvriers dans les diverses industries métallurgiques, 9,794 dans celle des machines, 7,567 industries textiles, 11,923 cuir et papier, 26,616 préparations du bois, 14,800 industries alimentaires, 36,000 modes et confections, 8,300 chaussures, 27,900 constructions, 8,700 imprimerie. Il faut y ajouter une bonne partie des 77,000 ouvriers portés comme n'ayant pas de professions particulières.

Le personnel commercial n'avait pas moins d'importance : commerce des marchandises 33,400 ouvriers et employés; banques et crédit 3,700; commissionnaires 3,500; transports 8,300; marins 1,250; hôtels et cafés 6,500; chemins de fer 5,000; postes et télégraphes 7,000.

Aux ouvriers et employés il faut ajouter les patrons. A Berlin, de même qu'à Paris, la petite industrie a de l'importance; les petits patrons sont nombreux. La statistique de 1885 a relevé 380,351 personnes trouvant à Berlin leurs occupations dans le commerce et l'industrie, dont 133,722 patrons *(Selbstandige)* et 246,629 ouvriers *(Abhanzige)*.

III. *Circulation.* — La viabilité ordinaire est tout entière assurée par l'administration municipale. A cet égard, Berlin rappelle les grandes villes récentes de l'Europe et des États-Unis : Saint-Pétersbourg, New-York, Chicago. Il n'a pas les vieux quartiers impraticables de Paris, de Londres, de Naples, de Rome, de Hambourg. Les rues sont la plupart à angle droit, avec un parcours et une largeur suffisants; elles sont bien entretenues. La propreté y est de tradition. Partout des trottoirs, du gaz, de l'eau, jamais de ruisseau stagnant. C'est une cité moderne. Elle offre moins de pittoresque, mais de meilleures conditions. En 1888-1889, l'entretien des rues a coûté 2,000,000 de marks. La circulation y est faite par de très nombreuses voitures libres, sans aucun monopole, et par des tramways en tout sens. Berlin possède, en outre, neuf lignes [1] de chemins de fer, avec plusieurs gares centrales qui le mettent en rapports avec toutes les parties de l'Allemagne et l'Europe entière. Chemins et gares sont reliés entre eux au moyen du chemin de ceinture (*Ringbahn*) à 4 voies qui passe à Willmersdorf, Schöneberg, Tempelhof, Rixdorf, Stralau, Lichtenberg, Weissensee, Moabit. Le cercle tracé par le Ringbahn est traversé du sud-ouest au nord-est, de Charlottenbourg à Lichtenberg, par le Métropolitain à 4 voies qui longe la Sprée et la traverse trois fois. La voie du Métropolitain repose sur un viaduc formé par une série de voûtes. La Sprée et les rues sont franchies sur des ponts métalliques. Aucun passage à niveau. Le Métropolitain est au-dessus de toutes les lignes qui le coupent. Les stations ont deux étages : l'un au niveau du sol, l'autre au niveau de la voie. Les stations sont nombreuses et à de bonnes distances : 4 principales et 6 secondaires. Le mouvement est de 20,000 à 30,000 voyageurs par jour et de 80,000 à 100,000 le dimanche. Ce chemin de fer est un tout autre instrument de guerre et de défense que les vieilles fortifications de Paris, qui ne servent qu'à abriter des voleurs et des assassins. Dans Berlin la circulation n'est gênée en rien. Des armées entières peuvent traverser Berlin sans arrêter un seul passant, un seul voyageur. Les belles perspectives de Berlin n'en souffrent nullement, elles y gagneraient plutôt [2].

[1] Berlin à Stralsund 1, Stettin 2, Custrin 3, Francfort-sur-Oder 4, Dresde 5, Leipzig 6, Magdebourg 7, Hanovre et Cologne 8, Hambourg 9.

[2] Les stations de Charlottenburg, Friedrichstrasse, Alexander-Platz, Schlesischer-Bahnhof, sont destinées à la fois au service des

Il serait question de construire un second chemin de fer de ceinture qui mettrait en communication les petites villes des environs de Berlin, et croiserait à une distance d'environ 5 kilomètres toutes les lignes de chemins de fer partant de la capitale.

Plusieurs des chemins de fer ont des lignes de pénétration qui s'avancent presque au cœur de la cité, bien au delà du chemin de ceinture, notamment celles de Hambourg, Stettin, Francfort, Potsdam, Cologne.

Berlin possède, en outre, quelques lignes ferrées électriques d'une étendue restreinte. Il règne en Allemagne un esprit et une activité d'innovation pratique plus grands qu'en France. L'électricité y a réalisé plus de progrès. Pendant qu'on délibère, sans fin et sans marcher, à Paris, sur des voies de pénétration, sur un Métropolitain si nécessaire à la circulation et à la défense surtout de Paris, on se prépare à doter Berlin d'un Ringbahn électrique au moyen de trois lignes souterraines [1].

grandes lignes et à celui des trains locaux. Celles de Jardin zoologique, Bellevue, Lehrter-Bahnhof, Bourse, Sannowitzbrüelle, sont spéciales au service urbain : les trains des grandes lignes ne s'y arrêtent pas. Elles présentent d'ailleurs des dispositions analogues à celles des grandes gares. Les quais de ces gares sont assez larges, les dégagements assez spacieux pour que nul encombrement ne s'y produise, malgré la quantité des voyageurs. Sur la double voie urbaine, les trains se succèdent, en semaine, de cinq heures du matin à minuit, à des intervalles réguliers de dix minutes, dans chaque sens. Le dimanche, il y a 54 trains supplémentaires, ce qui fait que, dans l'après-midi, les trains passent toutes les cinq minutes. La vitesse est d'environ 45 kilomètres à l'heure.

[1] Ces trois lignes souterraines seraient établies à des niveaux différents afin d'éviter des difficultés d'exécution. En leurs points de contact, elles seraient reliées par des escaliers. La ligne nord-sud, à double voie, et située à l'altitude la plus élevée, serait à 9 mètres au-dessous du sol. On la construirait en premier lieu à l'intérieur

Le *Statistisches Jahrbuch* de Berlin donne plusieurs chiffres intéressants pour la circulation dans la ville : 1º le Métropolitain (Stadtbahn) a transporté, en 1888, 22,780,355 personnes ; 2º les tramways de Charlottenbourg et de Spandau 4,649,010 ; 3º la Compagnie générale des tramways et la nouvelle Compagnie des trams 117,009,010 ; 4º les deux Compagnies d'omnibus 23,487,855. Ensemble 167,926,230 personnes.

Il existe, en outre, une grande circulation au moyen de voitures diverses, notamment 2,334 droschen de 1ʳᵉ classe et 2,437 de 2ᵉ classe ; en tout, avec les omnibus, 6,525 moyens de transport, avec 15,144 chevaux ; personnel attaché 19,164 personnes.

Dans Paris, la circulation est plus considérable. 1889, omnibus 119,794,000 personnes ; tramways 88,630,000 ;

d'un tube métallique à revêtement de ciment. On estime qu'il faudra deux années pour son exécution. Le chemin de fer serait établi au-dessous des grandes voies de communication qu'il doit desservir, mais on s'arrangerait de manière à n'entraver en rien la circulation des voies publiques pendant la construction. On a admis 14 types de stations bien distincts.

Dans les endroits où l'on dispose de la place nécessaire au-dessous du sol, on construira des salles d'attente reliées à l'aide d'ascenseurs ou d'escaliers avec la station située au-dessus d'elles. Quand on manquera d'espace pour procéder ainsi, on louera le rez-de-chaussée d'une maison pour le transformer en salle d'attente, imitant ainsi la méthode employée par les Compagnies d'omnibus pour les bureaux de rues.

Ce projet admet des trains se succédant toutes les trois minutes. Chaque train se composant d'une locomotive et de trois voitures pouvant contenir en tout 120 voyageurs.

On ferait payer une taxe unique de 10 pfennigs, quel que soit le parcours effectué. Les dépenses totales du projet présenté par l'Allgemein Electricitat Gesellschaft, Compagnie importante d'électricité qui fournit actuellement une partie notable de la lumière électrique consommée à Berlin, s'élèveraient à environ 45 millions de marks qui seraient dès maintenant souscrits.

bateaux 28,294,000 ; chemin de ceinture 37,396,000. Ensemble 274,014,000. La différence ne serait pas trop forte s'il ne fallait y ajouter la circulation extérieure qui est extraordinaire pour Paris : tramways 60,140,000 ; bateaux 4,592,000. Total 338,846,000.

Quant à la circulation des voitures mêmes, elle est incomparablement plus grande à Paris qu'à Berlin, soit pour les voitures de louage, soit pour les voitures particulières [1].

IV. *Le Port de Berlin*. — La Sprée, rivière d'intérieur, simple affluent de l'Havel, n'en est pas moins un précieux instrument pour Berlin qu'elle traverse du sud-est au nord-ouest. Elle a l'inestimable avantage de mettre Berlin en rapports avec toute la navigation intérieure de l'Allemagne, avec l'Oder et l'Elbe : avec l'Elbe par son affluent le Havel dans lequel elle se jette à Spandau, et avec l'Oder par le canal de Frédéric-Guillaume. Berlin communique ainsi directement avec Hambourg et Francfort-sur-Oder. Aussi la Sprée a-t-elle été canalisée et suffit-elle à faire de Berlin un port intérieur très considérable, tout comme la Seine a changé Paris en un port où il existe un mouvement de marchandises, sinon plus important, du moins plus étendu que celui de Marseille. De 1850 à 1860 le port de Berlin n'avait pas un mouvement supérieur à 500,000 tonneaux par an. Il est passé successivement de 1860 à 1870 à 2,300,000^t, de 1870 à 1880 à 3,000,000^t, et en 1887 à 4,229,000^t [2].

Les progrès du port intérieur de Paris n'ont pas été moins remarquables. En 1889 le port de Paris a reçu

[1] Sur les Métropolitains de Londres, New-York et Berlin, voir une Étude de M. D. Bellet. (*Économiste français,* 5 novembre 1892.)

[2] *Génie civil,* 18 mai 1889.

3,898,000 tonneaux; il en a expédié 869,000. Ensemble 4,767,000ᵗ, auxquels il y a lieu d'ajouter 1,380,000ᵗ pour le trafic local et le transit, soit 6,147,000ᵗ, avec 38,600 navires. En 1883 le mouvement total du port de Paris avait été de 5,350,000ᵗ, avec 39,500 navires [1].

V. *Postes et Télégraphes*. — En 1888, il a été expédié 2,797,010 dépêches dans Berlin, et 2,198,991 ont été reçues.

Le développement de la poste a été remarquable : 128,852,706 lettres, cartes postales, papiers d'affaires, ont été expédiés en 1888, au lieu de 67,627,057 en 1884; paquets chargés 6,455,000, au lieu de 4,997,000. Dans Berlin même, la circulation des lettres urbaines a été de 22,502,038; cartes postales 16,343,392; imprimés 9,329,788.

Quant aux mandats postaux expédiés à Berlin, ils ont passé de 171 millions de marks à 231 millions, et ceux expédiés de Berlin de 326 millions à 428 millions.

La comparaison avec Paris donne les résultats suivants : lettres urbaines 57,248,092; cartes postales 17,411,410; imprimés 29,319,087; mandats postaux expédiés de Paris 111,035.471 francs, payés à Paris 163,822,663 francs; objets recommandés 7,381,559, pour 544,200,929 francs. Ces chiffres affirment la supériorité d'activité de Paris. Ils s'appliquent à 1889. Les résultats télégraphiques sont plus significatifs encore : départ 14,132,362; arrivée 19,341,810, auxquels il faut ajouter 19,255,744 pour télégrammes intérieurs pneumatiques [2].

---

(1) *Album graphique du Ministère des travaux publics*, 1890-1891. En 1888, le trafic des chemins de fer a été à Paris de 7,284,940 tonnes.

(2) *Annuaire de la ville de Paris*, 1889 (p. 574). Cet Annuaire n'indique pas les lettres, cartes postales, paquets et imprimés expédiés de ou reçus à Paris.

VI. *Les Maisons.* — Le développement des constructions à Berlin est en rapport avec les progrès si rapides de cette grande ville. Les constructions ont marché de pair avec la population, le travail, la richesse. La ville a une sorte d'aspect tout neuf. Cet aspect a des avantages, diminués par l'uniformité. C'est le défaut commun à tous les centres urbains de date récente et de croissance subite.

En 1879, le nombre des maisons, établies sur 17,133 propriétés, était de 35,581; en 1885, de 51,966 sur 19,039 propriétés; et en 1890 il s'est élevé à 54,295 sur 20,292 propriétés. La valeur de ces 54,295 maisons était estimée par les contributions à 6,800,284,000 marks [1], tandis que celle des 35,581 maisons de 1879 ne représentait que 3,961,761,000 marks; par suite, il avait été employé en constructions, de 1879 à 1890, à Berlin, environ 2,839,000,000 marks, ou 3,543 millions en francs. Les 51,966 maisons, existant en 1885, contenaient 304,108 appartements, et les 53,523 de 1889 en contenaient 361,834 [2]. La valeur des loyers s'était élevée de 167,638,412 marks en 1879 [3] à 235,137,465 marks, sur lesquels 230,383,216 marks représentaient les loyers de 353,218 appartements loués. En 1879, 245,053 appartements loués ne rendaient que 159,471,834 marks. D'où une masse de loyers nouvelle de 70,911,382 marks ou

[1] Sur l'ensemble des maisons construites en 1889, 20,343 étaient assurées pour 2,626 millions de marks par la Compagnie d'assurances de la ville.

[2] Avec 666,478 chambres, 267,444 cuisines, 258,383 services d'eau, 13,744 baignoires, 126,520 water-closets; moyenne du loyer 512 marks; plus élevée, 1,682 marks, dans Dorothenstadt; inférieure dans Wedding, 223 marks.

[3] Valeur des loyers en 1867, 67,897,460 marks; et valeur vénale des constructions, 1,224 millions de marks.

88,639,227 francs. Les 361,834 appartements de 1889 étaient classés de la manière suivante : 35,617 jusqu'à 150 marks; 149,463 de 150 à 300 marks; 73,548 de 300 à 500 marks, valeur des loyers 28,135,851 marks; de 500 à 1,000 marks 55,358, valeur des loyers 38,793,115 marks; de 1,000 à 1,500 marks 20,255 loyers, valeur 24,813,810 marks; de 1,500 à 2,000 marks 10,517 loyers, valeur 18,238,310 marks; de 2,000 à 3,000 marks 8,456 loyers, valeur 20,411,498 marks; de 3,000 à 4,000 marks 3,110 loyers, valeur 10,737,445 marks; de 4,000 à 5,000 marks 1,742 loyers, valeur 7,805,387 marks; de 5,000 à 10,000 marks 2,505 loyers, valeur 17,178,290 marks; de 10,000 à 20,000 marks 826 loyers, valeur 11,222,506 marks; de 20,000 à 30,000 marks 209 loyers, valeur 5,069,122 marks; au delà de 30,000 marks 224 loyers, valeur 15,206,865 marks.

On peut diviser tous ces loyers en six classes : première classe, petits loyers jusqu'à 300 marks, 185,180 loyers représentant 37,525,278 marks; deuxième classe, loyers ordinaires jusqu'à 1,000 marks, 128,906 loyers représentant 66,928,966 marks; troisième classe, loyers moyens jusqu'à 2,000 marks, 30,772 loyers représentant 43,052,118 marks; quatrième classe, loyers aisés de 2,000 à 5,000 marks, 13,308 loyers représentant 38,954,320 marks; cinquième classe, loyers riches de 5,000 à 10,000 marks, 2,505 loyers représentant 17,178,290 marks; sixième classe, grands loyers, 1,259 loyers représentant 31,498,493 marks.

Tous ces chiffres indiquent qu'en même temps que Berlin a pris une grande extension comme centre urbain, la richesse s'y est considérablement développée. Les progrès de l'Allemagne elle-même doivent être en rapport avec ceux de sa capitale.

Néanmoins, [Berlin est encore bien loin de la valeur

immobilière représentée par les autres premiers centres urbains d'Europe ou des États-Unis. En 1880, la valeur imposable du capital immobilier à New-York, sans Brooklyn, était portée à 918,134,980 dollars, — et Brooklyn y ajoutait 220,363,599 dollars. — Quant à Londres, pour le périmètre seul du Board of Works, les revenus fonciers étaient estimés à 908 millions de francs, estimation notablement inférieure à la réalité, d'après les procédés de l'estimation qui est faite pour la levée de la taxe des pauvres.

On possède pour Paris des évaluations toutes récentes, plus exactes et permettant d'utiles comparaisons. Elles ont été faites par l'Administration des Contributions directes pour préparer la réforme des impositions sur la propriété bâtie. On a constaté en 1889, à Paris, 81,291 maisons, 19,817 maisons-usines et 885 usines séparées; ensemble 100,993 constructions, dont la valeur imposable a été fixée à 11 milliards. Cette estimation doit être surhaussée d'un quart pour obtenir la valeur véritable des constructions. Les terrains non bâtis ne figurent pas dans cette estimation. Les constructions diverses contiennent 810,443 locaux d'habitation représentant un total de loyers annuels de 782 millions de francs. Sur ces 782 millions, 300 millions sont afférents aux loyers des ateliers, usines, magasins et autres locaux du commerce et de l'industrie, et 482 millions concernent les loyers mêmes d'habitation. Tous les locaux divers se répartissent en 608,000 d'un loyer inférieur à 500 francs; 115,000 de 500 à 1,000 francs; 38,000 de 1,000 à 1,500 francs; 15,000 de 1,500 à 2,000 francs; 10,700 de 2,000 à 2,500 francs; 5,720 de 2,500 à 3,000 francs; 8,000 de 3,000 à 4,000 francs; 4,500 de 4,000 à 5,000 francs; 4,800 de 5,000 à 7,000 francs; 2,800 de 7,000 à 10,000 francs; 1,500 de 10,000 à 15,000 francs; 500 de 15,000 à 20,000 francs, et 470 au-dessus.

Il est intéressant de comparer ces chiffres avec ceux des loyers de Berlin. On obtient ainsi une sorte d'échelle proportionnelle de la richesse et de sa distribution pour chacune de ces deux grandes cités. Or, il résulte des relevés donnés ci-dessus pour Berlin, que les appartements inférieurs à 500 francs de loyer annuel s'élevaient à peu près, en 1889, à 583,684, c'est-à-dire presque au même chiffre qu'à Paris, 608,000 ; ce qui veut dire que les loyers des classes laborieuses étaient probablement les mêmes dans les deux villes. Paris comptait 115,000 loyers de 500 à 1,000 francs, et Berlin 92,132 ; 63,200 loyers de 1,000 à 2,000 francs, et Berlin 30,472. Ici la différence est grande, Paris comptait 18,220 loyers de 2,500 à 5,000 francs, et Berlin, 11,566, même différence. Au-dessus de 5,000 francs, on ne trouve plus à Berlin, jusqu'à 12,500 francs, que 4,247 loyers, on en trouve plus de 8,600 à Paris. Au delà de 12,500 francs, seulement 1,259 à Berlin et 2,470 à Paris. La différence s'accuse surtout relativement aux appartements riches. On est autorisé à conclure de ces deux séries opposées de différences, qu'à Berlin les loyers des classes laborieuses doivent être plus élevés qu'à Paris, et que les classes aisées sont tout autrement importantes à Paris qu'à Berlin. Au surplus, il en est de même pour toutes les villes dont la croissance a été extrêmement rapide comme Berlin. Ces villes manquent toujours de maisons spéciales aux classes à loyer inférieur. Le temps seul peut les leur procurer.

Aussi a-t-on constaté qu'en 1885, 73,000 logements ne pouvaient être chauffés, que 40,000 personnes habitaient dans des mansardes au-dessus du cinquième étage, 100,000 dans des caves, et que 63,000 logements ne se composaient que d'une pièce.

Le développement de la construction à Berlin a été fait en vue principalement des classes riches, de même, au surplus, que dans la plupart des grands centres urbains. Aussi, les très nombreux ouvriers de Berlin sont-ils mal logés, dans des quartiers reculés, où règne une grande misère. A la suite des événements de 1866 et 1870, les architectes, entrepreneurs, spéculateurs de Berlin, s'imaginèrent que le centre de l'Europe, si ce n'est celui du globe, était changé. L'axe de la civilisation s'était déplacé; on ouvrit de toutes parts des rues, et des chantiers s'organisèrent pour y élever des maisons de luxe ou des palais. Ce mouvement a transformé, embelli et enrichi Berlin; mais les capitalistes, riches oisifs, amateurs cosmopolites, se sont donné de garde d'y accourir pour y manger leurs revenus. A leur place, on a vu se précipiter dans la nouvelle capitale des centaines de mille d'ouvriers, la plupart socialistes exaltés, qui ont singulièrement modifié le fond et le caractère de la population. De 1877 à 1883, il a été édifié 31,920 maisons, c'est-à-dire plus de la moitié de la ville tout entière. Ce mouvement extraordinaire s'est depuis beaucoup calmé. Il en est résulté une activité fiévreuse qui n'a pas amélioré la condition des populations ouvrières.

On peut encore se faire une idée de la valeur immobilière de Berlin, d'après le mouvement des ventes annuelles. En 1888, 1,970 immeubles bâtis, assurés pour 251 millions de marks, ont été vendus 394,843,652 marks; 1,108 terrains non bâtis ont obtenu 86,132,634 marks; 39 maisons bâties saisies se sont vendues 5,923,678 marks; valeur d'assurance, 4,622,800 marks. Fin 1888, l'ensemble des hypothèques inscrites sur les immeubles de Berlin représentait la somme de 3,021,559,677 marks, soit plus de 4 milliards de francs [1]. Une partie de ces hypothèques circulaient sous la forme de lettres de gage, aux taux de 3 $\frac{1}{2}$, 4, 4 $\frac{1}{2}$ et 5 %.

[1] Progression de l'endettement hypothécaire de Berlin : 1863, 806 millions de marks; 1882, 2,193,400,000 marks.

VII. *Condition des ouvriers. Salaires*. — L'accroissement extraordinaire de Berlin tient principalement à l'afflux des ouvriers et travailleurs de tout genre, accourus de toutes les parties de l'Allemagne, et à la rapidité avec laquelle la population de l'empire allemand s'augmente. Sans doute les progrès économiques de l'industrie et du commerce, ceux de la richesse générale, l'attraction propre aux agglomérations urbaines y ont une large part; mais le facteur dominant n'est autre que le développement de la population. Rien n'indiquant aucun temps d'arrêt dans ce développement, l'afflux devra continuer; et il ne faudra pas bien longtemps pour que Berlin se rapproche de l'importance de Paris, comme masse, tout en lui demeurant très inférieur comme travail, production et richesse; c'est encore l'un des problèmes qui rendent spécialement intéressante l'étude du grand centre urbain allemand.

Les détails qui précèdent sur les maisons, les logements et les loyers à Berlin, indiquent combien cet afflux dépasse les besoins, combien il aggrave la condition des classes laborieuses à Berlin. Il résulte d'une enquête, faite vers 1882, sur la répartition des loyers à Berlin, que sur un ensemble de revenus de 27,257,400 marks, le loyer représentait 4,725,678 marks; mais ce prorata se distribuait d'une manière fort inégale entre les divers ordres de revenus et par suite entre les diverses classes sociales. Pour les plus petits revenus et pour les plus pauvres contribuables, le loyer équivalait 20,40 à 27,55 % du revenu, quant à Berlin. Pour les plus gros revenus, il n'équivalait plus que de 9 à 4,92 % du revenu. A Hambourg, la proportion maximum était 18,16 %; la proportion minimum 3,73 %; à Leipzig, 15,9 % et 9,4 % [1]. La condition des travailleurs se trouvait moins favorable à Berlin.

(1) *Bulletin de Statistique du Ministère des finances*, juin 1883.

Il y a eu même un moment, entre 1882 et 1886, où l'afflux des nouveaux arrivants dans Berlin a été beaucoup plus fiévreux que la fièvre de construction, d'abord parce que les entrepreneurs préféraient élever des maisons à forts loyers, et ensuite parce que l'afflux était lui-même supérieur aux prévisions. De là, une accumulation dangereuse, qui aurait été redoutable en cas de choléra (ce qui a dû être une des causes de l'épidémie à Hambourg). On cite des maisons ouvrières qui comptaient 1,080, 583, 431, la plupart plus de 300 locataires. C'étaient des casernes sans les précautions militaires [1].

Mais il est vrai que, depuis le mouvement de concentration auquel Berlin doit sa prospérité exceptionnelle, le travail a abondé à Berlin. Cette abondance a été rarement supérieure à l'offre. L'afflux des bras semble avoir toujours marché aussi vite, même plus vite que l'afflux des capitaux. On a beau croire à Berlin aux théorèmes de Karl Marx, le travail ne crée pas le travail ; livré à lui-même et à lui seul, le travail est bientôt le compagnon de la misère ou de l'émigration. Il faut, pour que tout aille bien, que le capital ne soit pas moins offert que les bras. D'une manière générale, en Allemagne, à raison du rapide accroissement de la population, les bras sont en nombre, parfois plus en nombre que le capital. Le salaire, par suite, n'est pas élevé. Il existe de bonnes statistiques du taux des salaires à Berlin. Elles donnent les salaires maximum, minimum et moyen par chaque profession, pour les hommes, femmes et apprentis ; elles distinguent également les compagnons et les membres des Sociétés ouvrières. En moyenne, pour l'ouvrier logé, le salaire est de 20 francs par semaine : la femme et l'apprenti reçoivent un peu plus de la moitié de ce salaire. Pour

[1] *American Banker's Magazine*, août 1885, 795.

l'ouvrier non logé, le salaire donne, en moyenne, de 25 à 30 francs par semaine, soit 12 à 15 francs pour la femme ou l'apprenti. Dans leur ensemble, ces salaires ne représentent pas plus de 3 francs et 1 fr. 50 par jour, sans tenir compte des chômages et mortes-saisons. La moyenne des salaires à Paris est supérieure d'un bon tiers. Autre différence, les salaires élevés sont tout autrement abondants à Paris qu'à Berlin. Si on faisait entrer en ligne ces salaires, la moyenne devrait être majorée [1].

D'après une statistique, publiée récemment par l'*Illustration* [2], et dont j'ai réuni et vérifié les éléments, voici quels étaient, en moyenne, fin 1891, les prix des grandes denrées de consommation dans les quatre principales villes de l'Europe et des États-Unis :

	LONDRES	PARIS	NEW-YORK	BERLIN
Pain, kilo....................	0.37.4	0.40	0.50	0.50
Lait, litre....................	0.45	0.40	0.50	0.25
Beurre, kilo.................	3.70	4 »	4 »	3.25
Bœuf, 1re qualité, kilo......	2.75	2.20	1.75	2.50
— 2e — —	1.75	1.90	0.88	1.80
Mouton, 1re qualité, kilo...	2.75	2.50	1.75	2.50
— 2e — — ...	1.75	2 »	0.88	2 »
Porc, kilo....................	2.60	3 »	1.75	4 »
Sucre, kilo...................	0.60	1.20	0.50	1 »
Bougie, kilo.................	2 »	2.50	2.75	2.10
Gaz, mètre cube	0.13	0.30	0.23 1/2	0.19
Pétrole, litre................	0.22	0.55	0.20	0.30
Café, kilo	4.20	5.40	1.20	5 »
Houille, 1,000 kilos.........	30 »	50 »	27.50	30 »
Bière, hectolitre............	27.50	30 »	42 »	25 »
Pommes de terre, 100 kilos.	22 »	11.75	17.35	9 »

D'après les résultats de ce tableau, il y avait peu de variations dans les prix pour ces quatre centres supérieurs, et les

(1) *Statistisches Jahrbuch der Stadt Berlin*, 1890, chapitre viii.
(2) Avril 1892.

variations se compensaient. La vie n'est pas plus chère à Berlin qu'à Paris ou qu'à Londres. A Paris, toutefois, le charbon est à un prix beaucoup plus élevé. Puis l'octroi surhausse sensiblement les liquides et les comestibles fins. Comment, dès lors, expliquer que la condition des classes laborieuses soit considérée comme plus défavorable dans Berlin, qui n'a pas d'octroi, qu'à Paris, dont l'octroi produit 145 millions par an? Que ces classes soient mécontentes? Qu'on soutienne qu'elles souffrent de l'excès de travail, de l'insuffisance de l'alimentation, de la cherté et de l'insalubrité des logements [1]? C'est que le salaire est à Berlin inférieur à ce qu'il est à Paris, à Londres et à New-York. Cette infériorité, due à l'afflux des travailleurs, exerce sur la condition des classes ouvrières une influence plus générale que les taxes d'octroi qui ne portent que sur certaines denrées de consommation. L'exemption accordée jusqu'à 420 marks aux revenus des travailleurs, n'est même à cet égard qu'une compensation fort imparfaite. Au surplus, comme l'a établi M. René Lavollée [2], pour toute l'Allemagne, le salaire, dans la petite comme dans la grande industrie, spécialement dans celle-ci, tend à s'affaiblir, non point par suite du défaut de travail, mais sous l'influence de l'afflux des travailleurs. Il règne, par suite, un profond mécontentement parmi les ouvriers de Berlin, qui est devenu le foyer du mouvement socialiste en Allemagne.

VIII. *Consommations.* — Les grandes agglomérations urbaines qui atteignent ou qui dépassent plus d'un million d'habitants constituent des sortes de gouffres ou d'abîmes dans lesquels des masses immenses de minéraux, de végétaux et d'animaux sont, chaque jour, précipités pour

(1) *Revue des Deux-Mondes*, art. de M. Wyzewa, mars et mai 1891.
(2) *Les Classes ouvrières en Europe*, 1er vol. : « Allemagne », 1884.

alimenter les millions de consommateurs, humains et animaux, qui les attendent. L'approvisionnement régulier et quotidien de Paris excitait, dès le XVIII° siècle, l'étonnement des beaux parleurs dans les salons de Paris. Il provoquait l'une des plus lumineuses observations de Turgot, confirmée quelques années plus tard par les décrets de la Convention, sur les conditions de cet approvisionnement : la liberté, la sécurité et l'intérêt du producteur. Il faut reconnaître toutefois que les chemins de fer et les canaux ont singulièrement amélioré ces conditions.

La Ville de Paris vient de publier une série de tableaux, avec graphiques et diagrammes, sur les services de l'approvisionnement de Paris en 1891. L'ensemble de la masse alimentaire, absorbée par les habitants, a représenté 1,048,514,000 kilos, qui se décomposent ainsi : légumes et pommes de terre 450,000,000^k; viandes diverses 192,190,000^k; farines 221,242,000^k; blé 55,387,000^k; poisson 35,365,000^k; volaille et gibier 26,000,000^k; œufs 23,250,000^k; beurre 19,955,000^k; fruits et primeurs 11,256,000^k; huîtres 9,409,000^k; fromages 7,500,000^k; vin 4,500,000 hectolitres; alcool 170,000 hectolitres. De ces chiffres on a déduit une sorte de portion moyenne qui aurait compris, en 1891, 146^k de pain au lieu de 148 en 1887; 73^{k}9 de viande en 1891 et 78^{k}3 en 1887; 8^{k}1 de beurre en 1891 et 7^{k}6 en 1887 ; 10^{k}5 d'huîtres en 1891 et 11^{k}2 en 1887; 11^{k}1 de poisson en 1891 et 13^{k}7 en 1887 [1].

---

[1] Les amateurs d'histoire comparée se procureront un agréable délassement en rapprochant cette portion de celle du citoyen libre athénien — l'ingénu d'Athènes — ou du *congiarium* du terrible citoyen romain. Cette comparaison leur fera toucher du doigt la réalité des progrès que les Européens ont faits pour leur alimentation. Socrate, qui valait certes Karl Marx, n'avait pour lui que deux oboles par jour, régime du soldat, soit 30 centimes, et il se tenait joyeux.

Il y aurait eu un certain affaissement dans ces consommations qui sont les principales; viennent ensuite des consommations qui auraient très peu varié : sel 7^k; fromage 2^{k}2; œufs 9^{k}4; vin 183 litres; bière 11^{l}1 [1].

Voici, concernant Berlin, quelques chiffres qui peuvent se prêter à diverses comparaisons. Ils sont relatifs à 1885; consommations : viande et charcuterie 1,300,000 quintaux; comestibles 1,524,000 livres; lait 77 millions de litres; volaille et gibier 5 millions de livres; beurre 30 millions de livres; fromage 8 millions; œufs 19 millions; fruits 64 millions.

D'après le *Statistisches Jarhbuch* de Berlin, pour 1890, il serait entré à Berlin pour la consommation, en 1888 [2], 6,748^t de blé, 17,549^t de seigle, 68,076^t d'avoine, 38,250^t d'orge, 22,828^t de maïs, 2,806^t de farines, 25,000^t d'alcool, 15,000^t de sucre, 14,088^t de poisson, 90,808^t de pommes de terre, 19,411^t de sel, 44,400^t fruits, 6,700^t de raves, 1,756,000^t de coke et de charbon de terre, 74,380^t de bois, 6,954^t de bière, 8,248^t de vin, 1,037^t de tabac; 1,395^t de café, chocolat, thé. Enfin, de 1884 à 1888, la consommation de la viande aurait passé de 88,807,000 à 110,900,000 kilos [3].

[1] *Renseignements statistiques sur l'approvisionnement de Paris en 1891*, Paris 1892; et une étude de M. G. Michel (*Économiste français* du 17 septembre 1892).

[2] Consommation exacte de quelques articles en 1888 : poisson 20,795,500^k, 14^k par tête; bière 194 litres par tête; vin 11,806,000^k ou 8^k par tête; alcool 22,670,000^k, 15^{k}72 par tête; thé, café, chocolat 4,169,500^k, 2^{k}89 par tête; pétrole 44,746,500^k, 31^k par tête; tourbe 13,983,500^k, 9^{k}70 par tête; charbon et coke 1,957,416,500^k, 1,357^k par tête.

[3] Comparaison des abattoirs, Paris et Berlin :
PARIS, moyenne de 1887 à 1892 : 319,614 bœufs; 194,694 veaux; 1,707,581 moutons; 374,142 porcs.
BERLIN 1888 : bœufs et veaux 350,472; moutons 756,870; porcs 622,887.

Ces éléments divers ne permettent pas d'établir, comme pour Paris, une sorte de portion moyenne. Toutefois, étant donné le climat de Berlin, la longueur des hivers, la durée du travail, il ne semble pas qu'en général l'alimentation soit aussi abondante, toutes proportions gardées, et aussi substantielle qu'à Paris. Ainsi s'expliqueraient les plaintes des ouvriers de Berlin (plaintes qui n'ont plus cours à Paris, malgré les droits d'octroi), qu'ils sont surmenés de travail (overworked) et mal nourris (underfed) [1].

C'est encore là une conséquence de la trop rapide croissance de Berlin.

Néanmoins, ces plaintes ont d'autres fondements. D'un côté, les taxes d'octroi sont remplacées à Berlin par des impôts directs, soit au nom de l'État prussien, soit au nom de la Ville. Plusieurs de ces impôts pèsent peut-être plus immédiatement sur les classes ouvrières que les octrois; d'un autre côté, la gratuité, qui caractérise les démocraties extrêmes, est loin d'être générale à Berlin. Pour les écoles, pour les hôpitaux, pour divers autres services, il faut que les ouvriers paient leur quote-part; il en est ainsi pour plusieurs des assurances devenues obligatoires. Nous aurons occasion de calculer ces diverses charges et de montrer qu'elles sont loin d'être compensées, comme à Paris, par des salaires exceptionnels.

§ 4. — ADMINISTRATION DE BERLIN

A toute époque, même en Prusse, même sous Frédéric II, les Allemands ont joui de libertés locales, particulièrement

[1] Diverses personnes ont constaté que dans les Kneipen (gargotes) de Berlin, les portions (sauf le pain noir) étaient très réduites. — Voir les articles de M. Wyzewa.

de libertés municipales, que la France a définitivement perdues sous Louis XIV et que, depuis, même sous un gouvernement républicain, elle n'a pas encore entièrement reconquises. On retrouve la trace de ces libertés, fondées sur la tradition, dans l'organisation municipale de Berlin. Cette organisation est extrêmement complexe. Sous ce rapport, elle se différencie des institutions municipales de Paris pour se rapprocher de celles de Londres. Cette complexité doit être considérée comme une garantie d'indépendance. Bien que le pouvoir royal se maintienne à Berlin, comme dans toute la Prusse, très vigilant, il n'empiète ni sur les attributions, ni sur l'autorité municipale, dont le chef, le bourgmestre de Berlin, est placé dans une tout autre position que les deux préfets de Paris et même que le lord-maire de Londres, ce dernier, malgré l'éclat de sa fonction, ne représentant que la Cité. Avec moins de pompe, le bourgmestre de Berlin possède une autorité plus étendue et une influence plus réelle que le lord-maire, de même qu'il jouit d'une indépendance refusée au préfet de la Seine.

L'esprit et les éléments principaux des institutions municipales de la Prusse, plus tard de l'Allemagne entière, ont été renouvelés par le grand mouvement national dont le baron de Stein a pris la direction après les désastres d'Iéna et d'Auerstaedt. La première loi municipale est du 19 novembre 1808. Elle fut rendue applicable à Berlin, comme à toutes les villes du royaume. Depuis, les libertés municipales, dans toute l'Allemagne, n'ont cessé de se développer, la décentralisation des pouvoirs locaux étant devenue l'une des sources de la prospérité de l'Allemagne. A Berlin, le principe décentralisateur a été également appliqué, mais avec quelques restrictions, à raison de l'importance exceptionnelle de ce grand centre, comme population, et du fait qu'il est la capitale de l'Empire, comme de la Prusse.

Une ligne de démarcation très nette a été établie. L'autorité municipale ne peut s'immiscer en quoi que ce soit dans les attributions de l'Etat. A l'Etat appartiennent la police, en son extension la plus grande, et tout ce qui concerne les intérêts divers de l'Etat, intérêts financiers, intérêts militaires, intérêts judiciaires, intérêts économiques. L'autorité municipale est strictement réduite aux intérêts municipaux, mais elle est libre, dans la sphère de ces intérêts.

L'administration municipale de Berlin forme une corporation (Berliner gemeinde Verwaltung) qui se compose de deux organismes distincts, quoique reliés l'un à l'autre, l'assemblée communale ou Conseil municipal proprement dit (Stadt verordneter Versammlung), — c'est l'organisme supérieur, disposant du pouvoir législatif, — et le Magistrat, conseil possédant le pouvoir exécutif.

L'assemblée communale comprend 126 membres élus par les 42 quartiers de la ville, à raison de 3 par quartier. Le corps électoral est formé de toutes les personnes, âgées de vingt-quatre ans, vivant en ménage et ayant le droit de vote ou de bourgeoisie. Il faut être inscrit sur les livres des contribuables pour être admis à exercer ce droit, et justifier d'un impôt de 7^{m}50 sur le revenu. Les contribuables sont divisés en trois catégories ou classes, comme pour les élections politiques. Dans la première sont placées les personnes possédant des revenus considérables; dans la seconde, celles jouissant d'un revenu moyen, et dans la troisième, tous les autres électeurs; c'est à peu près l'ancienne répartition par centurie à Rome. Dans chaque classe, la moitié au moins des délégués doit être prise parmi les propriétaires de maisons de Berlin (Hausbesitzer). L'élection a lieu publiquement et par quartier. Dans chaque quartier, les électeurs de chaque catégorie nomment un membre [1]. Chaque électeur doit déclarer publiquement pour quel candidat il vote. L'assemblée forme un corps permanent qui se renouvelle par tiers tous les deux ans.

Vient ensuite le conseil exécutif. Ce conseil exécutif porte un nom individuel — der Magistrat — bien qu'il soit une collectivité de nature et d'origine différentes de celles du corps municipal. Il se compose de 30 membres, le premier et le second bourgmestre (Oberbürgermeister und Bürgmeister) [2], 14 échevins payés et 14 échevins non payés, tous nommés par l'assemblée municipale, sous réserve de l'approbation de l'Empereur. Font, en outre, partie du Magistrat 2 syndics, 2 conseillers pour les écoles, 2 pour les bâtiments, 1 intendant, 8 conseillers jurisconsultes.

Le Magistrat tient en main l'administration sous les ordres et d'après les notes de l'Assemblée municipale. En cas de désaccord, l'Assemblée municipale et le Conseil exécutif nomment une commission mixte. Il en est référé à l'Empereur ou à un tribunal administratif si le désaccord persiste. Le Magistrat nomme les fonctionnaires municipaux qui doivent être agréés par l'Assemblée.

En outre du Magistrat, l'Assemblée municipale nomme des délégués directs à certaines gestions, notamment les hôpitaux, les écoles, les caisses d'épargne, les impôts municipaux. Ces délégations appartiennent presque tou-

---

(1) D'après le recensement de 1881, la première catégorie contenait 3,378 électeurs inscrits qui nommaient 42 membres; la seconde 15,653 qui en nommaient autant, et la troisième 135,958 avec 42 membres à nommer.

(2) Les échevins non payés sont élus pour trois ans, et les autres pour douze. Le bourgmestre supérieur touche 37,500 francs, et le second 22,500. Les traitements des échevins fonctionnaires varient de 15,000 à 7,000 marks, avec retraite des deux tiers après vingt-quatre ans de service.

jours en France à l'État et constituent une ingérence de l'État dans les affaires locales. A cet égard, l'Allemagne est fort en avant sur la France. Mais il y a mieux. A côté de ces délégations se trouvent plus de cent commissions administratives qui les assistent, préparent les affaires, fournissent les renseignements. Ces Commissions comprennent plus de 2,000 hommes et femmes; elles sont présidées par un membre du Magistrat. La population s'administre ainsi elle-même. Délégations et commissions sont obligatoires, sous peine d'amendes assez fortes. Les familles contrôlent ainsi toute l'administration. Au contraire, en France, les familles ne peuvent veiller sur les écoles. Leur seul droit est d'en fonder une, tout en payant pour les autres. De même l'État, représenté par le préfet ou les diverses autres inventions récentes de la centralisation parisienne (conseils d'hygiène et autres), s'immisce dans toutes les branches de l'assistance et de la charité. Même immixtion pour les caisses d'épargne. Le Français est toujours considéré et traité comme un mineur, par des employés qui folâtrent dans les greniers des ministères. C'est l'aveugle qui guide le borgne. Aussi la plupart des publicistes français qui ont parlé de ces délégations, très précieuses garanties au fond, les considèrent comme des reliques du moyen âge, des curiosités archéologiques, selon l'un d'eux. Combien, à cet égard, l'organisation municipale anglo-saxonne, aussi bien en Angleterre qu'aux États-Unis et dans les diverses colonisations anglaises, donne aux habitants et aux familles plus de garanties réelles pour la bonne administration des intérêts locaux, si importants pour eux, que les théories générales et le suffrage universel en France! Notamment l'éducation demeure sous la surveillance directe des familles. En Angleterre, la mère, si essentielle dans l'éducation, intervient elle-même. En France, elle est exclue.

Et si les ordres religieux catholiques ont conservé tant d'influence, c'est que les directeurs de leurs établissements savent consulter et respecter les mères [1].

La police judiciaire appartient en entier à l'État : il en est de même à Paris. Quant à la police administrative, elle est partagée entre l'État et le Magistrat. L'État exerce, sur la plupart des faits et actes administratifs tels que la salubrité générale, les voies publiques, les maisons, un contrôle efficace. A Paris la plupart des décisions du Conseil municipal doivent être soumises à l'approbation de l'État. Les mêmes nécessités, toujours plus impérieuses dans les grands centres, ont amené les mêmes résultats.

Malgré la complication de ce mécanisme, l'administration municipale de Berlin possède, en fait, une indépendance tout autre que celle de Paris et des principales villes de France. Autre fait important, toutes les classes de la société y prennent part : point d'exclusion ni des riches ni des pauvres. A côté de quelques représentants des théories socialistes siègent des membres des Universités, des corporations, en même temps que pas mal de propriétaires. A Paris les propriétaires et les classes libérales sont écrasés sous le nombre. Aussi le Conseil municipal de Paris ne donne-t-il aucune idée des véritables éléments de la population.

Par suite, l'administration municipale de Berlin est tout à fait supérieure à celle de Paris. Elle est à la fois plus libre et plus éclairée. La liberté est toujours la récompense d'une meilleure condition intellectuelle ou morale. Depuis un quart de siècle, Berlin est en avance sur Paris. Paris ne maintient

(1) Cochin : *Revue des Deux Mondes*, 1er juin 1860; *Revue des Revues*, avril 1892; un article du *Temps*, 18 août 1887. — James Pollard : *Corporation of Berlin*, 1892.

sa primauté que par la centralisation et l'afflux des riches étrangers. Sans ces deux éléments, le courant démagogique et révolutionnaire, qui y domine dans les masses ouvrières, et la brutalité d'institutions qui livrent tout aveuglément au nombre, y accéléreraient une décadence, d'ailleurs inévitable.

La présence de l'Empereur, de sa cour, la réunion des grandes Assemblées politiques ou Conseils de l'Allemagne et de la Prusse, — Bundesrath, Reichstag et Landtag, — n'ont pas eu encore pour effet d'amoindrir l'indépendance du Magistrat et du Stadtrath. Cela tient aux vieilles traditions des libertés germaniques qui n'ont jamais totalement sombré comme les libertés municipales françaises sous Louis XIV et Napoléon. Cela tient encore à ce que les Allemands n'ont pas eu besoin pour fonder leur unité nationale de cette centralisation monstrueuse qui caractérise la France depuis l'avènement des Bourbons, qui a persisté en s'aggravant durant la Révolution française et qui n'a jamais été plus excessive et plus corruptrice que depuis le régime actuel où les préfets, ses agents à tous crins, ne sont plus que les agents électoraux d'un seul parti, Paris excepté. On peut résumer ainsi la différence fondamentale, au point de vue politique et administratif, entre Paris et Berlin : Sous la monarchie, Berlin possède un maire libre, et sous la République, Paris possède deux préfets.

§ 5. — IMPOTS ET FINANCES

En France, la centralisation n'est pas seulement un fait politique et administratif. C'est encore un fait militaire, économique, social, intellectuel. Il faut remonter jusqu'à Rome ou à Babylone pour rencontrer dans l'histoire d'un peuple d'une grande influence un exemple de concentration

4..

aussi saisissant. Marcher sur Paris, prendre Paris était, dès
1792, le plan unique des Prussiens et des Autrichiens, ainsi
que des émigrés. Même plan en 1814 : Paris menacé,
capitulation. En 1840, M. Thiers croit rendre la France
invincible en fortifiant Paris. Il la livrait, au contraire, à
ses ennemis. En 1870, les Allemands ont marché droit sur
Paris et Gambetta n'a pensé qu'à délivrer Paris. Traitant
de la capitulation, Jules Favre, les larmes aux yeux, a
oublié que la France, hors Paris, possédait un territoire
et 38 millions d'habitants et des armées encore debout.
Toutefois, les deux faits les plus expressifs de la centralisation parisienne ont été, d'un côté, l'installation du
gouvernement de la France dans une ville qui allait être
investie, et l'espoir, confirmé par l'obéissance passive de la
nation, de défendre le territoire et de veiller au salut public
du haut ou au bas des remparts de Paris. La France, avec
des armées étrangères mieux préparées, aurait pu jouer
là sa destinée sans en avoir conscience. D'un autre côté, le
second de ces faits, c'est l'enlèvement, en ballon, au dessus
des armées allemandes, de l'homme qui était chargé
d'infuser un sang nouveau aux deux octogénaires, délégués
à Tours.

La centralisation économique, sociale, intellectuelle,
complète la centralisation politique. Durant la plus grande
partie de l'année, les hautes classes accourent à Paris,
exactement comme au temps de Versailles et de Louis XIV,
beaucoup plus que sous Louis XV. Bien qu'un mouvement
d'émancipation intellectuelle s'accuse en France, depuis
quelques années, mouvement retardé par les tout petits
centres, jaloux de voir se développer l'influence de Lyon,
de Marseille, de Bordeaux, de Nancy, de Lille, l'agglomération de tout ce qui touche aux lettres, aux arts, aux
sciences, est encore énorme. Toutes ces forces centralisantes

viennent se résumer dans la centralisation économique et financière, qui a deux facteurs d'une vigueur accablante, — d'abord la population et ensuite le budget. Ces deux facteurs dépendent étroitement l'un de l'autre. Le budget verse chaque année dans Paris une pluie d'or gigantesque. Il y a plus de trente ans, M. Léonce de Lavergne signalait déjà cette pluie comme un grand fléau, d'autant plus qu'elle est permanente. Il en évaluait l'intensité à 850 millions par an. Combien est-il plus redoutable aujourd'hui, puisque les paiements de tout genre faits à Paris, en 1890, pour compte de l'État, se sont élevés à plus de 1,500 millions, c'est-à-dire aux trois huitièmes du budget de la France !

Le budget de Paris est en rapport avec cette centralisation. Il s'est élevé en recettes en 1890 à 317,278,396 francs. Pour le moment, tout est plus modeste à Berlin.

L'ensemble des recettes diverses du budget 1891-1892 a été fixé à 76,199,413 marks, dont 69,701,111 marks recettes ordinaires et 6,498,302 recettes extraordinaires. L'examen de ces recettes fournit de précieux renseignements sur l'administration de la ville :

1° Licences administratives, 822,134 marks.

2° Revenus des gestions municipales consistant dans : I. Recettes nettes du gaz, 5,320,450 marks; — II. Distributions d'eau, 1,904,556 marks; — III. Diverses canalisations, 244,400 marks.

3° Produit des impôts, 36,168,897 marks, répartis comme suit : I. Taxe sur les loyers [1], 11,800,000 marks; — II. Taxe sur les maisons, 5,500,000 marks à raison de 2 2/9 % du revenu net des immeubles; — III. Taxe sur

---

(1) Les loyers jusqu'à 200 marks sont exempts, 2 % jusqu'à 400 marks, 3 % jusqu'à 600 marks, 4 % jusqu'à 800 marks, 5 % jusqu'à 1,000 marks, 6 2/3 % au delà.

le revenu, 17,935,797 marks [1]; — IV. Taxe sur les chiens, 352,600 marks à raison de 9 marks par tête; — V. Taxe sur les brasseries, 500,000 marks; — VI. Taxe sur les voyageurs, 500 marks.

4° Produit des créances municipales, 11,782,225 marks provenant de restitutions ou d'intérêts à la charge des travaux de la ville (gaz, eau, canalisations, marchés).

5° Recettes de l'instruction publique qui n'est pas entièrement gratuite, 2,068,938 marks.

6° Recettes des hospices avec gratuité limitée, 898,102 marks.

7° Recettes des hôpitaux, même situation, 947,560 marks.

8° Recettes des parcs et jardins, 16,867 marks.

9° Recettes pour divers établissements de la ville, 3,142,000 marks, et 1,795,620 marks pour rues, ponts, etc.

10° Remboursements divers, 705,743 marks.

11° Remboursements à la police, 532,072 marks.

12° Remboursements pour éclairage et surveillance des rues, 119,968 marks.

13° Recettes diverses, 8,286,442 marks.

On doit remarquer sur-le-champ que l'impôt direct est l'une des ressources principales de Berlin. Il en est de même à Londres et à New-York, comme dans la plupart des villes du Nord. L'alimentation, dans les pays septentrionaux, étant moins variée et le coût de la vie étant surenchéri par les dépenses du combustible, le loyer est nécessairement imposé. Les villes, de même que les États, ne peuvent se passer et ne pourront jamais se passer du concours des masses laborieuses. A une époque où tant d'erreurs sont répandues parmi elles, c'est un devoir de le dire.

---

(1) Les revenus jusqu'à 660 marks sont exempts. Les autres paient 100 °/₀ de la taxe ordinaire, soit le double.

Ces diverses recettes méritent quelques observations, parce qu'elles indiquent une différence notable avec le budget de Paris, des grandes villes françaises et des villes du midi de l'Europe pour se rapprocher des villes anglaises et américaines : 1° La ville gère elle-même le gaz, l'eau, les marchés; 2° elle ne distribue gratuitement ni l'enseignement, ni l'assistance, ni la police; 3° elle ne lève aucun impôt indirect; 4° elle demande aux taxes directes un concours de 36,168,897 marks ou 45,210,371 francs.

Quant aux dépenses, voici les articles principaux pour le même exercice : constructions, 17,276,811 marks; enseignement, 13,323,624 marks; dettes de la ville, 13,881,047 marks; assistance des pauvres, 7,616,382 marks; hospices et hôpitaux, 4,247,190 marks; édifices municipaux, 2,735,094 marks; police, 3,158,436 marks; voies publiques, 2,379,833 marks; parcs et jardins, 649,271 marks; administration, 6,770,528 marks; perception des impôts, 319,000 marks; divers, 3,842,197 marks; ensemble, 76,199,413 marks dont 12,546,356 extraordinaires. Les plus intéressantes de ces dépenses sont celles relatives aux constructions qui comprennent les achats de terrains pour les rues, à l'enseignement supérieur, primaire, technique, à l'assistance, et à l'extinction des dettes municipales.

Pas d'octroi et pas d'autres impôts indirects que ceux de l'Empire. Telle est la condition de Londres et de New-York. Berlin tient l'avance en ce qui est de l'exploitation directe du gaz, de l'eau et des marchés.

Les dettes municipales s'élèvent à 187,045,600 marks dans lesquels les dépenses du gaz, de l'eau, des marchés et de diverses canalisations représentent 159,110,726 marks. Le gaz, 22,567,403 marks; l'eau, 35,941,610 marks; les canalisations, 72,362,102 marks; les abattoirs, 11,477,087 marks; et les halles, 16,762,524 marks. Ces dépenses paraissent bien modiques, comparées à ce qui a été fait à Paris, où, certainement, de grands excès ont dû être commis aux dépens du public.

Par contre, on évalue les propriétés de la ville à 256,314,171 marks, et son actif total à 408,255,599 marks, avec un passif total de 192,390,111 marks. Sa situation financière est donc excellente et son crédit de premier ordre.

Si on compare les conditions fiscales de Paris et de Berlin, on est obligé de constater des divergences bien grandes au désavantage de Paris. En 1888, les octrois ont exigé de la population parisienne 141 millions, les contributions directes 122,700,000, auxquels il faut ajouter 100 millions pour droits d'entrée au profit de l'État. C'est un ensemble de 363 millions, sans y faire figurer l'impôt sur les valeurs mobilières, ni le timbre, ni l'enregistrement, ni sur le sel, ni sur le tabac. A Berlin, en 1891-1892, si on laisse de côté les mêmes droits et ceux de douane, bien que moins élevés qu'en France, les impôts directs au profit de l'État et ceux au profit de la ville n'ont pas dû dépasser 60 millions de marks [1] ou 75 millions de francs. En sorte que l'on arrive pour Paris à un prorata d'impôt immédiat de 363 millions répartis sur 2,400,000 têtes, soit 151 francs, et pour Berlin à 75 millions sur 1,500,000 têtes, soit 50 francs. L'impôt immédiat est triple à Paris qu'à Berlin ; avec l'ensemble des impôts médiats, il doit être au moins quadruple. L'avoir personnel à la ville de Paris, à raison de sa quote-part dans le matériel du gaz et des omnibus, représente probablement trois fois celui de Berlin ; mais les dettes de Paris représentent plus de dix fois celles de Berlin.

[1] Ensemble des impôts directs levés par l'État à Berlin en 1890-91, 23,304,512 marks.

Graves différences qui ne peuvent manquer de faire sentir, tôt ou tard, leur poids. Néanmoins, avec les ressources d'un budget plus limité, l'administration municipale de Berlin a pu accomplir plusieurs œuvres remarquables.

§ 6. — L'HYGIÈNE A BERLIN. L'EAU ET LES ÉGOUTS

Il faut placer au premier rang les travaux d'assainissement de la ville de Berlin, à raison de leur importance et du succès obtenu [1], à raison surtout des difficultés de toute nature que rencontrent les grandes agglomérations urbaines pour acquérir et conserver de bonnes conditions hygiéniques. Ces travaux ont eu pour résultat de les améliorer sensiblement à Berlin et d'y diminuer la mortalité. Cette mortalité s'élevait en 1872 à 33.28 par 1,000 avec les mort-nés et à 31.60 sans les mort-nés; en 1881 elle était déjà tombée, grâce à ces travaux, à 28.79 et 27.24; elle n'est plus maintenant que de 25 %. Ce progrès, si notable, est dû à un ensemble de travaux, bien entendus, concernant les égouts de Berlin.

Pendant de longs siècles, la principale préoccupation du gouvernement a été bien plutôt d'alimenter que de nettoyer les grandes villes. Procurer du pain à Paris (il n'avait pas

---

(1) Consulter : 1° Durand-Claye, 1886 : *Assainissement de Dantzig, Berlin, Breslau*; — 2° le rapport magistral de M. Alphand, 1872, Paris; — 3° Hobrecht : *Canalisation von Berlin*, 1884; — 4° *Bericht des Münchener Commission uber die Besichtigung des Canalisations Berlin, Frankfürt, Danzig, Breslau, Amsterdam*, 1879 (Ces ouvrages se trouvent tous à la Bibliothèque administrative de Paris, Palais municipal);—5° Bechmann : *Assainissement des villes*, 1888; — 6° Wazon : *Principes techniques d'assainissement des villes*; — 7° et les discussions du Parlement et du Conseil municipal de Paris en 1888 et 1892.

encore un million d'âmes) était le premier souci des rois et de leurs ministres. On songeait moins à lui donner l'eau, l'air, la salubrité. Encore moins s'inquiétait-on des scories, détritus, maladies, épidémies, mortalité. Toutefois les grands travaux d'hygiène exécutés à Babylone, ceux de Tarquin et de Servius Tullius dans la Rome primitive, marquent que les problèmes, à résoudre aujourd'hui, sont posés depuis longtemps.

A Berlin, les conditions hygiéniques naturelles sont mauvaises. Berlin est situé dans une plaine de sable qui manque de pente. Il est traversé par les divers bras de la Sprée dont le cours, assez rapide, est ralenti par des écluses de navigation. Il en résulte une certaine humidité générale, malsaine, augmentée par une autre cause. Dans tout le Brandebourg, il existe une nappe d'eau souterraine presque à fleur du sol; cette nappe d'eau explique les succès de l'agriculture dans le Brandebourg. Elle alimente de nombreux étangs ou petits lacs aux environs de Berlin. A Berlin même elle se rencontre à une très faible profondeur, tout au plus à 1 mètre; parfois elle se relève à 0^m,65 environ, suivant la saison et les années. Cette nappe est un mauvais sous-sol pour une grande cité [1]. C'est à elle qu'il faut attribuer le caractère marécageux du Brandebourg pendant le long hiver du Nord. Dans ces conditions, l'enlèvement et la disparition rapide des détritus d'une ville de 1,600,000 habitants présentent des difficultés sérieuses. D'ailleurs, les traditions hygiéniques locales n'étaient guère favorables. Il n'y a pas longtemps que le Français est

[1] Mexico, bien que situé à plus de 2,500 mètres, se trouve, de même que Berlin, assis sur un sol spongieux et malsain, par suite des infiltrations souterraines des lacs qui l'entourent. Souvent les maisons, bâties sur un marécage, oscillent sur leurs fondements. Elles montent avec les eaux, elles redescendent avec la sécheresse.

devenu, non pas délicat, mais prévoyant, sous le rapport de l'hygiène. L'Allemand, à cet égard, a toujours été et est encore plus accommodant que le Français. A Berlin, les maisons n'avaient, le plus souvent, que de simples puits perdus qui répandaient les matières excrémentitielles dans le sous-sol et par suite dans la nappe. Il en est encore ainsi dans plusieurs villes de France et en partie même à Paris. Le long des rues circulaient des ruisseaux, à ciel ouvert, qu'on franchissait sur des ponceaux en charpente. Il existe à Berlin, et surtout dans les environs, plusieurs spécimens de ces ruisseaux-égouts. Dans ces ruisseaux on pratiquait généralement la méthode du *tout à l'égout*. Ils se déversaient tous dans quelques égouts insuffisants, auxquels la Sprée et le canal qui traverse Thiergarten servaient de collecteurs. Par suite, ces collecteurs, à ciel ouvert, portaient des odeurs atroces et une infection dangereuse au centre de la ville, au milieu des promenades les plus en vogue.

Quant à l'alimentation d'eau nécessaire à la population, elle avait lieu au moyen d'une grande prise dans la Sprée, en amont, sans qu'on eût pensé à empêcher toute communication entre les puits où arrivait cette eau avec ceux dans lesquels étaient jetés les résidus ménagers et autres.

Les vices et les dangers de cet état de choses sautaient aux yeux. Ils expliquent la grande mortalité qui a longtemps sévi à Berlin; de 1841 à 1860, la moyenne mortuaire avait même atteint 38 pour 1000. La municipalité se décida à modifier complètement cette situation. Elle s'occupa d'abord de l'eau pure nécessaire pour l'alimentation des habitants et la salubrité de la ville. L'eau n'est pas une médiocre difficulté dans les grands centres, — moins redoutable cependant que les détritus. Berlin a heureusement à sa disposition la série des lacs qui environnent la ville. En ce qui est de l'eau, deux canalisations ont été établies :

l'une à l'est, avec le *Muggelsee*, et l'autre à l'ouest avec le *Tegelersee*. Des réservoirs ont été construits. 250,000 mètres cubes d'eau pure sont mis chaque jour à la disposition de la population de la ville; cette quantité pourra être augmentée sans difficulté. Le Brandebourg est parsemé de beaux lacs, notamment ceux de Potsdam. C'est une très grande ressource pour Berlin.

Il ne suffit pas de procurer aux villes de l'eau pure, il faut encore les débarrasser des immondices, des eaux sales ou potagères, des détritus de tout genre; généralement, on fait trois parts de toutes ces scories : 1° les immondices solides, très riche engrais, sont vendues, enlevées par des voitures *ad hoc*; 2° les détritus sont transportés au loin par les chemins de fer; 3° les eaux contaminées de toutes sortes sont canalisées à part.

Berlin, comme Londres, a préféré le système du tout à l'égout, sur le rapport de M. Virchow. Voici comment on a procédé :

1° Établissement d'un vaste système d'égouts; 2° utilisation de tous les détritus de la ville. Ces questions, étant à l'ordre du jour, pour toutes les villes de quelque importance, il est utile d'entrer dans quelques détails.

1° Un plan général d'égouts a été dressé pour toute la ville. Neuf types d'égout ont été adoptés, d'après l'importance des voies desservies. Tous les particuliers sont tenus de transformer leurs immeubles, au fur et à mesure de la construction des égouts, de manière à leur appliquer les types intérieurs réglementaires, avec branchement obligatoire sur les égouts, pour les matières de vidanges et les eaux ménagères. Les fosses fixes et les puisards sont interdits [1].

____

(1) Si des matières trop volumineuses pénètrent dans les égouts, elles sont arrêtées par des grillages et ramassées à part.

Les éviers des cuisines doivent être munis d'une grille. Les tuyaux de descente des eaux pluviales sont garnis de leur siphon à clapet, conformément à des types choisis. L'abonnement à l'eau de la ville est obligatoire. L'administration municipale exécute tous les travaux extérieurs, et les propriétaires tous les travaux intérieurs. Chaque immeuble relié à la canalisation est soumis à une taxe payable par trimestre, calculée de manière à couvrir les frais d'entreprise et l'amortissement du capital engagé dans les constructions des égouts. Ainsi ce sont les propriétaires qui, en définitive, supportent les frais de tout le système. La coutume française, si regrettable pour la bonne administration des grandes cités, de leur laisser les profits de toutes les dépenses municipales, qui ont donné tant de plus-value aux immeubles urbains, sans leur faire supporter les charges, a de moins en moins cours en Allemagne.

2° Que faire maintenant de tout le torrent plus ou moins contaminé, se précipitant chaque jour des maisons, des établissements publics, des jardins et des rues? Ce torrent est conduit par des collecteurs spéciaux, dont les pentes ont été calculées, à cinq usines élévatoires [1], correspondant chacune à une partie, ou bassin, de Berlin, d'où il est dirigé sur plusieurs domaines, acquis par la ville comme champs d'épuration et d'absorption. Les premières expériences ont été faites sur le domaine de Falkenberg, au nord de Berlin (contenance 736 hectares), et sur celui d'Osdorf au sud (contenance 824 hectares). Chaque usine élévatoire, d'une force de 400 chevaux environ, soulève chaque jour une

[1] Détails empruntés au livre de **M. Durand-Claye** : *les Travaux d'assainissement de Danzig, Berlin, Breslau*, 1886. Les usines ont probablement été augmentées depuis 1886, car elles ne desservaient que 2,456 hectares sur 6,250, périmètre de la ville, qui a gagné 350,000 habitants depuis 1886.

masse de 20,000 mètres cubes et, au moyen de deux conduites métalliques, la refoule et la distribue sur les domaines de Falkenberg et d'Osdorf. Les eaux sont distribuées sur les diverses parties des domaines, selon les besoins, par un nouveau système de canalisation locale, de manière à donner, sans excès, la quantité que chaque hectare peut absorber en un temps donné.

En 1886, à l'époque où M. Durand-Claye visita ces deux domaines, une superficie de 432 hectares, mise en exploitation, paraissait devoir suffire à absorber 51,000 mètres cubes d'eau par an et par hectare. Berlin avait alors à employer 100,000 mètres cubes d'eau par jour, soit 36 millions de mètres cubes par an. Les deux domaines semblaient pouvoir tout prendre.

L'épandage de ces eaux, surveillé avec soin, était régulier. L'épreuve accusait un plein succès. Les eaux étaient utilisées aux cultures vertes qui conviennent particulièrement aux plaines sablonneuses, à fond marécageux, du Brandebourg : prairies, choux, raves, avoines avaient prospéré et pu mûrir. On était même parvenu à appliquer ces eaux au colza et au tabac. Des troupeaux de vaches avaient été installés dans les prairies. Le lait et la viande des vaches se consommaient. Le travail d'épuration semblait complet. Des arbres fruitiers avaient été plantés de tous côtés. Poires et pommes mûrissaient comme les choux et rendaient tout ce que la terre et les eaux d'égout leur avaient donné. Peu à peu les difficultés ont surgi. Elles étaient déjà considérables, sans décourager cependant les efforts et les espérances de l'administration de Berlin, lorsqu'une commission spéciale du Sénat français vint visiter, en 1888, les domaines à expérimentation. Il avait fallu d'abord singulièrement accroître les surfaces d'absorption. Neuf domaines avaient été acquis au nord de Berlin (Blackerburg, Malchaw,

Heinerdorf, Wartenberg, Burkenfeld, Blankenfeld, Rosenthal, Wartenberg, Hohens-Schœnhausen), et quatre au sud (Friedrichsdorf, Heinersdorf, Grossbeeren et Neubeeren). L'ensemble mesurait 10 kilomètres de longueur et contenait plus de 6,500 hectares, sans pouvoir encore absorber et épurer toutes les eaux et tous les détritus d'une masse humaine toujours croissante, un tiers environ de Berlin n'ayant pu être encore canalisé.

La principale difficulté de cette expérimentation est provenue de la rapidité inattendue avec laquelle les terres les plus favorables se saturent d'une eau toujours renouvelée, chargée des mêmes matières. Les 51,000 mètres cubes d'eau par an, accusés par M. Durand-Claye, ont été ramenés à 9,000 mètres cubes, pour faiblir encore. Il en est de même pour les vignobles inondés à cause du phylloxera. Bien que l'imbibition ne soit pas permanente, la terre finit par se saturer et la vigne aussi. Les calculs mathématiques, appliqués à ces expériences, sont toujours en défaut.

Puis, il a été difficile de régler l'arrivée et l'épandage des eaux.

Les égouts débitent leurs eaux la nuit aussi bien que le jour. Sur le domaine d'Osdorf, visité par les sénateurs, le moment où les eaux arrivent sur les champs d'irrigation avec le plus d'abondance se place entre six heures du soir et minuit. Il est indispensable que les irrigations soient surveillées la nuit comme le jour. Car il importe que les eaux d'égout, chargées de matières de vidange, ne soient jamais en contact avec les feuilles des végétaux. Il faut que les eaux ne débordent jamais des rigoles où on les fait circuler. Aussi, sur tous les champs d'irrigation de Berlin, il y a, la nuit, un personnel égal en nombre à celui qui s'y trouve le jour. De distance en distance, se trouvent des colonnes où des flotteurs mobiles indiquent la pression de l'eau dans les tuyaux. Suivant cette pression, il faut ouvrir plus ou moins de rigoles. La nuit, un fanal mobile est attaché à la colonne; et quand on voit par son élévation que la pression des eaux amenées par les machines augmente, il faut se hâter d'ouvrir des rigoles nouvelles. De là la nécessité d'avoir un personnel de nuit pour diriger les irrigations sans aucune interruption.

Le directeur du domaine d'Osdorf a sous ses ordres soixante ouvriers, divisés en deux équipes de trente hommes chacune. Il y a l'équipe du jour et celle de nuit. Les ouvriers de service pendant la·nuit ont une lanterne attachée au milieu du corps pour avoir la liberté des mouvements des bras. Quand, par suite de circonstances particulières, la pression prend, la nuit, des proportions exceptionnelles, et que les champs désignés pour recevoir les eaux ne suffisent pas, on réveille le directeur pour qu'il vienne indiquer de quel côté et sur quelles cultures il faut diriger les eaux qui arrivent en excès. Ce qui se fait à Osdorf se pratique aussi sur les autres domaines.

Le personnel qui est employé sur ces champs est composé d'individus condamnés à quelques mois de prison, pour mendicité ou vagabondage. Ils sont embrigadés et travaillent sous la surveillance de gardiens, que l'on pourrait assimiler à des gardes-chiourmes.

L'épandage exige beaucoup de précautions. Voici comment il a lieu sur les domaines municipaux de Berlin :

Les champs sont divisés en compartiments, comprenant chacun un quart ou un cinquième d'hectare environ. Chaque compartiment est borné par de petites levées de terre qui l'entourent des quatre côtés. Ces levées ont une élévation de 45 à 50 centimètres; elles forment donc de petites digues. Au commencement de l'hiver, quand il n'y a plus aucune

culture, on laboure tous les champs, on en rend la surface
unie en faisant disparaître toutes les rigoles qui avaient été
établies pendant l'été pour la circulation des eaux d'égout.
Sur les champs ainsi labourés, on verse pendant l'hiver une
certaine quantité d'eau, qui est retenue par les petites levées
de terre. On en met une épaisseur de 20 à 25 centimètres.
Quand un compartiment est ainsi rempli, on verse l'eau
dans les compartiments voisins. L'eau s'évapore en partie
et en partie pénètre dans le sable. Lorsque les premiers
compartiments se sont, au bout d'un certain temps, vidés
ou asséchés, on y revient et l'on y fait un nouvel épandage.
En réalité, dans tous les compartiments, il existe pendant
l'hiver des mares d'eau d'égout stagnante. Ce système de
l'épandage d'une minime épaisseur d'eau sur l'ensemble des
champs d'irrigation a été employé à raison des plaintes
nombreuses qui s'étaient élevées contre les bassins d'hiver.
A Osdorf et à Blackerburg, on avait d'abord établi des
bassins entourés de digues d'une élévation de 1^m,20 à 1^m,50.
Dans ces bassins, on versait les eaux d'égout. On en mettait
une épaisseur de 90 centimètres à 1 mètre, et on les laissait
s'évaporer ou s'absorber dans le sol. Ces accumulations
d'eaux infectes avaient soulevé des plaintes très vives. On
a bien conservé les bassins existants, on les voit encore à
Osdorf et à Blackerburg; mais on n'en fait plus de nouveaux,
et l'on procède maintenant, sur les champs d'irrigation
le plus récemment établis, par l'épandage d'hiver dans les
compartiments dont nous venons de parler.

Ces opérations sont loin d'être acceptées facilement par
les populations, à raison de la lenteur de l'absorption et de
leur durée. En outre, l'épandage ne peut avoir lieu qu'avec
certaines récoltes.

En effet, il n'est pas possible d'irriguer des terres
ensemencées en céréales. Les directeurs des champs d'irri-

gation de Berlin ont déclaré à la Commission qu'à partir de l'ensemencement des céréales, on ne peut plus y mettre d'eau. Tout au plus dans les années d'une sécheresse exceptionnelle fait-on, pendant l'été, couler de l'eau dans les rigoles des champs de céréales, deux ou trois fois. Cette exception, du reste, confirme la règle que les champs ensemencés en céréales ne peuvent plus être irrigués. En Prusse, par suite du climat, on ne fait que des semailles de printemps. Pendant l'hiver, toute la surface des champs d'irrigation peut donc recevoir des épandages d'eaux d'égout dans les compartiments ménagés pour établir un roulement entre eux. Mais il n'en serait pas de même sous les climats où les seigles, les blés et les avoines, dites d'hiver, se sèment dès le mois d'octobre. La germination a lieu dès cette époque. De sorte que tous les champs, ensemencés en céréales, ne pourraient pas être, pendant l'hiver, utilisés pour l'épandage tel qu'il se fait à Berlin, et que les surfaces affectables à ce mode d'opération seraient singulièrement restreintes.

Il en est de même pour les pommes de terre, pour les betteraves, pour les colzas. De sorte que pendant l'été, on ne peut pratiquer les irrigations que dans les rigoles des champs plantés en choux ou dans les prairies. Mais quelles sont ces prairies? Il n'y a absolument qu'une seule espèce d'herbe fourragère qui puisse supporter les irrigations à l'eau d'égout, c'est le raygrass italien. Ni les trèfles, ni les luzernes, ni le sainfoin, ni le foin ordinaire ne peuvent s'accommoder de cette nature d'eau. Aussi, dans les domaines de la ville de Berlin, ne voit-on absolument que du raygrass italien. Encore les prairies souffrent-elles souvent de l'excès d'eau. On remarque, à leur surface, des dépôts noirs de matières en suspension, qui opèrent un feutrage superficiel du sol, et qui détruisent l'herbe.

On est obligé fréquemment, au printemps surtout, après les irrigations d'hiver, d'ensemencer de nouveau les parties claires où l'herbe a été détruite. Le raygrass italien, ainsi arrosé, ne peut être employé que comme fourrage vert. Les tiges sont trop aqueuses pour faire du fourrage sec. Environ douze ou quinze jours avant de faucher, on suspend les irrigations, parce qu'il serait malsain pour les animaux de manger de l'herbe dont les brins auraient été en contact avec l'eau d'égout. On fauche même un peu haut, à quelques centimètres du sol, pour ne pas couper la partie inférieure des tiges qui a été baignée par cette eau. Il faut donc reconnaître que les fourrages des prairies de Berlin sont d'assez médiocre qualité.

Quant aux pommes de terre des champs d'irrigation, quoiqu'elles ne reçoivent pas d'eau d'égout depuis la germination, elles ne peuvent servir qu'à la nourriture des porcs, ainsi que l'a déclaré le directeur du domaine d'Osdorf aux membres de la commission du Sénat. On n'admet pas qu'on puisse employer à la nourriture des hommes des pommes de terre qui ont poussé dans un terrain sur lequel ont été déversées des matières de vidange. De même, le directeur d'Osdorf a dit que les betteraves des champs d'irrigation ne peuvent être que des betteraves fourragères, destinées à la nourriture des bestiaux; qu'on n'y peut pas cultiver des betteraves sucrières.

Quant aux résultats de l'épuration des eaux par leur filtrage à travers le sol, ils étaient en 1888, lors de la visite des sénateurs, loin de répondre aux hypothèses scientifiques. Les eaux filtrées des champs d'irrigation de Berlin contiennent encore beaucoup de matières d'engrais quand elles sortent des drains et qu'elles s'écoulent dans les fossés collecteurs. Elles sont considérées comme nuisibles et ne peuvent servir à la boisson; il est interdit aux ouvriers qui travaillent sur les champs d'irrigation d'en boire. Cette prohibition a été déclarée à la Commission du Sénat par les ingénieurs de la ville de Berlin. Ils ont bien ajouté que les ouvriers buvaient cependant de cette eau. La prohibition a été édictée pour couvrir la responsabilité de la ville dans le cas où des personnes qui boiraient de l'eau des drains contracteraient quelque maladie. Dans la cour des bâtiments d'exploitation du domaine de Malchaw, il y a une pompe alimentée par la couche d'eau des drains. Elle porte une inscription défendant de boire l'eau qu'elle fournit. A Berlin on considère comme dangereuse pour la santé l'eau qui sort des drains des champs d'irrigation. L'épuration parfaite des eaux d'égout n'est donc pas encore obtenue par le système appliqué à Berlin; mais cette eau, inacceptable pour l'alimentation, peut être utilisée à d'autres emplois. En tout cas, le but principal sera atteint, dès que Berlin aura parachevé la canalisation et acquis les surfaces nécessaires pour l'épuration de la totalité de ses eaux d'égout qui doivent représenter plus de 100 millions de mètres cubes par an et exiger une superficie de plus de 10,000 hectares. Au surplus, l'administration municipale de Berlin n'a reculé devant aucune dépense, elle s'est rendue propriétaire de nouveaux domaines. Elle dispose actuellement de plus de 16,000 hectares.

La ville a consacré près de 36 millions de marks ou 45 millions de francs à son approvisionnement d'eau et 72,362,112 marks ou 90 millions de francs au système général des égouts : soit 135 millions de francs jusqu'à présent. Ces dépenses sont l'article principal de la dette municipale. Les résultats recherchés ont été obtenus. La ville est approvisionnée d'eau potable et débarrassée, dans de bonnes conditions, des eaux impures. La mortalité est tombée de 38 à 25 par 1,000. Ce sont là des progrès sérieux;

mais ces progrès ne doivent pas seuls être pris en considération. En se procurant de l'eau pure et en se délivrant des eaux impures, les villes agissent sous l'empire de nécessités absolues, créées par la concentration des masses humaines. Disséminées sur des territoires étendus, ces masses humaines trouvent et l'eau et les déversoirs indispensables à la vie. Leur concentration sur quelques milliers d'hectares provoque les plus sérieuses difficultés [1].

Il est vrai que toutes les grandes agglomérations humaines ne se trouvent pas dans les mêmes conditions. A Berlin, l'eau peut être fournie facilement et les plaines sablonneuses du Brandebourg assurent aux égouts toutes les facilités pour épuiser leurs flots. Il en est de même à New-York, à Saint-Pétersbourg, à Constantinople, à Chicago, dans tous les centres à proximité de la mer ou de lacs, surtout lorsqu'un fleuve puissant emporte au loin tous les débris humains. Mais Londres et Paris, les deux plus vastes agglomérations humaines, ont et auront à vaincre bien des obstacles, soit pour fournir d'eau pure plusieurs millions d'habitants, soit pour les débarrasser de leurs déjections. Les déjections demeurent la difficulté principale. On peut s'en faire une idée, si on se rappelle que Tunis a presque comblé, en 800 ans, le lac de Tunis par ses déjections, et Mexico le lac de Tezcoco.

Bien qu'en général, les villes du Royaume-Uni, à raison de la forme insulaire et de la proximité de la mer, qui enveloppe, de tous côtés, les deux îles sœurs, se trouvent placées dans de meilleures conditions hygiéniques que les villes de France, l'Angleterre n'en a pas moins devancé la France dans sa législation à cet égard. Le *Public Health act*

---

(1) Danzig et Breslau ont fait, avec succès, des travaux du même ordre. Il en est rendu compte sous le chapitre VIII.

de 1875 a doté l'Angleterre d'un régime et d'une administration *ad hoc* tout autrement armés que la législation française. Cet act impose aux villes et aux bourgs l'obligation de procurer aux populations une quantité suffisante d'eau potable et de les débarrasser, en les épurant, des eaux et des matières provenant des déjections. En cas de résistance, sans parler des peines et des amendes qui incombent aux membres des administrations locales, appliquées avec sévérité par une magistrature indépendante et respectée, le Local Government Board, auquel est confiée la surveillance de tout le régime, procède d'office aux mesures nécessaires, aux frais et pour compte des villes et des bourgs réfractaires. La presque totalité des villes et des bourgs s'est conformée à la loi. La ville de Lincoln ayant essayé de résister, ses magistrats faillirent aller en prison. La ville de Lincoln se soumit. Elle n'avait qu'une mortalité de 22.7 par 1,000. Cette mortalité est tombée à 15.4.

L'amélioration a été presque aussi grande à Londres. La mortalité a été ramenée de 25 °/₀₀ à 19 °/₀₀. Elle est encore à Paris de 22 °/₀₀. Mais Londres possède sur Paris un grand avantage naturel. La Tamise lui offre une ressource immense. Deux fois par jour, la marée monte à Londres, y apportant un fort volume d'eau avec une fraîcheur nouvelle. Le fleuve est assez puissant pour fournir aux 5 millions d'habitants de la métropole la plus grande quantité de l'eau dont ils ont besoin chaque jour, c'est-à-dire plus d'un million de mètres cubes d'eau, rendue potable au moyen d'énergiques filtrages. Les prises ont lieu en amont de la ville, de manière à préserver les eaux de toute pollution. En aval, le fleuve possédant un courant plus fort, emporte une notable partie des déjections de toute sorte de ces 5 millions d'êtres humains. Mais il n'y suffit pas. Il suffit pour procurer l'eau pure ; il est impuissant à absorber les eaux souillées et les déjections [1].

Londres, en effet, pratique, ainsi que la plupart des villes d'Angleterre, le système du tout à l'égout. Des tuyaux en fonte ou en grès vernissé, de diamètres qui vont de 12 à 21 centimètres, conduisent toutes les immondices à trois grands collecteurs, où elles rencontrent les eaux de pluie et des voies publiques. Ces collecteurs forment de véritables galeries, d'une largeur qui varie de $0^m,60$ à $1^m,10$, hauteur de $1^m,20$ à $3^m,10$, avec un développement de 300 kilomètres. Il s'y fait une sorte de trituration entre les eaux de vidange et les eaux de pluie et de rues. Le résultat de cette trituration est le « sewage », dont la conduite et l'emploi appartiennent à la *Commission of sewers* [2]. Une partie est versée dans la Tamise qui l'entraîne à la mer ; une autre est épurée au moyen de l'épandage sur des terrains d'une étendue

(1) Consulter : 1° deux articles de M. Fleury, *Revue des Deux Mondes*, septembre et novembre 1892 ; 2° de Freycinet, *Principes de l'assainissement des villes*, avec atlas, 1870, et *Assainissement des fabriques*, 1864, avec supplément, 1868. M. de Freycinet donne des détails complets sur la canalisation des égouts de Londres (132 kilomètres, coût 105 millions). Les trois collecteurs versent dans la Tamise 500,000 mètres cubes par jour ; cette masse est projetée par des machines de 1200 chevaux de force dans un canal de 12 kilomètres, qui part de Barking et aboutit à Cross-West Point, au delà de Greenwich. Dans leur trajet les eaux sont criblées et débarrassées de tout élément solide. Elles demeurent cependant infectieuses. Aussi l'étude de l'épuration par l'épandage et la nitrification est-elle générale en Angleterre, notamment à Édimbourg où les eaux sont répandues sur des prairies. — Consulter aussi : Monod, *Mesures sanitaires en Angleterre*, 1875, et *Officiel*, 24 août 1889, rapport Proust.

(2) Il existe une Commission générale pour la fourniture de l'eau à Londres (London Water supply Commission), sans compter la *Thames' Conservancy*.

considérable. Après divers essais, on a dû renoncer à en déverser directement une portion dans la mer. La marée rapportait la plupart de ce que la mer avait reçu ; ces retours infectaient les rivages. On tend de plus en plus, en Angleterre, à épurer les eaux sur place au moyen de nouveaux procédés chimiques. Au congrès de Portsmouth, tenu en septembre 1892, plusieurs mémoires ont recommandé l'épuration par le sulfate de fer, avant l'épandage, et après, la nitrification par le plâtre. L'épandage exige de vastes terrains dont les frais peuvent être diminués par la transformation chimique des résidus [1].

A Paris, les difficultés sont plus graves qu'à Londres [2], quoique le périmètre de Paris ne soit pas le quart du Londres du *Board of works*, ni le septième du *greatest London*, et qu'avec sa banlieue Paris ne contienne pas au delà de 3,150,000 habitants à opposer aux 5 millions de Londres ; difficultés quant à la quantité d'eau potable distribuée à la population, difficultés quant aux eaux d'égout et aux déjections. Le principe de ces difficultés provient de l'insuffisance de la Seine, comparée à la Tamise. La Seine n'est pas un fleuve à marée, du moins à Paris. Son cours est très régulier ; mais son débit quotidien d'eau est modeste, nullement en rapport avec un centre de plus de 3 millions d'habitants. En outre, avant d'arriver à Paris, la Seine est affaiblie par

(1) Sur tous les travaux de Londres consulter Thorne-Thorne, 1888, *On the progress of prevented medecine.*

(2) Consulter : 1° Rapport de M. Alphand, octobre 1879 ; 2° Aubry Vitet, « les Égouts de Paris », *Revue des Deux Mondes,* octobre 1888 ; 3° Maxime du Camp, *Revue des Deux Mondes,* juillet 1873 ; 4° les articles de M. Fleury ; 5° Bechmann, *Assainissement des villes,* 1888 ; 6° Wazon, *Assainissement des villes ;* 7° Fournier de Flaix, « Londres et Paris », *Nouvelle Revue,* novembre 1883 et mars 1884 ; 8° Durand-Claye, *Travaux d'assainissement,* 1882.

les besoins et les prises de très nombreux riverains; elle est même déjà polluée. Tant que la population de Paris n'a pas dépassé 500,000 à 600,000 âmes, la Seine a pu fournir l'eau à consommer et débarrasser Paris de ses déjections. Mais, au fur et à mesure que Paris s'est développé, la Seine a été de moins en moins à même de pourvoir à cette double fonction. Elle y a pourvu à peu près jusqu'au commencement de notre siècle.

Dès le siècle dernier, pour des agglomérations tout à fait inférieures (Paris ne dépassait pas 600,000 âmes en 1789), on était préoccupé des divers besoins des grands centres. Le premier de ces besoins était alors le pain. Le roi, symbole du gouvernement, était tenu comme devant procurer à tous le pain. Tel est encore, au fond, le sentiment des populations. Le gouvernement est considéré comme obligé de les approvisionner. Sur ce point si important, Turgot avait des idées bien différentes. Il recommandait la plus grande liberté. Les faits ont justifié son opinion. L'approvisionnement, l'alimentation de villes telles que Londres, Paris, New-York, Berlin, ne préoccupe plus personne. A cet égard, les chemins de fer ont procuré une sécurité absolue; ç'a été l'un de leurs plus grands bienfaits.

Il avait été toutefois apporté quelques améliorations dans le régime administratif de Paris, tant pour la distribution de l'eau que pour son hygiène telle que nos pères l'entendaient. Moins délicats que leurs descendants, ils acceptaient des habitudes et s'accoutumaient à des milieux, surtout à des odeurs qui nous répugnent plus qu'à eux et nous éprouvent davantage. La fièvre putride et maligne, forme ancienne de la fièvre typhoïde, n'était ni plus fréquente ni plus dangereuse avec des ruisseaux infects, des dépôts excrémentitiels et des résidus de toute sorte dans les rues, que la fièvre typhoïde ne l'a été et parfois ne l'est encore pour quelques quartiers de Paris réunissant de tout autres conditions hygiéniques ; cela tient probablement aux changements qui ont eu lieu dans l'alimentation. Ces changements ont donné aux déjections un caractère plus dangereux. Puis l'atmosphère de Paris s'est profondément altérée par suite de l'accumulation sur une zone très restreinte (6,800 hectares) d'une population au moins double ou triple, en tenant compte de l'accroissement du périmètre en 1860.

En ce qui est de l'eau, jusqu'aux premières années du xvii⁰ siècle, chacun s'en approvisionnait, comme il pouvait, dans la Seine, ou au moyen de quelques puits qui, à raison du sous-sol crayeux de Paris, n'étaient pas nombreux [1]. Puis le gouvernement royal y ajouta les pompes de la Samaritaine qui approvisionnèrent le Louvre et les fontaines du quartier. Plus tard, les sources d'Arcueil améliorèrent la situation du faubourg Saint-Germain. Enfin les frères Périer obtinrent en 1782 la concession d'une distribution d'eau dont les pompes élévatoires étaient mues par la fameuse pompe à feu de Chaillot. C'est une des premiers applications en France de la machine à vapeur. Chaque dimanche les Parisiens allaient en procession voir la pompe à feu [2].

En ce qui concerne les égouts, la population n'a pas montré moins de longanimité que pour l'eau. De même

---

(1) Consulter dans la belle publication de la maison Quantin (Paris 1893), *Paris ignoré,* par M. Paul Strauss, membre du conseil municipal de Paris, les deux études : « les Égouts » et « les Eaux ».

Pour la distribution des eaux dans Paris, la ville dispose de 22 usines élévatoires avec 48 machines à vapeur et 22 moteurs électriques représentant plus de 5,000 chevaux vapeur, plus 18 réservoirs en maçonnerie pouvant contenir 800,000 mètres cubes d'eau.

(2) Dans un très curieux discours sur l'église de Ménilmontant, M. l'abbé Caron a fait l'histoire d'une des plus vieilles fontaines de Paris (xii⁰ siècle), où de tout temps l'eau a été précieuse et chère *(Semaine religieuse,* 4 février 1893).

que la Seine était le puisard, de même elle fut le dépotoir et le déversoir. Cependant, dès la fin du XVIe siècle, le prévôt des marchands, Hugues Aubriot, faisait voûter le cloaque des Halles, centre de Paris.

Sous Henri IV, François Miron eut recours à la même précaution pour l'égout du Ponceau, entre les rues Saint-Denis et Saint-Martin. Il subvint lui-même à la dépense. Nous verrons, à propos de Constantinople, que le grand égout de Péra-Galata est encore à découvert. Sous Louis XIV, on ne comptait que 2 kilomètres d'égouts couverts [1].

C'est à Napoléon que revient l'honneur d'avoir compris toute l'importance des changements qui allaient s'imposer à une agglomération humaine et animale aussi vaste que Paris ; c'est lui qui décida d'autorité la dérivation de l'Ourcq. Il donna ainsi à Paris un canal de navigation intérieure et plus de 100,000 mètres cubes d'eau par jour. Au commencement du second Empire, Paris, avec 1,100,000 habitants, eut à sa disposition les eaux d'Arcueil, les eaux de l'Ourcq et la Seine. Mais, depuis 1854, Paris a gagné 1,400,000 âmes. Les questions hygiéniques ont pris une importance jusqu'alors inconnue. De grands efforts ont été faits pour répondre aux besoins résultant d'un tel accroissement, sans que, toutefois, il ait été rien exécuté qui, tant pour l'eau que pour les égouts, soit en rapport avec l'étendue des nécessités. C'est qu'en réalité on a toujours compté sur la Seine, soit pour fournir l'eau, soit pour absorber les déjections, sans jamais reconnaître que si la Seine était déjà insuffisante lorsque Paris dépassait 1 million d'habitants, son insuffi-

(1) Voir article plus haut cité de M. Maxime du Camp. Sous Louis XIII Paris comptait déjà 4,421 toises d'égouts, dont 1,207 couverts ; 24,297 mètres en 1806 et 78,671 en 1847.

sance était devenue tout autre en présence de 3 millions d'habitants avec la banlieue. Les administrateurs de Paris, même M. Alphand et M. Belgrand, qui ont tant fait pour l'assainir, comme pour l'embellir, n'ont jamais pu doter Paris, comme Londres et Berlin, d'un plan de travaux, pour l'eau et les égouts, absolument nouveau, représentant une conception uniforme. Le passé et le présent ont toujours dominé; par suite, ils ont restreint l'avenir [1].

Le sous-sol de Paris a été soumis à une série de canalisations très nombreuses et très compliquées, pour l'eau d'abord, pour les égouts ensuite, sans arriver à des résultats réellement satisfaisants. On a d'abord installé une double canalisation : la première destinée aux eaux de la Seine et de l'Ourcq; la seconde aux eaux de source, telles que celle d'Arcueil, et à celles qu'on devait conduire à Paris. On y a conduit, en effet, les eaux de la Vanne (100,000 mètres cubes par jour), celles de la Dhuys (23,000 mètres cubes), celles de la source de Saint-Maur (5,000 mètres cubes); on y conduira bientôt celles de l'Avre et de la Vigne (80,000 mètres cubes). Ce sont là des résultats assez brillants quant à la qualité de l'eau. Sous ce rapport, Paris se trouvera dans de meilleures conditions que Londres et que Berlin; mais la quantité manque. Il faut encore emprunter 200,000 mètres cubes à la Seine et à l'Ourcq [2]. M. Haussmann avait conçu l'idée de faire sur la Loire, au dessus de Gien, une prise considérable. C'était un projet en rapport avec les besoins. La population de Paris est trop vaste pour que des eaux de

(1) En y comprenant la banlieue qui se confond, de plus en plus, avec Paris, on doit calculer qu'il est nécessaire de compter sur une consommation, publique et privée, de 500,000 mètres cubes par jour, quantité relativement inférieure à celle de Londres, à cause de l'immense étendue de cette dernière ville.

(2) Article ci-dessus de M. Fleury.

source puissent lui suffire. Il ne peut pas assécher tous les départements autour de lui. On a proposé dernièrement une prise d'eau dans le lac de Neuchâtel ou le lac Léman [1]. Ce dernier a l'avantage d'être en partie français. Une prise qui fournirait 24 mètres cubes par seconde procurerait 1,000 litres par habitant. L'altitude du lac étant à 371 mètres permettrait d'amener l'eau par un aqueduc de 539 kilomètres à peu près à la même cote que les eaux de l'Avre. Le coût s'élèverait à 500 millions.

Les plans sont moins grandioses pour ce qui est des égouts, mais les difficultés ne sont pas moindres [2].

Paris possède 620 kilomètres de canalisation d'égouts; dont : collecteurs généraux 31,226 mètres; secondaires 38,788 mètres; ordinaires type nouveau 401,571 mètres; type ancien 145,050 mètres; et sans type 3,080 mètres. La ville s'est développée à ce point que 420 kilomètres d'égouts nouveaux sont nécessaires; coût 44 millions. Ce système d'égouts ne doit servir qu'aux matières liquides, environ 266,000 mètres cubes par jour; les matières solides, pour la plus grande partie, sont enlevées à part et prises par l'agriculture. Où diriger cette masse d'eau plus ou moins dangereuse?

(1) *Génie civil*, 29 octobre 1892.

(2) Pour donner une idée de ces difficultés, il suffira de dire que chaque nuit 300 voitures transportent *1,200 mètres cubes* de matières aux citernes de la Villette, d'où de puissantes machines refoulent ces matières à 9 kilomètres, au dépotoir de Bondy.

Les boues et détritus ou gadoues donnent encore lieu aussi à certaines difficultés. Il faut maintenant les emporter au loin. Il faut des tarifs spéciaux avec les chemins de fer (article de M. G. Michel, 17 septembre 1892, *Économiste français*). Aussi a-t-on eu l'idée de les brûler, de les exploiter à titre de combustible. Les fientes de chameaux servent de combustible en Orient. M. G. Forbes a proposé d'utiliser cette combustion pour éclairer Édimbourg à la lumière électrique.

Sous ce rapport, Berlin a fait un essai grandiose sur 16,000 hectares avec un mécanisme puissant et un succès satisfaisant.

A Paris on a marché petitement. Par des expériences insuffisantes on avait pensé que 6,000 hectares suffiraient pour l'absorption des eaux d'égout de Paris. On admettait qu'un hectare consommait 100,000 mètres cubes d'eau par an sans refoulement, pourvu que le sol eût une épaisseur de 2 mètres. Il est bien difficile d'accepter ce résultat. On sait combien les irrigations contre le phylloxera fatiguent la terre et tendent à la rendre spongieuse, tourbeuse, et peu à peu moins pénétrable. D'ailleurs, la Ville de Paris, pour une production aujourd'hui plus grande, est loin d'avoir étendu l'épandage sur 6,000 hectares. Il est présumable qu'il lui en faudrait 20,000, pour faire face à 150 millions de mètres cubes par an. Les épandages sont-ils malsains ? A ce sujet, les renseignements fournis par les expérimentations faites à Berlin doivent être pris en grande considération. Quelques cas de choléra se sont produits en 1892 dans la partie du bassin de la Seine où ils ont lieu. En provenaient-ils ?

Or, bien qu'accepté en principe pour Paris, bien que converti en loi, malgré la persévérante opposition du département de Seine-et-Oise, qui enveloppe Paris de tous côtés [1], le système de tout à l'égout, pratiqué complètement à Berlin et à Londres, est loin de fonctionner à Paris.

M. Alphand rejetait la pratique de tout à l'égout et entendait purifier la Seine. C'est là le point essentiel, les fleuves ne pouvant, à moins de posséder une masse d'eau énorme avec un courant rapide, servir de déversoir. Leur fonction est tout autre. D'autre part, les eaux d'égout sont

(1) Ces questions ont été traitées à la Chambre des députés (*Officiel,* octobre 1892) et au Conseil municipal.

une richesse : elles renferment une quantité d'azote qu'on doit conserver et rendre à la terre ; mais dans ce but, il faut avoir recours à des canalisations puissantes, il faut des moyens énergiques.

Reste à utiliser les procédés et les progrès de la chimie. Seule la chimie paraît devoir fournir la solution [1]. On ne saurait admettre que les grands centres urbains, placés dans des conditions moins favorables que New-York, que Vienne, que Pétersbourg, que Constantinople, où la mer et de puissants fleuves suffisent à tout, soient condamnés à répandre autour d'eux une sorte de nappe infectieuse qui propage partout la fièvre et la solitude.

Tels sont quelques-uns des problèmes que soulève le grand mouvement urbain qui caractérise le xixe siècle. Berlin est, à tous égards, l'un des centres les plus curieux de ce mouvement. C'est celui qui a grandi le plus vite ; mais c'est aussi l'un de ceux où on a le moins manqué de sagacité, de prévoyance et d'énergie pour faire face aux nécessités qui en sont provenues. Ces nécessités sont plus impérieuses, plus difficiles à surmonter, avec l'accroissement des agglomérations et les progrès de la richesse. Les populations deviennent plus exigeantes en même temps que plus nombreuses. Elles se transforment même ; elles sont rendues plus délicates, moins aptes à supporter les conditions faites

---

(1) Sur l'épuration des eaux d'égout, consulter : 1° les travaux de M. de Freycinet ; 2° l'article déjà cité de M. Aubry Vitet, qui admettait la nécessité d'une étendue de 100 hectares par 10,000 habitants : d'où pour Berlin 17,000 hectares et pour Paris 25,000 ; 3° *Génie civil*, 26 novembre 1892, « Expériences de nitrification ».

Des expériences de filtrage sur des terrains siliceux ont été faites à Lawrence (Massachusetts) avec succès. *Mémoires de la Société d'encouragement*, novembre 1892. 40 ares ont suffi au filtrage de 200,000 litres par jour. Le filtrage livre une eau buvable, claire, sapide. Comparer *Génie civil*, 29 octobre 1892.

par leur propre entassement, en même temps qu'apparaissent d'autres conséquences peut-être plus redoutables, la limite à l'emploi constant, à la rémunération suffisante, à l'alimentation convenable, à l'assistance inévitable de tant de centaines de milliers d'êtres humains errant, sans abri assuré, de quartier en quartier, d'asile de jour en asile de nuit. On constate alors une sorte d'opposition saisissante entre cette organisation souterraine des grandes villes, dont le sous-sol, traversé de toutes parts par des canalisations multiples, présente l'image de la plus étonnante régularité géométrique, où tout fonctionne en silence au milieu d'un mouvement qui, de nuit comme de jour, ne s'arrête jamais, et la vie humaine elle-même à la surface, si agitée, si capricieuse, si diverse dans ses contrastes, parfois tumultueuse, parfois douloureuse, toujours incertaine, en proie à une sorte de combat perpétuel : *Vita militia est.*

Cette loi de la limite s'impose par suite aux plus puissantes agglomérations humaines. Babylone et Rome n'ont pas dépassé 2 millions d'habitants. Depuis dix ans Londres a perdu de 8 à 9 °/₀; Paris est à peu près stationnaire, ainsi que New-York avec Brooklyn; Chicago, moins considérable, s'accroît encore. Il en est de même de Berlin. Mais cet accroissement, qui est loin d'être favorable à Berlin, trouvera bientôt un obstacle presque insurmontable dans les difficultés physiques résultant de l'importance même de l'agglomération. On aurait été fort surpris, il y a moins d'un siècle, par l'avis que l'eau, l'utilisation des ordures, les égouts, pourraient restreindre l'accroissement des villes. On avait une confiance illimitée dans la puissance humaine. Cette puissance a beaucoup augmenté depuis un siècle, bien au delà de ce que l'on était à même de supposer : néanmoins il n'y a pas de doute que si, dans les plus grandes agglomérations, des jouissances nouvelles, nombreuses, variées, sont mises à la disposition de masses relativement énormes, ces masses rencontrent, sous des rapports vulgaires en apparence, fondamentaux par leur permanence, des obstacles qu'il leur est déjà, qu'il leur deviendra de plus en plus difficile de surmonter.

§ 7. — MESURES SANITAIRES

Les grands travaux pour l'approvisionnement de l'eau ou la canalisation des égouts, avec emploi des déjections, ne suffisent pas pour garantir la salubrité des immenses agglomérations humaines, ni pour préserver leurs milliers ou leurs millions d'habitants contre les épidémies ou les maladies contagieuses. L'administration des métropoles modernes doit porter plus loin la vigilance. A cet égard Berlin ne laisse rien à désirer. C'est même presque une cité modèle. Il marche en tête du progrès, devant en partie cet avantage à sa jeunesse relative. Toutes les traditions administratives sont modernes. C'est, comme déjà nous l'avons fait observer, un centre urbain récent, une ville toute jeune, malgré son énorme accroissement.

L'aspect de la ville est propre. Tout est bien tenu, régulier, paré, comme un régiment prussien. Près de 50 kilomètres de rues sont pavées en asphalte, d'un entretien facile sous le rapport de la propreté. La ville est partagée en trente-deux sections, subdivisées chacune en districts. Un inspecteur surveille chaque section et un contrôleur chaque district. Tous les résidus des rues sont emportés par des entrepreneurs spéciaux. Dans chaque section, un certain nombre de cantonniers fixes assurent le balayage, la distribution de l'eau, le nettoyage des conduits, le lavage de l'entrée des maisons et des trottoirs. M. Pollard, comparant, à cet égard, Berlin et Hambourg, attribue à la prévoyance et à la sévérité des agents du Magistrat l'immunité qui a préservé Berlin du choléra, en 1892. Il insiste sur les heureux changements accomplis, dans Berlin, depuis vingt ans, sous ce rapport [1].

Même vigilance pour la tenue intérieure des maisons, pour la surveillance des abattoirs, pour l'inspection des animaux qui y sont conduits, pour les viandes, pour les halles et marchés. L'esprit régulier, méthodique, prussien, triomphe dans ces détails.

§ 8. — PAUPÉRISME ET ASSISTANCE

Il en est, au fond, de même en ce qui concerne l'assistance sous ses diverses formes. Cela tient à un fait général qui caractérise la race germanique, fait qui s'affirme particulièrement dans les États protestants. C'est l'obligation de l'assistance imposée à toutes les villes et à toutes les communes par la tradition ou par les lois de l'État. Les grandes lois d'assistance (accidents, maladie, vieillesse et incapacité de travail), dues à l'initiative de M. de Bismarck, émanent du même principe : l'obligation. Elles ont été acceptées par les Allemands, parce que, de tout temps, quoique sous des formes diverses, l'assistance était, de même qu'en Angleterre, obligatoire [2]. Le même fait ne s'est

(1) *Study on Municipal Government,* chapitres III et IV.

(2) Comparer le chapitre XII : « Les Assurances ouvrières contre la maladie et contre les accidents » *(le Peuple allemand,* par Charles Grad, 1888). L'ouvrage de M. Ch. Grad, Alsacien, resté Français de cœur, est peut-être le plus propre à faire connaître l'Allemagne à la France ; c'est le tome II du livre de Mme de Staël. M. Ch. Grad a développé les conséquences favorables des grandes lois d'assurances allemandes devant la Société d'Économie sociale en 1889.

On reviendra sur ce sujet de premier ordre au chapitre VI : « Les Associations coopératives en Allemagne. »

pas produit chez les peuples d'origine latine et de culte catholique, pour deux causes : d'abord la misère, à raison du climat et de la fertilité du sol, y revêt un caractère moins rigoureux, moins intense que dans le nord de l'Europe; puis les traditions ne sont pas les mêmes; chez les peuples catholiques, l'Église a longtemps suffi à la distribution de l'assistance. Elle est fort loin d'y avoir renoncé; partout son concours est des plus précieux pour les populations, indispensable aux administrations civiles. Il importe d'ajouter que le paupérisme n'est pas un fait ancien à Berlin, tandis qu'il remonte à bien des siècles à Paris et même à Londres, et s'il est beaucoup plus considérable à Paris qu'à Londres (1), c'est qu'il date de plus loin. La pauvreté s'accumule dans les grands centres, même dans tous les centres humains, comme tous autres détritus de l'humanité. Elle y devient endémique comme certaines maladies, certains fléaux.

Jusqu'en 1820, c'était une commission royale, remontant au grand électeur (Kurfürstliche Kommission wegen des Armenwesen), qui présidait à l'assistance (2). Elle fut remise en 1820 à la corporation municipale et tout à fait organisée en 1853 die (Städtische Armenpflege). La ville tout entière est partagée en 326 districts séparés. Dans chacun se trouve une commission de 4 à 12 membres, selon l'étendue du district, présidée par le membre du conseil municipal

(1) Dans le périmètre métropolitain (4,211,050 habitants) on comptait à Londres, fin décembre 1892, 96,971 pauvres assistés, dont 36,990 *outdoor* et 59,981 *indoor*. En 1891, dans le département de la Seine, sur 3,100,000 habitants, 233,771 ont été secourus, sans compter 10,000 mendiants.

(2) *Study on Municipal Government*, ch. vi. Comparer *Économiste français* du 16 avril 1887, un travail de M. Raffalowich sur l'assistance dans les soixante-dix principales villes de l'Allemagne.

du district. Cette commission visite elle-même les pauvres et les malades; elle remplit la fonction de la Société de Saint-Vincent de Paul en France. C'est une tout autre organisation que celle de nos bureaux de bienfaisance dont les membres ne peuvent guère faire de visites, qui restent confiées à des agents trop infimes et trop peu dévoués. Ces commissions sont chargées de l'assistance à domicile. En 1891, 32,790 personnes ont été ainsi assistées dont 8,024 enfants, 5,156 orphelins dans des établissements spéciaux et 19,610 adultes, dont plus de la moitié avaient dépassé soixante-cinq ans.

L'administration municipale a fait, en outre, construire plusieurs asiles de nuit. Ils ont reçu, en 1888, 128,877 personnes dont 16,650 femmes. En France, ces asiles appartiennent encore à la charité privée. A Paris, les quatre asiles de l'Œuvre de l'Hospitalité de nuit ont reçu, en 1891, 102,345 personnes seulement.

A côté de l'assistance à domicile, se place l'assistance dans les hôpitaux et les hospices. Cette assistance n'est pas gratuite comme la première; elle constitue plutôt un service municipal qui est, en partie, rétribué par la population. Il est fait face aux dépenses des hospices et des hôpitaux par la ville et par les hospitalisés. Le prix de cette hospitalisation est rarement au dessous de deux francs par jour, souvent plus élevé. La ville entretient encore des établissements pour les nourrices, les orphelins, les incurables, les prisonniers libérés, les sourds-muets, les aveugles, les aliénés, certaines maladies spéciales; les hôpitaux spéciaux sont très en vogue en Allemagne. En 1889, la ville a dépensé 9,176,620 marks pour sa part dans l'assistance officielle [1].

(1) Tous ces détails sont empruntés au *Statistisches Jahrbuch* 1890, Berlin.

L'assistance privée vient, en effet, seconder ses efforts. Elle ne compte pas, à Berlin, moins de 40 associations (Vereine) charitables avec 48 établissements particuliers; mais ils sont rarement gratuits. On évalue à plus de 6 millions de francs le montant annuel des souscriptions qui entretiennent ces établissements qui s'adressent à toutes les branches du paupérisme. Il a même été fondé à Berlin une union ou association générale contre le paupérisme (Verein gegen Verarmung), au capital important de 17,500,000 francs. Cette association consent des avances, prête certaines machines, facilite le paiement des loyers. L'assistance est ainsi pratiquée à un point de vue plus général.

On a évalué, pour 1889, le nombre des individus assistés à domicile dans Berlin à 54,090 personnes au lieu de 43,800 en 1881. Ces chiffres, bien qu'indiquant un accroissement de la misère, sont très inférieurs à ceux de Paris — à peine le quart — et à ceux de Londres — à peu près moitié [1]. Mais s'il y a plus de pauvreté et plus de pauvres à Paris qu'à Berlin, il règne par contre dans la grande majorité de la population parisienne une aisance inconnue à Berlin et, généralement, en Allemagne. Sous ce rapport, la différence est très sensible [2].

[1] M. Wyzewa (*Revue des Deux Mondes*, mai 1891) donne le chiffre de 141,200 pauvres en 1881 contre 38,400 en 1873. Ces chiffres paraissent trop élevés.

[2] L'assistance publique en France ne donne pas une exacte idée de la véritable assistance, parce que, dans les États catholiques, en France notamment, l'assistance est privée, surtout religieuse. Celui qui ne tiendrait pas compte de cette forme de l'assistance méconnaîtrait la charité française. Ainsi, en 1891, dans le département de la Seine, les bureaux de bienfaisance n'ont réparti que 8 millions 826,000 francs; les hospices et les hôpitaux ont dépensé 39 millions 317,000 francs; mais les 8 millions 826,000 francs des bureaux de bienfaisance ne représentent pas les dépenses de la Société de Saint-

§ 9. — LES ASSOCIATIONS CHARITABLES A BERLIN

L'association est la grande force, le moyen suprême avec lequel la race germanique lutte contre les conditions inférieures du territoire qu'elle occupe en Europe. L'Allemagne ne jouira jamais des mêmes avantages que la France, l'Angleterre ou les États-Unis. Les systèmes socialistes n'y changeront rien. Au contraire, c'est dans la tendance particulière des Allemands pour l'association que se trouve le principe de l'influence que ces systèmes exercent sur eux. Nulle part les associations allemandes ne sont plus nombreuses, plus importantes, plus riches qu'à Berlin, spécialement en ce qui concerne l'assistance, l'hospitalisation, l'épargne, la vie commune, les plaisirs, la religion, les arts, tout ce qui adoucit et élève la condition individuelle. Si le paupérisme est relativement restreint à Berlin, les associations ouvrières y contribuent ; de même, elles contribuent à l'éducation des enfants, aux soins nécessaires aux femmes en couches, à la retraite des vieillards, aux secours en cas de chômage ou d'accidents pour les adultes. La vie des populations urbaines de l'Allemagne est comme métamorphosée par l'association [1].

Vincent de Paul, ni celles des paroisses, ni celles des communautés charitables, de même que les *hospices des Petites Sœurs des Pauvres* ne sont pas comptés dans les hospices et hôpitaux officiels, non plus qu'un grand nombre d'asiles, fourneaux, refuges, hospices, ouvroirs, crèches particulières. La charité en France est, avant tout, religieuse et catholique. C'est ce que méconnaissent les sectes, législateurs et libres penseurs, qui oublient les pauvres. Or, les pauvres sont de tous les temps, de toutes les races, de tous les climats et de toutes les religions. Çakya-Mouni, l'Évangile et Mahomet sont, à cet égard, d'accord.

(1) M. Ch. Grad a mis ce grand fait en évidence au chapitre des « Assurances ouvrières » de son livre *le Peuple allemand.* Voir

On peut diviser les associations populaires de Berlin en quatre catégories :

Première catégorie. — Elle comprend les Sociétés régies par la loi générale de l'Empire allemand du 15 juin 1883. Ces Sociétés ou *Kassen* étaient, en 1888, au nombre de 151 pour Berlin avec 319,270 membres dont 67,505 femmes. Leurs recettes s'étaient élevées à 7,060,912 marks ; les dépenses à 6,797,013 marks pour 87,843 malades dont 17,220 femmes. Doivent être rattachées à la même catégorie les Sociétés ou caisses pour les accidents ou maladies résultant du travail (Gewerkskranken), au nombre de 64 avec 222,254 associés et 163,329 cas de maladie et 655,951 marks de frais, et les corporations spéciales qui comptaient 30,060 membres en 1888, avec un avoir de 1,516,880 marks. Dépenses d'assistance pour 1888, 175,921 marks.

Seconde catégorie. — Les Sociétés déclarées ou reconnues d'assistance (Eingeschriebene Hulfskassen). Elles avaient 32,064 associés en 1888 ; fonds de réserve, 566,491 marks ; recettes de l'année, 321,666 marks ; dépenses, 444,900 marks.

Troisième catégorie (Freie Hulfskassen), sous laquelle se rallient plusieurs espèces de Sociétés. — 1° Les 4 plus petites associations d'assistance dites *Landesruthlig* avec 1,078 membres ; 2° 16 autres associations s'étendant à tout le Brandebourg avec près de 18,000 membres ; 3° 7 asso-

pages 231-237 l'énumération des corporations ouvrières qui ont rendu applicables les lois des 15 juin 1883, 6 juillet 1884 et juillet 1887. Voir aussi page 240 et suivantes l'influence des associations ouvrières (Gewerkvereine) sur ces lois et sur la mutualité en Allemagne. Ces associations possèdent des caisses de secours ; elles sont réunies dans une union collective (Verband). M. Ch. Grad compte 953 de ces associations comprenant 18 professions.

Les associations de Berlin en font partie et donnent une idée exacte de toutes celles qui couvrent l'Allemagne, comme dit M. Ch. Grad, du Rhin à Memel.

5..

ciations siégeant à Berlin, mais opérant aussi en dehors de la ville, 4,500 membres; 4° associations spéciales à Berlin, au nombre de 76. Plusieurs ont une grande importance : construction de machines, 144,802 membres; une autre, de même industrie, 15,895; fonds de réserve de la première, 212,326 marks; de la seconde, 340,345 marks. Elles réunissent, dans leur ensemble, plus de 240,000 membres avec un fonds de réserve supérieur à 3 millions de marks; 5° les Sociétés fondées par les ouvriers imprimeurs : 17 associations comprenant 3,800 membres; fonds de réserve, 11,000 marks; recettes annuelles, 15,000 marks; 6° 21 Sociétés d'assurances ouvrières contre les accidents, y compris les apprentis. Elles répartissent leurs opérations d'après le salaire quotidien : ouvriers à 4 marks par jour, ouvriers à moins de 4 marks; 7° autres Sociétés diverses d'assistance générale (vieillesse, maladie, décès).

Quatrième catégorie. — Il y a lieu de ranger dans cette catégorie : 1° les associations coopératives, type Schulze-Delitsch, qui comprenaient à Berlin, en 1888, 61 banques populaires, 2 magasins de matières premières, 7 Sociétés de production, 6 de construction, 6 de consommation, 6 diverses, sur lesquelles 18 avaient remis leur compte au bureau central des associations Schulze-Delitsch. La plus considérable des banques populaires de Berlin avait, en 1888, 932 associés avec un actif libre de 968,066 marks et une réserve de 171,807 marks. Le total des escomptes s'était élevé à 13,618,511 marks. La Société de consommation l'Abeille comprenait 2,379 associés. Ses achats représentaient 385,814 marks. La Société de construction Berliner Baugenossenschaft renfermait 350 petits entrepreneurs; 2° diverses autres Sociétés d'avance (Vorschuss), d'épargne (Spar), et de consommation, en particulier Deutscher Beamten Verein (Société de fonctionnaires), 3,487 membres;

Berliner Beamten Vereinigung (fonctionnaires de Berlin),
1,141 membres; Société des fonctionnaires de la poste
et des télégraphes, 6,117 membres; Société des Moabites,
866 membres; Deutscher Offizier Verein, 30,472 membres,
achats 3,506,259 marks; 3° 6 autres associations spéciales
pour le placement et la défense judiciaire des ouvriers.
L'une de ces Sociétés n'a pas moins de 22,508 membres.
En 1888, elle a placé 2,796 personnes [1].

Cinquième catégorie. — Berlin est le siège de la Grund
Besitzer Vereine Deutschland, association de propriétaires
fonciers, réunissant 70 Sociétés de toutes sortes avec
25,000 membres. Sur ces 70 Sociétés, 11 appartiennent à
Berlin avec 6,000 membres.

Ces associations ne servent pas seulement à améliorer la
situation des classes populaires et à accélérer la formation
des classes moyennes, encore mal assises en Allemagne,
elles sont l'obstacle principal que rencontrent les idées
socialistes et les partis révolutionnaires. Elles constituent à
la fois une force de résistance et de progrès. Elles ont en
mains l'avenir de la civilisation en Allemagne. Elles restent
un modèle, un desideratum pour certains peuples, comme
la France, où le principe personnel, individualiste, a accaparé le développement national en l'affaiblissant.

§ 10. — LE SOCIALISME A BERLIN

Berlin est aujourd'hui le centre, le foyer, la capitale
du socialisme allemand; mais le socialisme allemand n'est
ni de race, ni de nature, ni de caractère prussien. Le sol
du Brandebourg ne l'a pas produit comme une plante
sui generis, et à Berlin même c'est une fleur exotique.

(1) Berlin. *Statistisches Jahrbuch* 1890, p. 248.

Pas plus en Allemagne qu'en France, le socialisme n'est particulier au xixᵉ siècle. Il s'est développé, surtout depuis 1848, grâce à des circonstances politiques et économiques favorables, mais il remonte plus haut. Il remonte, en Allemagne, à l'immense mouvement de la Réforme contre la civilisation chrétienne et latine. Il a poussé, sur les bords du Rhin, avec les anabaptistes, des racines vigoureuses que la guerre de Trente ans n'a pas tout à fait détruites [1]. Or, Karl Marx est de Trèves, plus Français qu'Allemand; Lassalle, né à Breslau, a été élevé à Leipzig [2]. Ni l'un ni l'autre n'étaient de vrais Prussiens, comme, par exemple, les deux Humboldt. Au xviiiᵉ siècle, Charles Grad le marque fort bien dans son histoire du mouvement socialiste [3], les idées communistes, pas mal en vogue en France, se propagèrent en Allemagne. Dans les premières années du xixᵉ siècle, Fichte y préparait les esprits en général, sans application à telle ou telle classe sociale. Le mouvement de 1848 imprima un nouvel élan à ces idées sans qu'elles eussent encore Berlin pour foyer d'action. Il s'y mêlait au surplus d'autres influences : l'unification de l'Allemagne, la haine contre la France. Le départ entre les unes et les autres n'était pas fait. Ce départ ne se produisit qu'après

---

(1) M. Victor Tissot (*Voyage au pays des milliards*), à la suite de sa visite à l'atelier de tourneur de Bebel, ne peut s'empêcher de comparer les axiomes de Bebel avec ceux des anabaptistes : plus de propriété, plus d'héritages, plus de fabriques, plus de caisses d'épargne, plus de sociétés coopératives et même plus d'États (p. 144).

(2) L'auteur anonyme de *l'Allemagne actuelle* (Plon 1887) rapporte une anecdote sur Karl Marx très significative : « Je suis juif, dit Karl Marx, je n'ai pas de patrie. Depuis Titus nous n'en avons pas, nous sommes toujours le peuple errant. » (P. 210.

(3) *Le Peuple allemand*, ch. x.

la guerre de 1870 [1], lorsque le rêve de l'empire allemand eut été réalisé et la France humiliée. Alors se levèrent, de toutes parts, les bataillons de travailleurs de tout genre, qui se précipitèrent sur Berlin. Ils altérèrent les éléments de la population, ils en modifièrent la condition, sans y trouver une situation meilleure. Néanmoins, le Congrès, qui a formulé en 1875 les revendications socialistes, ne se tint pas à Berlin, mais à Gotha. En 1871, les socialistes n'obtenaient aux élections, à Berlin, que 2,000 voix, 11,000 en 1874, 32,000 en 1877, 68,000 en 1884 et 200,000 en 1890. Chaque flot d'immigrants [2] apportait un contingent nouveau. Le socialisme est donc très certainement une plante d'importation germanique à Berlin; mais Berlin est moins allemand que Paris n'est français, aussi les principales assises socialistes n'ont pas encore été tenues à Berlin. Le Congrès socialiste de 1892 n'y a pas eu autant d'importance que celui de Halle en 1890 et celui d'Erfurt en 1891 [3].

Le courant socialiste qui caractérise la fin du xixe siècle repose sur deux éléments fort distincts, surtout en Allemagne. D'abord la poursuite, plutôt idéale que positive, d'une humanité différente de celle qui existe, d'une autre organisation économique de la société; puis, l'attribution aux classes laborieuses, particulièrement aux ouvriers des

(1) Bourdeau : *le Socialisme allemand*, Alcan, 1892, ch. Ier, §§ 1-2-3. M. Bourdeau attribue, avec raison, une part à Kant. Kant est le promoteur du mouvement contemporain intellectuel et social en Allemagne. Noter son éloignement radical de toute religion.

(2) En 1885, sur 1,315,000 habitants, 800,000 n'étaient pas nés à Berlin.

(3) Bourdeau, ch. III, §§ 1-2-3. M. Melon : *l'Allemagne chez elle et au dehors*, 1888, signale Zurich comme la principale officine de publicité du socialisme allemand (p. 129).

5...

diverses industries, d'une part plus grande dans les bénéfices annuels du travail. Sans doute, d'autres éléments viennent apporter un certain concours aux deux éléments principaux, tels que la garantie d'un avenir pour les ouvriers, des facilités plus grandes pour leur logement, l'éducation de leurs enfants, la garde des femmes et des vieillards, toutes choses qui peuvent se résumer dans une altération fondamentale de la famille; et, tout en haut de l'échelle socialiste, des rêves d'imagination ou des plans révolutionnaires, la mise en commun des capitaux, des instruments de travail, des propriétés foncières. Toutefois, ces derniers éléments socialistes, si développés dans les livres, dans les journaux, dans les congrès, les clubs, sont bien loin d'être entrés dans le véritable courant socialiste. Rapportant les résultats d'une enquête des plus intéressantes faite dans les villes de fabriques par M. le pasteur Gœhre [1], M. Bourdeau constate que les ouvriers allemands ne professent aucune envie pour la propriété collective et que leur idéal est toujours la propriété privée. Les divers peuples civilisés sont entrés dans la voie d'assister les classes laborieuses quant aux changements que les conditions nouvelles du travail ont apportés dans la famille. A cet égard, l'Allemagne a pris une initiative qui lui fait honneur et elle a obtenu des résultats que M. Ch. Grad a constatés [2]. Par suite, les Sociétés n'ont réellement à se préoccuper que des deux premiers éléments du courant socialiste. Celui qui fait surtout la part à l'idéal est très important en Allemagne, quoique très secondaire chez la plupart des autres nations plus ou moins attaquées par ce courant; spécialement il est

[1] Bourdeau, ch. IV : « Trois mois chez les ouvriers de fabrique », §§ 1-2-3-4.

[2] Voir surtout la conférence de M. Ch. Grad à la Société d'Économie sociale.

tout à fait secondaire en France et en Angleterre. Il en est de même à Berlin, parce que le fonds de la population est moins germanique que slave, wende, finnois [1]. Aussi, depuis que Berlin est devenu, par la force des choses, le foyer du socialisme allemand, le second élément principal a pris le plus d'influence, les rêves socialistes ont été remplacés par les grèves, par les projets politiques, par les plans révolutionnaires. Karl Marx, qui n'a cessé de répéter que le socialisme ne s'imposerait que par la force, a complètement substitué son influence à celle de Lassalle, de Rodbertus, d'Engels, précisément parce que ses deux idées fondamentales, l'injustice de la répartition des bénéfices sociaux et la nécessité d'un coup de force pour y mettre fin, correspondent à l'état actuel d'esprit des ouvriers en Allemagne et à Berlin.

Quelles sont les chances possibles d'un coup de force, tel que 1830 ou 1848 en France, à Berlin et en Allemagne ? Voilà à quoi se ramène et se réduit, au moins pour les générations contemporaines, toute probabilité d'une expérimentation socialiste quelconque. La discuter seulement ne serait pas sérieux de la part d'un voyageur ayant parcouru l'Allemagne. Même en 1848, même en 1830, même en 1789, l'armée française, commandée, eût maintenu sans difficulté l'ordre établi. Or il n'y a aucune comparaison à chercher entre le plus formidable instrument militaire que le génie de la guerre ait jamais organisé et la vieille armée française de nos grands-pères et de nos pères, et surtout aucun rapport à essayer entre la machine gouvernée par Louis XVI, la charte de 1814 et celle de 1830, d'une part, et le gouvernement prussien, d'autre part. Il faut abandonner ces comparaisons aux élèves de rhétorique. Dans cette armée

(1) Loin de se laisser absorber par l'Allemagne, c'est la Prusse qui s'en est emparée et la domine. (Melon, ibid., p. 135.)

domine l'élément prussien pur, avec le corps d'officiers qui rappelle le mieux les centurions qui ont fait la grandeur de Rome. Parlez-moi de la conquête de l'Europe, grâce à ce mécanisme redoutable, je vous comprendrai [1]. Il faudrait être plus qu'extravagant pour s'imaginer que l'armée qui entend tenir tête, seule, aux armées de la Russie et de la France, reculerait d'une semelle, devant MM. Bebel, Liebknecht, Werner, Bruno Ville et de Vollmar, héritiers, plus ou moins ennemis les uns des autres, de Karl Marx et de Lassalle. Entrez à Berlin dans une des casernes de la garde, comme j'ai pu le faire dans le haut de Friedrichstrasse; étudiez sur place cette organisation aussi simple que puissante; observez la bonne mine, la propreté, la joyeuseté, l'air martial des soldats : vous comprendrez tout de suite pourquoi Liebknecht, dans le récent Congrès de Marseille, aurait rougi de honte de crier : *A bas la patrie!* à de tels hommes [2]. Ces honteux spectacles sont réservés à la France où le gouvernement a commandé aux officiers de se laisser insulter par les mineurs de Carmaux. A Berlin, les officiers les auraient réprimés en costume d'écurie. Mais en Allemagne le respect de l'armée est profond; c'est le respect de la patrie [3].

(1) « L'essentiel, c'est d'arriver. » Tel est le mot d'ordre que la Prusse a donné et qui retentit aujourd'hui dans toute l'Allemagne fortement disciplinée et vigoureusement conduite. (Melon, ibid., p. 104.)

(2) La formule « *A bas la patrie* » a fait reculer Liebknecht au Congrès de Marseille (octobre 1892); elle est pleinement acceptée par les socialistes et anarchistes français (réunion publique du Vauxhall, 7 janvier 1893) à Paris. La police a expulsé les assistants, mais elle avait laissé faire à Marseille.

(3) « Des hommes qui s'appellent légion travaillent souterrainement à saper l'idée même de la patrie. » (Ibid., p. 129.) M. Melon ne serait plus autorisé aujourd'hui à dire cela des socialistes de Berlin.

Le gouvernement prussien, au surplus, ne s'appuie pas seulement sur l'armée. Derrière lui sont rangées en masses profondes toutes les classes conservatrices de la Prusse et même de l'Allemagne ; mais celles de la Prusse sont plus homogènes et plus résistantes. Ces classes ne sont pas divisées, comme en France, par les traditions, les idées, les intérêts d'au moins cinq révolutions. Elles sont encore fidèles à l'idéal et à la réalité de la monarchie. Les épreuves de tout genre subies par la France, sous le régime républicain, les persécutions religieuses, la propagation des théories matérialistes, la corruption des partis et de leurs chefs, le défaut de garanties pour la propriété et *les autorités sociales*, la cohue des ministres et les incertitudes dans la direction du gouvernement, n'ont pas ébranlé leur foi, d'autant plus qu'elles possèdent, sous la monarchie, plus de libertés que la France sous la république.

Ainsi s'explique, malgré quelques lois spéciales, qui toutes n'ont pas été maintenues, que les socialistes allemands aient pu conserver une indépendance plus réelle qu'en France. Sous ce rapport, les gouvernements allemands ont mieux su ou mieux pu pratiquer le laissez faire. Le travailleur allemand vit moins chez lui que le travailleur français. La famille française est demeurée plus intacte, plus forte que la famille germanique. Cela tient à l'immense supériorité de la femme française sur la femme allemande, au vieux et admirable fonds de civilisation de la France où la femme a atteint, surtout dans les classes de nos paysans et de nos ouvriers de la petite industrie, à la plus haute valeur morale. Chaque soir, il faut à Berlin, comme par toute l'Allemagne, que l'homme du peuple sorte pour boire ; souvent sa femme l'accompagne, quelquefois les enfants. Tous se réunissent au Bierlokal, au Rauchklub, au Skatklub, au Turnverein, au Fachverein, au Gauverein, dans les divers Laden et Kneipen [1]. On trouve à boire de la bière, à fumer, et à lire partout des journaux socialistes. Mais en général, l'Allemand se contente de boire et de fumer. Il en est ainsi, au surplus, par toute l'Allemagne et pour toutes les classes. Chaque soir, plus de douze cents buveurs se réunissent à Munich [2], à la brasserie royale, fondée au xvi⁰ siècle, pour boire et fumer en silence [3].

Le peuple fait de même : il boit, fume et socialise en même temps. Il socialise même dans les Bierlokal tenus dans les caves. La cave ne répugne nullement à l'Allemand, puisque, à Berlin, 23,289 caves, dont 9,755 non chauffées, étaient habitées en 1887 par 101,000 Allemands. A part des très nombreux établissements où l'Allemand consomme la bière, fume, lit les journaux et socialise, se trouvent les Destillations où il vient absorber un verre de schnaps, avec un morceau de pain au jambon ; sa femme en fait autant.

(1) Luc Gersal : *L'Athènes de la Sprée*, ch. vii.

« Le samedi, jour de paie, les *destillations* ne désemplissent pas » jusqu'à la nuit... Parfois leurs femmes viennent rejoindre ces » malheureux. Il est rare qu'elles acceptent de boire avec eux : » la femme ivrogne n'existe guère à Berlin. Mais elles se tiennent » debout près de la porte, immobiles et muettes à leur ordinaire, » avec une expression spéciale d'épouvante au fond de leurs yeux » sans couleur. Et rien n'est triste comme de voir, dans une infecte » cave enfumée, ces couples silencieux ; la femme proprement » habillée de cotonnade claire, le mari en redingote, toujours » plus pareil à un bohème déclassé qu'à un ouvrier. » (Article de M. Wyzewa.)

(2) « Les grandes brasseries de Stuttgard et de Munich. » Narjoux : *l'Allemagne actuelle*, p. 88 et 119 ; 1884.

(3) Souvenir d'une soirée passée à cette brasserie en octobre 1886. Moyennant 3 groschen on me remit un pot d'étain contenant au moins quatre bocks parisiens ; je l'avalai avec peine pendant une soirée de trois heures, fort cordiale d'ailleurs. Mes voisins prirent chacun au moins quatre pots.

Mais on ne socialise pas dans les Destillations; on déguste ou on avale en silence.

C'est au Bierlokal qu'on socialise. Le *Vorwaerts*, principal journal socialiste, publie exactement les noms des brasseries recommandées. On ne débite, dans la salle, que les feuilles socialistes, surtout le *Vorwaerts (En Avant)*; il est quotidien, de quatre pages grand format, avec un supplément littéraire le dimanche. C'est le grand instrument manié par M. Liebknecht. La *Tribune du Peuple (Berliner Volkstribune)*, et la *Bibliothèque des Ouvriers (Arbeiterbibliothek*, secondent le *Vorwaerts*; ils représentent même une autre étape dans le mouvement socialiste. En outre des journaux, les socialistes ont établi six écoles. (Arbeiterschule), rétribution mensuelle 50 pfennige, qui donnent le haut enseignement primaire dans lequel entre l'Économie politique. Après l'école, viennent les Sociétés de lecture et de discussion, les clubs d'éducation (Lese- und Discutirklubs, Bildungsvereine). Ces divers établissements sont principalement fréquentés le samedi et le dimanche [1].

Les ouvriers sont ainsi préparés à se rencontrer dans les comités (Parteivorstand) et les syndicats (Gewerkvereine), où s'organisent les grèves, les mutualités (Fachvereine), les candidatures et les agissements politiques.

En outre, il est rare que chaque dimanche, il ne se tienne pas dans une vaste salle une réunion religio-socialiste

[1] Luc Gersal, ch. vii.
« L'ouvrier berlinois se montre tout à son avantage dans les
» réunions publiques, où sa redingote, ses longs cheveux et sa
» grande barbe lui donnent une apparence typique d'apôtre ou de
» sectaire. Il y garde une tenue sérieuse et digne, sait écouter
» et, quand vient son tour de prendre la parole, s'exprime très
» souvent avec ordre et clarté, sans emphase ni déclamations
» oiseuses, avec une aisance et une précision peu ordinaires. » —
(M. Wyzewa, ibid.)

où les femmes et les enfants accourent en masse, pour
chanter des hymnes, pour entendre une homélie socialiste.
C'est une sorte de service dominical, parfaitement en
harmonie avec le culte protestant. Nouveaux cantiques
après l'homélie. Ces homélies portent sur des sujets variés :
l'humanité, la société de l'avenir, la religion libre, la morale
ou éthique, le prolétariat général, le capital, l'expropriation
de la propriété, la musique, l'art, la civilisation. Beaucoup
d'Allemands se complaisent dans ces abstractions. Les
formes diverses, sous lesquelles le christianisme les présente
à d'autres peuples, ne sont pas parvenues jusqu'à eux. Ces
formes n'ont guère franchi le Rhin. Malgré les chemises
dont il gratifiait les Saxons, Charlemagne n'a pu infuser à
tous les dogmes chrétiens. Beaucoup s'en passent et probablement ne les accepteront jamais. Point d'animosité, point
d'antipathie antichrétienne, le christianisme est inconnu. Il
en est ainsi à Londres, bien moins à Paris. Aussi existe-t-il
à Berlin, comme à Londres, des missions spéciales pour
propager le christianisme. A Paris ces missions n'ont pas
le même caractère. Par suite le socialisme revêt en Allemagne et à Berlin un véritable caractère religieux.

Est-il en voie de faire de nouveaux progrès ? Au contraire,
il semble déjà frappé de caducité. Ne pouvant rien espérer
d'un coup de force, il doit vivre de sa substance. De là
des divisions telles que certains socialistes, entre autres
M. de Vollmar, évoluent vers le christianisme. Cette évolution
est un symptôme grave [1].

(1) La séparation du parti socialiste en groupes multiples est un
fait accompli aussi bien en Allemagne qu'en France. En France,
les fractions sont si nombreuses, qu'il est difficile de les saisir
toutes. En Allemagne il existe, au moins, trois groupes qui se
subdivisent eux-mêmes. Consulter de Wyzewa : *le Mouvement
socialiste en Europe*. Bien entendu, les socialistes *à coup de force*
ne font qu'un seul parti.

La période idéaliste du socialisme étant close, il est tout
naturel qu'il se détraque partout où il rencontre devant lui
des forces supérieures qui ne lui permettent pas d'ouvrir la
période révolutionnaire. En Allemagne, la période révolutionnaire n'est pas ouverte. Elle est ouverte en France,
parce que le socialisme y a affaire à moins de résistance;
mais le socialisme est menacé en Allemagne par un autre
courant, antipathique à la race germanique, et, de tout
temps, caractéristique de la race celtique, l'anarchie.

§ 11. — LA SOCIÉTÉ DE BERLIN ET L'ÉTAT SOCIAL

Berlin présente des différences, tout à fait particulières,
avec les principales capitales de l'Europe, Londres, Paris,
Rome, Saint-Pétersbourg, Constantinople, même avec
Vienne, au point de vue de la société et de l'état social.
« Berlin, dit M. Wyzewa, n'est pas une ville : c'est une
» façon de foire permanente où l'on vient pour gagner
» ou dépenser de l'argent. Les juifs y accourent en cara-
» vanes [1]. » Comparer Berlin, avec ses 1,700,000 âmes, à
une foire permanente, ne peut être qu'une boutade. Loin de
là : rien ne donne moins l'idée d'une foire que Berlin, la
ville où tout est réglé, préparé, surveillé, conduit avec un ordre
inflexible. Toutefois l'affirmation de M. Wyzewa cache un
fonds de vérité. A raison de sa si rapide croissance, Berlin
est une ville toute récente, c'est la plus jeune des capitales
européennes [2]. De là les conséquences diverses qui se
répercutent dans la société et l'état social. On en acquiert

---

(1) *Revue des Deux Mondes,* mars 1891. L'auteur de *l'Allemagne
actuelle* insiste beaucoup sur l'influence des juifs à Berlin (p. 261).

(2) Le *Temps* a mis ces conséquences en relief dans un article
du 27 janvier 1893.

tout de suite la preuve en parcourant les remarquables *Lettres sociales sur Berlin* de M. Otto von Leixner [1]. Londres pendant la saison, Paris, Saint-Pétersbourg, Vienne, sont des foyers où convergent les parties principales des sociétés anglaise, française, russe, autrichienne. Il n'en est pas de même à Berlin. Non seulement, l'Allemagne est décentralisée au point de vue politique, mais elle l'est bien davantage au point de vue social. A Londres, à Vienne, à Saint-Pétersbourg, la plupart des grandes familles se rencontrent et séjournent tous les ans. Le fait est encore plus saillant à Paris. Il remonte à Louis XIV et à la cour si célèbre et si funeste de Versailles. Il est favorisé par la centralisation excessive de tous les services de l'État. En dehors du gouvernement, en dehors du commerce, très considérable à Paris, Paris est le premier centre industriel du globe. Il existe à Paris une société extrêmement variée, complexe, correspondant à toutes les traditions d'une nation qui subsiste depuis plus de dix siècles, présentant toutes les couleurs du prisme le plus riche.

Il y a à Paris des églises qui datent du vii⁰ siècle, des quartiers du xii⁰, d'autres du xiv⁰ et du xv⁰; le quartier du Louvre rappelle saint Louis, Philippe le Bel, François I⁰ʳ et Henri IV; le quartier du Marais, Charles V et Louis XIII; il subsiste encore tel que Mme de Sévigné y a vécu. L'Arsenal est du xvi⁰ siècle, Notre-Dame du xiii⁰; le quartier Latin remonte au xii⁰ siècle au moins. Le faubourg Saint-Germain a été bâti au xvii⁰ siècle, le faubourg Saint-Honoré au xviii⁰. Le plan des Champs-Elysées, avec les voies principales, a été tracé avant la Révolution. Londres, quoique bien moins

(1) Excellentes lettres sur Berlin : *1888 bis 1891 Soziale Briefe aus Berlin und besondere Berüchsichtigung der socialdemokratischen Strömungen.* Berlin 1891; Friedrich Pfeilstücker.

historique que Paris, possède également des monuments tels que la Tour, ou des quartiers, comme la Cité, qui permettent de se reporter avant le xvi⁰ siècle. A Saint-Pétersbourg, malgré de grands changements, on reconnaît tout de suite la main de Pierre le Grand et celle de Catherine II. On peut dire que la ville de Pierre le Grand se partage encore en trois quartiers : Wassili-Ostroff, quartier primordial avec les établissements de la marine, de l'armée, de l'enseignement, l'arsenal, l'église des tombeaux des tzars; en face, de l'autre côté de la Néva, les palais impériaux et des grandes familles nobles, le long des quais ou de la perspective Newsky; derrière, à une certaine distance, les quartiers populaires. Vienne même diffère beaucoup de Berlin, soit par la séparation tout autrement marquée des quartiers, soit parce que la ville se développe en cercles concentriques autour de la Hofburg et de Saint-Étienne.

Tout cela manque à Berlin. La ville a pour centre le vieux palais royal, entouré des musées, du Reischtag, de la Bourse, de quelques églises; puis elle se compose d'une sorte de quadrilatère irrégulier, coupé de toutes parts par des séries de rues perpendiculaires les unes aux autres, à l'instar des villes américaines. La noblesse n'a point ses quartiers de prédilection comme à Paris, à Londres, à Vienne, à Saint-Pétersbourg. Au surplus, qu'était cette noblesse à l'époque des croisades, de la guerre de Cent ans, de la Réforme, de Louis XIV et même sous Frédéric II ? Même observation pour la finance. A Paris, à Londres, non seulement on reconnaît les quartiers de la finance dans le présent, mais on les retrouve dans le passé : rue des Lombards, rue Caumartin, rue de Provence, rue Laffitte, rue Lafayette.

François Iᵉʳ — première partie du xvi⁰ siècle — disait : « Paris est un monde. » Chaque quartier correspond à un siècle, à une évolution sociale, pour rajeunir le passé à l'aide de formules nouvelles : observation toujours juste. Chaque quartier à Paris, et même à Londres, à Vienne, a conservé une partie des traditions, des faits et des monuments du passé. M. Jules Simon a raconté une sorte de promenade qu'un jour des journées de 1848, il fit dans certains quartiers de Paris, en compagnie de M. Cousin. Ils comptèrent ensemble les palais, les hôtels de familles diverses, vieilles de plusieurs siècles. Ils pensaient que le nouveau mouvement révolutionnaire allait balayer tout cela. Ils se trompaient. Sauf les palais, les hôtels démolis pour l'assainissement et l'embellissement de la ville, tous sont encore debout ; la plupart appartiennent encore aux familles qui les ont fait bâtir : hôtel de La Rochefoucauld, hôtel d'Avaray, hôtel de Mortemart, et combien d'autres.

Ce qui est vrai pour la noblesse est vrai pour la banque, pour le commerce, pour l'industrie. La Banque de France, qui fait cependant haute figure de par le monde, occupe un vieil hôtel de financier sous Louis XIV. Les maisons de banquiers rue de Provence et de la Chaussée-d'Antin appartiennent à un quartier auquel le duc d'Antin a laissé son nom. Le commerce de Paris est, en partie, localisé dans les mêmes quartiers qu'il y a deux ou trois siècles. Plusieurs industries : peaux, fourrures, bijouterie, orfévrerie, bronzes, jouets, n'ont pas encore quitté les rues Saint-Denis et Saint-Martin qui traversent Paris de part en part. A chaque quartier correspondent des groupements de familles spéciales : familles de noblesse, familles de finance, familles de commerce, familles d'industrie, qui ont plus de liens et de rapports avec le passé qu'elles ne se le figurent elles-mêmes. Autre fait décisif, l'enseignement avec ses compagnons les libraires, les écrivains, n'a pas changé de place depuis le xiie siècle. Il entoure encore le Panthéon et la montagne Sainte-Geneviève, l'abbaye de Saint-Victor et le tombeau de Sorbon. Rajeuni et rebâti, il constitue un centre intellectuel et scientifique nouveau, le vieux foyer des écoles où tous les peuples de l'Europe, comme le proclamait naguère un maître, le Old Man anglo-saxon, M. Gladstone lui-même, sont venus, dès le xii⁰ siècle, chercher la nourriture intellectuelle ou la préparation scientifique que, en ce siècle, Guizot, Cousin, Villemain, Ampère, Claude Bernard, Burnouf, Renan, Pasteur, ont donnée avec une splendeur qui a ravivé les gloires du passé.

Il ne faut pas perdre de vue qu'une forte partie de la population de Paris est également répartie par quartier, d'après les mêmes traditions. Noblesse, finance, administration, commerce, industrie, enseignement, sciences, lettres et arts, elle se distribue séculairement entre les divers principaux embranchements. De sorte que Paris constitue une sorte d'accumulation ou plutôt de superposition de plusieurs sociétés, comme les strates géologiques. Ces divers groupements, rapprochés par l'esprit de sociabilité française et parisienne, animés par la supériorité, la même dans tous, de la femme française, sa grâce, sa beauté, son énergie, son esprit, donnent à la société française, à Paris, un caractère d'ensemble qui ne se retrouve dans aucune autre grande capitale, spécialement à Berlin [1].

D'abord, à Berlin, il n'y a point de quartiers séculaires, comme à Paris, comme à Londres : le temps, l'histoire manquent; Berlin ne date que de Frédéric II. Il ne contenait pas 200,000 âmes en 1800. Il appartient donc tout entier au xix⁰ siècle. On peut le caractériser par deux traits. Berlin est, avant tout, une ville militaire, bien que sans fortifications; au contraire, Paris, avec double ceinture de

____

[1] *Berlin tel qu'il est,* par Neukom, p. 64.

forts et une enceinte, n'est pas une ville militaire. Rien de moins militaire que la population parisienne. Là est un des plus grands périls de la France. Commerce, industrie, lettres, sciences, arts, Paris attire tout à lui. Nulle ville ne gagne plus d'argent; mais Paris n'est pas militaire. Le second caractère de Berlin est commun à Paris. Berlin, comme Paris, est un centre industriel de premier ordre, surtout pour la grande industrie. Heureusement qu'à Paris domine la petite industrie. Or, la petite industrie a une tout autre influence sur la société que la grande. Combien lui est-elle supérieure? L'ouvrier en chambre parisien avec sa petite famille, qui touche déjà à la bourgeoisie, qui habite le Marais, qui a reçu une bonne éducation, est un vieux type qu'il a fallu du temps pour former. Il est tout autrement rare à Berlin. Cet ouvrier est souvent bon catholique, économe, conservateur; il met ses enfants chez les Frères et il paie leur pension.

En outre, quoique Berlin ait acquis la suprématie scientifique et intellectuelle en Allemagne, cette suprématie n'est pas aussi étendue que celle conquise par Paris, depuis près de six siècles, avec des intermittences, il est vrai, mais encore toute-puissante.

L'armée et la grande industrie, tels sont les éléments principaux de la société de Berlin. On peut y joindre la Cour, la finance, les sciences. Mais entre la Cour de Berlin avec la noblesse qui l'entoure et les diverses Cours qui ont eu tant d'influence sur Paris, toute comparaison serait téméraire. Qu'est pour la finance le marché de Berlin, à côté de celui de Paris? Je vais y revenir. Reste encore l'administration, colossale, omnipotente, illimitée, débordant partout, sauvegardant tout à Paris. Que serait devenue la France, avec ses révolutions politiques et ses culbutes ministérielles, plus multipliées que les coups de trapèze des clowns à l'Hippodrome, sans nos grandes administrations, occupant aujourd'hui les palais des rois ? Sans doute, l'administration prussienne n'est pas à dédaigner, mais elle a fort à faire pour s'élever au niveau de nos douanes, de nos ponts, de nos contributions directes, indirectes, coloniales, maritimes, militaires, agricoles, commerciales et combien d'autres dont, chaque soir, les heureux privilégiés se répandent dans les théâtres, les concerts, les salons, pour tout vivifier et rafraîchir.

Autre différence, les théâtres, auxquels se rattachent une partie des lettres et des arts, sont à eux seuls à Paris un monde à part, un agent si important que l'État lui-même concourt à leur entretien. A Paris, un bon acteur dramatique ou comique, un grand chanteur, souvent un beau clown, est un personnage. Il faudrait voir un de ces artistes aborder, dans un café de Friedrichstrasse, un capitaine de la garde prussienne ; on ne l'y prendrait pas deux fois.

La société est donc bien différente : l'empereur, l'armée, quelques nobles, quelques hauts financiers, les professeurs, une petite bourgeoisie sage et toute monarchique, puis les masses profondes du peuple, encore très monarchiques, malgré les journaux, les Bierlokal et les hymnes socialistes. A vrai dire, Berlin ne donne pas tout à fait l'idée de la société allemande, tandis que Paris résume admirablement la société française. On peut, à Paris, se faire une idée assez exacte, quoique imparfaite, de la société française ; il n'en est pas de même à Berlin. Pour connaître la société allemande, il faut parcourir l'Allemagne entière, en tenant compte d'une observation générale, c'est qu'aucune autre nation de l'Europe n'a pu reproduire encore le type incomparable que la société française a réalisé depuis Louis XIV jusqu'en 1789 et qui a plus ou moins refleuri de 1820 à 1870. De même que le territoire de la France est un jardin, comparé à tous les autres territoires de l'Europe, de même la société française a été une sorte de représentation, de tableau féerique particulier à notre race, à notre civilisation.

On acquiert le sentiment bien vif de ces différences en lisant les lettres remarquables de M. Otto von Leixner sur la vie sociale à Berlin. Il est vrai que si ces lettres ne vous introduisent pas dans les milieux charmants de la vieille société française (milieux nobles, bourgeois, ouvriers, paysans, car la sociabilité est un fait universel en France), elles ont, en compensation, un grand avantage, elles vous permettent d'entrevoir, comme par surprise, à travers une porte entrebâillée, les linéaments de la société nouvelle, destinée, non pas à détruire ni à remplacer la société au milieu de laquelle nous ne nous trouvons pas trop mal, — les évolutions ne marchent pas si vite que ça, — mais simplement à s'y superposer. Ce serait, à l'instar des polypiers, une nouvelle couche de coraux qui viendrait entourer les précédentes.

M. Von Leixner ne voit, d'abord, dans la société de Berlin que les officiers, les fonctionnaires et les familles nobles, Il leur accorde trois lettres sur vingt-cinq; puis il passe aux millionnaires, une lettre, et à la petite bourgeoisie, une. Toutes les autres sont consacrées, à peu d'exceptions près, au peuple : 1º à ce qu'il boit (Bierpalaste); 2º à ce qu'il mange (Kneipen, Gattungen); 3º à la vie dans la rue, dans les palais à bière, dans les restaurations, ce qu'il appelle : *Idyllen des Welstadt,* ou les idylles de la ville universelle. Dans les cinq lettres suivantes, M. Leixner examine, avec soin, l'influence de la femme sur la condition de la petite bourgeoisie et du populaire à Berlin, le mariage, la maternité, les progrès du luxe, ceux de l'émancipation de la femme, les conséquences qu'elle produira. Ces lettres donnent fort à penser sur la condition future de la femme dans la grande capitale. Viennent ensuite cinq lettres, dites économiques, d'un caractère plus général. M. Leixner étudie les conditions d'existence des diverses classes de la population à Berlin, avec analyse des budgets respectifs.

Maison d'une famille riche : Recettes 23,165 marks. Dépenses 21,207 marks. A Paris un ménage qui ne possède aujourd'hui que 30,000 francs de revenu est aisé, mais n'est pas riche. Riche en 1847, il ne l'est plus maintenant. Ces détails indiquent combien a grandi la méthode de Le Play. Il a pressenti les temps nouveaux. C'est bien un maître.

Passons à une famille de fonctionnaire, type important à Berlin. Recettes : 5,450 marks y compris le revenu d'un capital de 9,000 marks. Ici la différence s'amoindrit. Le fonctionnaire parisien ne touche guère en moyenne, plus de 7,000 à 8,000 francs.

Du fonctionnaire M. Von Leixner arrive sans transition aux ménages des ouvriers. A Paris, en France même, cela ne serait pas possible. Il donne trois types. Premier type : bonne famille d'ouvriers. Revenu 1,700 marks, soit 2,125 francs; dépenses 1,600 marks, soit 2,000 francs, pour le mari, la femme et les enfants. Il y a épargne, c'est-à-dire formation d'un capital annuel. Second type : famille inférieure, visitée par la maladie. Revenu 1,250 marks, soit 1,600 francs; dépenses 1,174 marks; il y aurait encore épargne, maladie comprise. Dernier type : ouvrier célibataire. Revenu 900 marks; épargne, 53^m,50. Proportion des dépenses avec les revenus : Maison riche : loyer, 11 °/₀; nourriture, 16.9 °/₀; — fonctionnaire : loyer, 22.5 °/₀; nourriture, 37.43 °/₀; — ménage ouvrier, type 1 : loyer, 15.25 °/₀; nourriture, 52.8 °/₀; — type 2 : loyer, 19.2 °/₀; nourriture, 48.32 °/₀ [1].

(1) Ces analyses avec chiffres cachent un mouvement social sérieux. Chacun dit à son voisin : Pour combien comptes-tu au soleil ? Celui qui parvient à obtenir 2,000 francs doit s'estimer dans les

On voit par ces analyses curieuses quel secours la statistique, bien faite, apporte à la science financière et à la science sociale : à la première pour établir, répartir et régler les charges fiscales, à la seconde pour dévoiler les sophismes de Lassalle, de Karl Marx et de leurs disciples. Les trois budgets ouvriers aboutissent à l'épargne, au capital, même avec les chances de la maladie [1]. Il suffit que les membres de la famille aient une conduite morale ordinaire. Ils ne seront condamnés à fuir ni le Bierlokal, ni le Rauchklub, ni le Leseklub, ni le Fachverein, ni les hymnes du dimanche avec discours de M. Bruno Ville ou de M. de Vollmar; mais la Destillation ne les aura pas pour clients.

A Paris l'ouvrier adulte célibataire gagne, en moyenne, 1,800 francs par an, jamais moins de 1,500 francs; il peut

---

privilégiés de ce monde, et il sera sage en n'oubliant pas que Socrate n'avait à dépenser que 30 centimes par jour.

M. E. Gould vient d'appliquer la même méthode à une étude comparative entre les ouvriers des industries métallurgiques aux États-Unis, en Angleterre, en Allemagne et en France, dans un travail qui est un monument et un grand acte social. Les ouvriers anglais métallurgistes commencent à savoir que leur part à la table commune n'est pas à dédaigner. Les Français, qui serrent de très près les ouvriers anglais, feront sagement en n'oubliant pas que la part qui reste aux Allemands est beaucoup moins belle. Ainsi, pour l'industrie des fers, M. Gould évalue à 3,920 francs les revenus d'une famille d'ouvriers américaine, anglaise 2,599, française 2,323, belge 1,796, allemande 1,411. Surplus à la fin de l'année : américaine 563 05, anglaise 196 60, française 318 25, belge 29 60, allemande zéro *(Réforme sociale,* 1ᵉʳ janvier 1893, p. 76). Dans l'industrie de la houille, la famille allemande ouvrière pourrait épargner. Ces résultats semblent rabaisser beaucoup trop la condition du travail en Allemagne. — Voir trois articles du *Messager de Paris,* mars 1893.

(1) Nous renvoyons sur la puissance d'épargne des ouvriers allemands au chapitre VI : « les Associations coopératives allemandes. »

s'élever de 2,000 à 2,400. Marié, il aura un budget de 2,500 à 3,000 francs. Bien que loyer et nourriture représentent une dépense moyenne plus élevée qu'à Berlin, il pourra encore comparaître à la caisse de secours mutuels et à la Caisse d'épargnes. L'ouvrier à Londres reçoit un annuel légèrement supérieur à celui de Paris et dépense un peu moins.

Néanmoins, dans la lettre xx, **M.** de Leixner étudie ce qu'il appelle le prolétariat à Berlin, surtout le prolétariat intellectuel dont il trouve les deux principaux éléments dans l'ouvrier sans travail et dans la femme libre. Il insiste beaucoup sur la *bohème* féminine [1]. La femme démocrate et anarchique lui apparaît comme un type bien déterminé du déclassement des familles à Berlin. Il est probable que cette résultante des gymnases de femmes se manifestera prochainement en France. C'est l'un des produits les plus curieux des temps nouveaux, des horizons prochains (das weibliche Geistesproletariat), le prolétariat féminin [2].

[1] M. Jullian *(Revue internationale de l'enseignement)* a signalé un mouvement analogue dans la condition de la femme à l'époque de Sénèque, de la Renaissance et au xviiie siècle. Combien les temps étaient différents ! La femme, à ces diverses époques, recherchait la curiosité scientifique; aujourd'hui elle s'efforce de changer de condition.

[2] Sur ce point si grave, accord entre **M.** Von Leixner et **M.** de Wyzewa.

La vie de famille se désorganise à Berlin; l'éducation des jeunes filles y est dirigée d'une façon quelque peu singulière :

« Dès le premier âge, les parents ne s'en occupent guère. Les filles vont à l'école, puis à l'atelier ou au magasin; mais, au dehors comme chez elles, elles n'apprennent qu'une chose : le désir, le respect de l'amour. C'est d'amour qu'il est question dans les poèmes qu'on leur apprend, dans les images qu'on leur montre, dans les chansons qu'on leur fait chanter. Les bonbons sont enveloppés de papiers de couleurs tendres, sur lesquels il est écrit en vers

Ce prolétariat féminin, cette bohème propre à toutes les grandes villes, est l'une des causes des mœurs publiques à Berlin. Elles sont loin d'être de meilleur aloi qu'à Paris ou qu'à Londres. Il n'y a pas longtemps que le docteur Stœcker, prédicateur officiel de la Cour, évaluait à 100,000 personnes, dont 50,000 femmes, l'armée de la prostitution à Berlin. Les rues cependant sont moins prises d'assaut que sur certains points de Londres ou de Paris. Le passant peut flâner sans qu'on lui arrache le bras de force. Toutefois, l'empereur Guillaume II, en vertu du mandat providentiel dont il se croit investi, a cru devoir, à propos d'un procès récent [1] (l'affaire Heinze), adresser à son peuple un rescrit solennel pour combattre les souteneurs et leur

de mirliton que « de s'oublier dans l'amour, cela réjouit Dieu et ses » chers petits anges ».

» Rien n'est changé à ce point de vue depuis le temps de Mme de Staël. L'amour continue à être en Allemagne « une religion, mais » une religion poétique qui tolère volontiers tout ce que la sensi- » bilité peut excuser ». Ainsi un vague besoin d'amour se développe dans ces faibles âmes, et ni au dehors ni au dedans aucune voix ne s'élève pour le réprimer. Passives, ignorantes de la vie, abandonnées à elles-mêmes, où trouveraient-elles la force de résister longtemps aux tentations ?

» Et puis les tentations sont si nombreuses et si pressantes dans la promiscuité continue des mœurs berlinoises ! Si les parents ont un locataire, c'est la jeune fille qui est chargée de le servir, de balayer sa chambre, de lui apporter son café au lait. Pour peu que le locataire soit jeune, on l'aime, et pour peu qu'il le veuille, on le lui fait voir : on se donne à lui, sans passion, par un désir irréfléchi de tendresse et de protection. »

(1) « Les révélations regrettables qui ont été faites au cours du » procès des époux Heinze inquiètent mon cœur de père du pays. » Ce procès a montré d'une façon effrayante que l'industrie des » souteneurs et le développement de la prostitution dans les grandes » villes, notamment à Berlin, ont créé un danger commun pour » l'État et la société. » (Octobre 1891.)

achalandage. La bohème féminine, décrite par M. Von Leixner, n'y est pas étrangère. M. Von Leixner le dit expressément.

Dans cette bohème, la jeunesse masculine joue également un rôle. Il y a déjà à Berlin des élèves de quatrième démocrates-socialistes, avec évolution vers l'anarchie.

Avec les lettres xxi à xxiv, M. de Leixner examine l'état actuel des lettres, des sciences et des arts à Berlin. Quoique les Allemands affectent, surtout à Paris, de ne plus parler le français, théâtres, romans, modes, gravures pornographiques françaises sont toujours les bienvenus. La musique est encore un aussi grand besoin pour les Allemands; mais leur inaptitude artistique est désormais insurmontable [1].

Les dernières de ces lettres, si curieuses, sont affectées aux influences religieuses à Berlin. Réservons-les pour un des paragraphes qui suivent. L'œuvre de M. de Leixner analyse et dépeint suffisamment la société et l'état social de Berlin. Les classes moyennes n'y sont pas assez considérables, aussi les traits d'union manquent. On retrouve dans cette analyse l'influence du caractère principal de Berlin. C'est un géant dont la croissance a marché trop vite. Les proportions n'ont pu être conservées. Voici, à cet égard, quelques chiffres comparatifs intéressants, entre Paris et Berlin : 1° Fonctionnaires, 10,500 à Berlin, 15,160 à Paris ; 2° monde judiciaire, Berlin 3,060, Paris 4,530 ; 3° médecins et pharmaciens, Berlin 3,800, Paris 6,269 ; 4° enseignement, Berlin 7,500, Paris 12,360 ; 5° sciences, lettres, arts, Berlin 3,080, Paris 14,500 ; 6° arts dramatiques, Berlin 4,500, Paris 4,000 ; 7° cultes, Berlin 530, Paris 7,340 ; 8° rentiers,

______

(1) Tout compte fait, il s'est trouvé que l'Allemagne s'est péniblement traînée dans de vieilles ornières, appelant à son aide le Génie ailé qui n'est jamais venu. (Melon, p. 20.)

Berlin 25,218, Paris 250,700 ; pauvres et sans profession. Berlin 20,500, Paris 93,800 [1].

Le développement des idées et des partis socialistes à Berlin, pas plus que les tableaux pessimistes tracés sur la population de Berlin, par quelques publicistes, allemands ou français, ne doivent être poussés trop au noir. Sans doute, la condition des ouvriers à Berlin est inférieure à celle des ouvriers à Londres et à Paris ; sans doute il n'y a aucun rapport entre l'immense bourgeoisie de Paris, aisée et heureuse, dans l'infinie variété de ses embranchements et de ses subdivisions, qu'on pourrait comparer aux rayons et sous-rayons du Bon Marché, et la petite bourgeoisie de Berlin. Mais il en est ainsi pour toute l'Allemagne. Les classes laborieuses des villes ont un tout autre aspect en France qu'en Allemagne. Le bourgeois allemand apparaît tel que le bourgeois français ; seulement il est plus rare. C'est une plante moins prolifique à Berlin qu'à Paris. Quant aux ouvriers, inutile de chercher des comparaisons, il n'y en a pas à établir ; encore moins faudrait-il en entreprendre quant *à nos ruraux*. Pour eux le terrain manque entièrement. Nos paysans en bourgeron, avec de bons souliers, un chapeau mou et une montre d'argent, sont inconnus en Allemagne. Ceux qu'on entrevoit à Berlin donnent seulement l'idée de nos Auvergnats ou de nos Savoyards les plus arriérés. Sous ces réserves, le peuple de Berlin n'a pas l'air malheureux. Il est moins ambitieux, moins difficile, moins tenté par les magasins que le Parisien. Sa pipe, un peu de musique, deux ou trois grands bocks de bière lui suffisent ; il n'est pas mécontent, il est résigné, soumis, fier d'être Allemand, fort bon soldat, si on ne le maltraite pas trop.

(1) Le prince Wasili (Mme Adam) révèle également cette infériorité des classes moyennes en Allemagne : « Nulle part il n'existe plus de différences entre les classes qui constituent la nation. »

Il est vrai que le noble allemand, surtout en tenue militaire, s'il lui est resté quelque patrimoine, porte beau. C'est un type supérieur, qu'on peut détester, mais qu'on respecte [1]. Ce type ne gêne, au surplus, personne à Berlin. On peut fort bien souper, à minuit, à côté de trois ou quatre Rittmeister sans être détourné du plaisir de voir l'animation de Friedrichstrasse ou de Leipzigerstrasse, vers une heure du matin. Il n'est même pas sans profit d'approcher de près cette grande race militaire pour se guérir des extravagances des amis de la paix et se dire que tout Français, qui n'est pas prêt à marcher au premier coup de clairon, est tout juste propre à servir de domestique aux braves. C'était le vieux système. Il est toujours bon. L'hoplite athénien avait à côté de lui, de même que nos preux chevaliers, l'esclave ou le serviteur qui ne combattait pas, mais qui servait le maître. Quelquefois il en avait deux. Relire la belle description de la bataille de Platée dans Hérodote. Nos soldats du Dahomey ont ainsi procédé, et il faut les approuver.

La guerre, voilà l'impression que laisse Berlin. Sachons-le bien, et habituons-nous au tir. « Tirez bas », disait à Isly le maréchal Bugeaud.

§ 12. — LE MOUVEMENT INTELLECTUEL A BERLIN

Les traditions du grand Frédéric n'ont pas été désertées. La guerre n'a pas porté préjudice aux arts de la paix. A cet égard, l'Allemagne a offert, durant la première moitié de ce siècle, un spectacle extraordinaire. Le goût des armes

---

(1) Sur le type militaire de l'officier prussien : Von Leixner, deuxième lettre; de Gersal, *l'Officier*, p. 75; et Neukom, *Berlin tel qu'il est*, p. 64.

n'est pas, partout et toujours, contraire aux lettres, aux sciences, aux arts; il y faut cependant de la mesure. Le siècle de Périclès a été l'un des plus militaires de la Grèce ancienne. Montesquieu a montré que la Grèce est demeurée longtemps un pays militaire. Nulle part, dit-il, on ne rencontrait autant de ressources pour les armées. Tandis que la Prusse élevait en silence ses générations dans le culte de la patrie et des choses de la guerre, elle se plaçait elle-même, comme la France sous Louis XIV, à la tête du mouvement scientifique en Europe. Turenne a été contemporain de Molière, Condé de Bossuet, Vauban de Fénelon, Villars de Racine. Massillon a prononcé l'un de ses plus beaux discours pour bénir les étendards d'un régiment. Les deux bases que Frédéric II a données à la grandeur de la Prusse et à la puissance de l'Allemagne sont toujours les mêmes, immuables, l'école et l'armée. En 1891, 228,000 élèves ont fréquenté les écoles de Berlin, savoir : 175,000 les écoles primaires, 33,000 les écoles supérieures et 20,000 les écoles privées. En 1885, les élèves n'étaient qu'au nombre de 158,412. C'est donc un accroissement considérable de 69,600 élèves.

Il est intéressant de connaître la distribution et les ressources de l'enseignement, fondement essentiel et primordial de l'État prussien.

I. — Enseignement supérieur.

L'enseignement supérieur comprend à Berlin : 1º la Faculté de Théologie, 838 élèves, 51 professeurs et lecteurs; 2º Faculté de Droit, 1,554 élèves, 100 professeurs et lecteurs; 3º Faculté de Médecine, 1,408 élèves, 331 professeurs et lecteurs; 4º Faculté de Philosophie, 358 lecteurs, 159 professeurs divers; 5º enseignement de l'histoire, 937 élèves; 6º enseignement des mathématiques et sciences naturelles,

605 élèves; 7° enseignement agricole, 54 élèves; 8° enseignement de la pharmacie, 237 élèves.

Il faut y ajouter : 1° l'Académie des mines, 119 élèves avec 54 professeurs et lecteurs; 2° la Haute École technique, comprenant : i. Architecture, 180 élèves, 106 professeurs et lecteurs; ii. Ingénieurs pour la construction (génie civil), 181 élèves, 47 professeurs et lecteurs; iii. Ingénieurs pour les machines et la navigation, 407 élèves, 68 professeurs et lecteurs; iv. Chimie et métaux, 105 élèves, 60 professeurs et lecteurs; v. Sciences générales (Allgemeine Wissenschaften), 70 professeurs et lecteurs, 873 élèves; 3° la Haute École agricole, 103 professeurs et lecteurs, 459 élèves.

Les Allemands comprennent encore dans l'enseignement supérieur à Berlin : 1° l'Académie de guerre, 44 professeurs; 2° la Haute École zoologique, 42 professeurs et 442 élèves; 3° le Séminaire pédagogique; 4° le Séminaire pour les missions; 5' le Séminaire israélite; 6° le Lycée Victoria pour les dames, 18 professeurs et maîtresses.

L'enseignement supérieur présente beaucoup de dissemblances avec celui distribué à Paris : 1° les professeurs et lecteurs ou répétiteurs, payés par les étudiants en grande partie, sont plus nombreux; leur enseignement est à la fois plus pratique et plus varié; 2° les élèves demandent moins qu'en France à l'enseignement supérieur une profession directe et immédiate; de là le nombre, relativement restreint, des étudiants de médecine, de droit, de pharmacie; par contre 838 étudiants en théologie, 937 en philosophie et histoire, 873 en sciences générales. Tout cela est à peu près inconnu à Paris et en France où, au contraire, les écoles de droit, de médecine et de pharmacie sont envahies par des milliers de jeunes gens ne courant qu'après le diplôme, parce que le diplôme ouvre toutes les carrières; 3° mais, sous d'autres rapports, la distribution de l'enseignement supérieur est plus étendue cependant à Paris qu'à Berlin. Citons spécialement : 1° le Collège de France ; 2° l'Université catholique, avec des cours complets ; 3° l'École des Arts et Métiers ; 4° l'École des Ponts et Chaussées ; 5° l'École centrale ; 6° pour partie même, l'École polytechnique ; 7° l'Académie des Beaux-Arts avec tous ses cours ; 8° l'École du Louvre avec ses divers cours ; 9° l'École des Sciences politiques ; 10° certains cours fondés par la Ville de Paris ; 11° l'École coloniale ; 12° l'École des Langues orientales ; 13° le Muséum, avec tous ses cours si importants ; 14° l'Institut agricole.

On peut dire qu'il existe à Paris deux enseignements supérieurs, l'un pratique, l'autre scientifique. A Berlin l'enseignement supérieur revêt un caractère mixte.

II. — Enseignement secondaire.

Il est donné à Berlin dans les établissements royaux et les établissements municipaux.

Les établissements royaux se composent de cinq gymnases avec 3,194 élèves, diverses écoles préparatoires (Vorschule) avec 1,078 élèves, et un Realgymnasium avec 665 élèves, deux écoles pour les jeunes filles avec 1,017 élèves et un Oberrealgymnasium avec 523 élèves ; ensemble 6,477.

Les établissements municipaux se composent de onze gymnases avec 5,887 élèves, sept Realegymnases avec 3,982 élèves, un Oberrealgymnasium avec 533 élèves, cinq écoles de jeunes filles avec 4,193 élèves et cinq Burgerschulen avec 1,314 élèves ; ensemble 15,909.

III. — Enseignement primaire.

Il est donné dans les écoles communales (Gemeindeschulen, au nombre de 177, à 86,611 garçons et 84,217 jeunes filles, par 1,830 professeurs, 1,468 maîtresses, avec 36 aides, et dans les écoles appartenant à des établissements (Anstalt-schulen. La ville entretient, en outre, des écoles primaires supérieures (Fortbildungschulen) pour les garçons et pour les jeunes filles : 2,563 garçons en 1889 et 453 jeunes filles, auxquelles il faut ajouter diverses écoles professionnelles (Fachschulen) et d'apprentissage (Webelschulen).

IV. — Comparaison avec Paris.

Malgré les diversités de toute nature qui rendent les comparaisons incomplètes et difficiles, il n'en est pas moins intéressant de rapprocher, par quelques chiffres, les différents modes de l'enseignement à Paris et à Berlin, car Paris et Berlin sont les deux plus grands foyers intellectuels de l'humanité [1].

1° *Enseignement primaire.* — En 1891, 325,468 enfants des deux sexes ont été inscrits dans les écoles primaires de la Seine, savoir : 250,421 aux écoles laïques, au nombre de 1,527, et 75,047 aux écoles religieuses au nombre de 333. Il faut ajouter à ces chiffres les enfants des écoles maternelles, 80,285, dont 65,001 écoles laïques et 15,284 écoles religieuses. Ensemble 405,753. Si on déduit de ce bloc le sixième pour les enfants des communes autres que Paris, on obtient le chiffre réel des enfants fréquentant les écoles primaires et maternelles à Paris, 338,128. C'est un ensemble tout à fait remarquable, comparé à celui de Berlin, quelque incomplet que puisse être ce dernier.

2° *Enseignement secondaire.* — Cet enseignement comprend : 1° les lycées; 2° les collèges; 3° les lycées de jeunes filles. Le département de la Seine renferme dix lycées

(1) Tous ces chiffres sont empruntés à l'*Annuaire statistique de la France* pour 1891. Cette statistique complète celles publiées en 1889 pour les trois ordres d'enseignement.

avec 8,721 élèves, un collège communal de 727 élèves, et trois lycées de jeunes filles avec 347 élèves. Ensemble 9,795 élèves. Il y a lieu d'ajouter à cet ensemble les élèves des lycées catholiques, qui ne suivent pas les externats des lycées de l'Etat, au nombre d'environ 3,000 élèves. Le total serait de 12,795 élèves.

Pour l'enseignement secondaire, Berlin aurait, au contraire, une grande supériorité : 22,386 élèves au lieu de 12,795.

Cette supériorité tient certainement à des différences dans l'enseignement. La plus importante de ces différences provient des lycées de jeunes filles, qui comptent 5,210 élèves à Berlin, et 347 seulement à Paris. Ce sont les nombreuses filles vagabondes, sorties des écoles secondaires, sans savoir que faire ou que devenir, qui fournissent les éléments réfractaires du prolétariat féminin. On en rencontre déjà à Paris quelques échantillons, courant les bibliothèques, suivant les cours, essayant de pénétrer dans les journaux, écrivant des romans, attestant combien le travail de la femme, au dehors du foyer domestique, prépare la désorganisation de la vieille famille traditionnelle. Voilà le fait signalé, quant à Berlin, par M. Von Leixner. A Paris, les jeunes filles appartenant aux familles d'enseignement secondaire sont encore, en très grande partie, élevées par leur mère ou dans des établissements privés, la plupart catholiques. Une seconde différence se rattache à ce que, pour les jeunes gens comme pour les jeunes filles, les gymnases municipaux de Berlin correspondent surtout à l'enseignement secondaire libre et se relient de plus près à l'enseignement primaire supérieur.

3º *Enseignement supérieur*. — On peut diviser l'enseignement supérieur en deux grandes sections. D'abord l'enseignement supérieur qui est le couronnement de l'enseignement secondaire pour les professions libérales (théologie, droit, médecine, lettres et sciences). Berlin comptait en 1890 5,910 étudiants pour cette première section, et Paris environ 10,800, dont : droit 4,000, médecine 3,560, lettres 1,100, pharmacie 1,050, sciences 640, théologie protestante 40, théologie catholique 400. Dans ces diverses catégories sont compris les élèves appartenant aux Facultés de l'État, aux Facultés libres et aux séminaires catholiques de Paris. Vient après la seconde section comprenant diverses autres branches de l'enseignement supérieur. A Berlin, ces diverses branches comptaient, en 1890, au moins 3,000 élèves. A combien faut-il évaluer à Paris le nombre des élèves des Beaux-Arts, des écoles techniques, telles que l'École centrale, de l'Institut agronomique, du Muséum d'Histoire naturelle, de l'École de guerre, des Missions catholiques, des élèves réels du Collège de France, de l'École des Mines, de l'École des Ponts et Chaussées, de l'École des Arts et Métiers, de l'École des Langues orientales, de l'École coloniale, de l'Académie nationale de musique, et de divers autres établissements du même ordre? Les éléments statistiques manquent. En tout cas, le nombre des élèves divers ne doit pas être supérieur à 3,000.

En résultat, malgré le développement du mouvement intellectuel à Berlin, Paris est encore, quant à l'enseignement sous ses diverses formes, un foyer supérieur.

V. — Institutions diverses d'enseignement.

Le *Statistisches Jahrbuch* de Berlin auquel sont empruntés pour Berlin tous les détails et chiffres qui précèdent, énumère ensuite un certain nombre d'autres instituts d'enseignement secondaire et primaire provenant de fondations spéciales, appartenant à des églises ou à des sociétés,

religieux, militaires, professionnels, commerciaux, industriels, au nombre de 16.

Réunissant tous les établissements d'enseignement de
diverse nature, il donne, pour l'année 1888, 2,157 écoles
pour les garçons avec 107,110 élèves et 2,149 pour les
filles avec 103,987 élèves, En 1884, les écoles n'étaient
qu'au nombre de 3,507, avec 178,673 élèves; — nous avons
indiqué, plus haut, le total des élèves pour 1891, 228,000, —
de sorte que, en sept ans, le nombre des élèves, correspondant à l'accroissement de la population, a augmenté de
plus de 50,000.

VI. — Asiles et jardins pour les enfants.

Berlin subit, à un plus haut point que Paris, l'influence
des modifications que l'organisation nouvelle du travail pour
le père et la mère apporte dans la famille. La famille
allemande n'a pas reçu le puissant ciment qui a rendu si
résistante la famille française. Plus nombreuse, elle se
désagrége plus facilement. Les parents ont moins qu'en
France une affection, parfois puérile, pour leurs enfants. On
a été, par suite, obligé d'établir à Berlin, à partir de 1862,
des asiles et des jardins pour garder et souvent pour nourrir
les enfants en l'absence de leurs parents. On en compte
actuellement 17, appartenant à des sociétés diverses et qui
exigent une certaine rétribution. Ces asiles sont en même
temps des écoles et sont tenus par des institutrices. On
compte, en outre, 9 asiles où les enfants sont nourris. Le
Statistisches Jahrbuch indique les recettes et les dépenses de
quelques-uns d'entre eux. Le plus important (Neue König-
strasse) possède un capital de 16,500 marks. Recettes
en 1888, 5,291 marks. Dépenses, 3,808 marks. Ces asiles
sont également tenus par des professeurs et des maîtresses
et forment des écoles.

VII. — Écoles et sociétés artistiques.

Les écoles artistiques comprennent les différentes parties des beaux-arts; mais les sociétés artistiques, au nombre de 38, sont spécialement affectées à la musique et au chant (Vereine zu Ausübung des Tonkunst). L'une d'elles a des recettes s'élevant à 27,500 marks.

A la tête des écoles artistiques est placée la Haute École académique royale des Beaux-Arts avec 25 professeurs et 233 élèves. Dépendent de cette sorte d'académie : l'École de Musique avec 222 élèves, l'École des Beaux-Arts avec 710 élèves, dont 142 jeunes filles, et 38 professeurs, et l'École du Muséum royal, avec 43 professeurs, nombre des élèves variable, d'après les cartes, partie payantes, délivrées.

VIII. — Sociétés scientifiques.

Le *Statistisches Jahrbuch* en contient l'énumération avec leurs budgets. Il les divise en diverses catégories.

I. Sociétés pour le progrès de la culture des classes populaires, comprenant : 1° l'Union centrale des classes ouvrières, 792 membres, capital 56,356 marks, revenu 12,444 marks; 2° Société d'éducation pour la défense des intérêts allemands au dehors, avec 31,000 associés partagés en 418 groupes; 3° la Société Fröbel de Berlin, 585 associés dont 287 femmes; 4° la Société scolaire de Berlin pour l'éducation des ouvrières, 213 associés dont 77 femmes; 5° l'Association académique allemande pour le développement de la culture morale, 240 associés.

II. Sociétés pour le progrès de leurs membres. — 14 associations diverses pour l'étude particulière des langues étrangères, 690 membres. Ce sont particulièrement des sociétés littéraires (Cercle franco-allemand, anglo-germain, italien, anglais, de conversation française, Association philosophique).

III. Associations des ouvriers du travail manuel à Berlin. — Elles sont au nombre de 9. Ces associations ont pour but principal l'éducation scientifique des ouvriers : art, histoire, littérature, géographie, sciences naturelles, civilisation, droit, technologie. La plus considérable (Berliner Handwerkerverein) compte 2,346 associés. Viennent ensuite le Handwerkerverein de Luisenstadt, 96 ; Vorstadt, 74 ; Moabit, 119 ; Typographieverein, 115 ; Optikverein, 210.

IV. Associations scientifiques, au nombre de plus de 20. — Voici les plus importantes : 1° Société d'anthropologie et d'ethnologie, 667 associés, capital 10,728 marks, revenu 15,197 marks ; 2° Société archéologique ; 3° Société philologique ; 4° Société des langues vivantes, 149 associés ; 5° Société botanique allemande, 422 associés ; 6° deux Sociétés d'entomologie, 384 associés ; 7° Société de médecine de Berlin, 736 membres, capital 15,000 marks, revenu 14,490 marks ; 8° Société juridique, 154 membres, capital 10,000 marks ; 9° Société météorologique, 124 membres ; 10° Société de numismatique ; 11° Société de physique, 140 membres, capital 8,000 marks ; 12° Société psychique ou des études sur les actes de l'âme et la vie spirituelle, 75 associés ; 13° Société héraldique, 751 associés, revenu 11,872 marks ; 14° Société historique, 546 associés, revenu 18,358 marks.

V. Associations des professeurs et instituteurs, au nombre de 7 : 1° Société des professeurs de Berlin, 1,500 associés, revenu 11,195 marks ; 2° Société des musiciens, 189 membres ; 3° Union des professeurs, 195 membres ; 4° Société des institutrices, 564 associées.

VI. Associations artistiques ; associations pour le progrès de l'art, au nombre de 8 : 1° Société artistique de Berlin, 712 membres, capital 169,414 marks, revenu 45,693 marks ; 2° Société des femmes artistes et amies de l'art, 512 associées, capital 45,077 marks; 3° Société de l'art religieux, 290 membres, capital 11,400 marks; 3° Germania, Société des peintres, 5,000 membres; 5° Société de publication de la galerie royale nationale, 2,500 membres; 6° Société de musique de Berlin, 689 membres, capital 30,900 marks, revenu 9,900 marks; 7° Société des œuvres de l'art allemand, 480 membres.

VII. Associations médicales. — On en compte 14 à Berlin, dont 9 de quartier : nord, est, sud, ouest de Berlin, Central, Luisen, König, Friedrich et Wilhelm Stadt; médecins militaires; Société médicale de charité. Les deux dernières sont les plus importantes.

VIII. Associations techniques pour l'industrie et le commerce, au nombre de 18. — La plupart sont considérables : 1° Société technique allemande, 2,300 associés, revenu 15,816 marks; 2° Société coloniale allemande, 16,742 associés, revenu 101,428 marks; 3° Société des architectes, 1,930 associés, revenu 81,692 marks; 4° Société des électriciens, 1,400 associés, revenu 27,457 marks; 5° Société polytechnique, 601 associés, capital 43,460 marks; 6° Société de navigation fluviale, 4,500 associés, capital 12,000 marks; 7° Société des jardiniers, 498 associés, capital 23,978 marks; 8° Société tourbière, 46,500 membres; 9° Société des chemins de fer, 395 associés; 10° Société de photographie, 277 associés.

IX. Associations de sténographes, au nombre de 21. — La plus importante n'a pas moins de 12,332 membres, cotisation 20 pfennige; une autre 3,282, cotisation 60 pfennige; une autre 5,219, cotisation 30 pfennige. La sténographie est pratiquée en grand à Berlin.

X. Associations de gymnastique, au nombre de 25. — La plus considérable compte 3,625 associés, revenu 24,575 marks.

IX. — Bibliothèques.

On compte à Berlin : 1° la Bibliothèque royale, avec 1,000,000 imprimés, 21,000 manuscrits, 86,000 ouvrages de musique; 2° la bibliothèque de l'Université, avec 134,000 imprimés; 3° la bibliothèque de l'Institut géologique et minéralogique, 36,000 imprimés; 4° la bibliothèque de la Haute École d'agriculture, 34,000 imprimés; 5° la bibliothèque du Muséum royal d'art industriel; 6° la bibliothèque de la Société de médecine.

Il faut y ajouter vingt-cinq bibliothèques populaires qui ont communiqué, en 1889, 109,400 volumes et en ont prêté 352,055.

Nous avons tenu à donner ces nombreux détails techniques sur les Associations de tout genre qui caractérisent le mouvement intellectuel à Berlin, parce que l'association est le trait dominant de la race germanique, comme l'instrument supérieur de sa force. La race celtique répugne, au contraire, à l'association. Elle y a recours à regret; souvent elle s'en trouve assez mal. Plus confiante en elle-même, plus indépendante, mieux douée sous divers rapports, elle en sent moins la nécessité. Peut-être y a-t-il là, pour elle, une cause de faiblesse et d'infériorité [1].

X. — Direction du mouvement intellectuel.

L'apparatus extérieur du mouvement intellectuel à Berlin est donc très important. L'effort est grand; l'asso-

---

[1] M. Melon a dressé le tableau de *l'enseignement technique supérieur à Paris* (1891), mais il n'a énuméré que les écoles, sans faire le nombre ni des professeurs, ni des élèves. Il compte 10 grandes écoles et 136 écoles diverses; plus, les laboratoires, les chaires et les cours dépassant le total de 800.

ciation en amoindrit la charge tout en garantissant sa durée. Les résultats devront être de premier ordre.

Cet effort se rattache surtout, en Allemagne, au grand mouvement de la Réforme et aux diverses influences qui, après l'avoir préparé, en maintiennent encore l'efficacité. A Berlin, dans la Prusse proprement dite, il a Frédéric pour initiateur, au siècle dernier; au commencement du siècle actuel, le baron de Stein, ainsi que tous les hommes éminents que la Prusse a produits pendant un siècle, depuis Kant jusque vers le milieu du XIXe siècle. La connaissance de cette époque, dont M. Lévy Bruhl a tracé rapidement l'histoire dans un livre suggestif et excellent (1), est indispensable pour comprendre comment, en un siècle, la ville toute militaire qui avait accueilli les huguenots français a pu devenir un foyer intellectuel assez considérable pour réunir autant de forces et pour entrer en comparaison avec un centre tel que Paris, où ont vécu et agi, depuis neuf siècles, tant de grands hommes.

Mais l'action de ces deux foyers, Paris et Berlin, n'a pas été la même. Berlin s'est uniquement consacré, pour se servir du titre même du livre de Lévy Bruhl, à former et à développer la conscience nationale en Allemagne, de manière à devenir la tête, le cœur, la capitale d'un puissant empire militaire. L'ambition de Paris a eu un caractère plus élevé, peut-être excessif. Il a plutôt pensé à l'Europe qu'à la France, à l'humanité qu'à la patrie. Frédéric II avait groupé autour de lui des esprits d'élite, Voltaire lui-même, que le patriotisme n'a jamais exalté.

Tout est allemand à Berlin, tout n'est pas français à Paris. Le mouvement intellectuel n'y a pas la même direction, il n'y poursuit pas le même idéal.

____

(1) *L'Allemagne depuis Leibnitz.* 1890, Paris, Hachette.

Autre différence, ce mouvement est, depuis trois siècles au moins, depuis la Réforme, en rapports directs avec toutes les classes de la population en Allemagne et à Berlin; à Paris et en France, il date surtout de 1830, quant à la diffusion de l'enseignement. Il est plus récent, dans son extension populaire, à Paris qu'à Berlin. L'enseignement obligatoire provient de la Réforme et de Frédéric II à Berlin. A Paris, il ne remonte pas à un quart de siècle. A cet égard, Paris, comme la France, a fait un progrès gigantesque. Centre de l'enseignement supérieur et secondaire depuis le xiie siècle, il est également aujourd'hui le plus grand foyer continental européen de l'enseignement populaire.

Sous le rapport de l'art, l'Allemagne ne peut soutenir aucune comparaison avec la France, Berlin avec Paris. Les musées de Berlin contiennent, sans doute, de belles collections et quelques œuvres allemandes remarquables. Ces collections ont été réunies dans des palais qui marquent trop l'imitation antique et qui contrastent avec l'économie absolument moderne de Berlin. Munich, Saint-Pétersbourg sont mieux dotés. L'école proprement dite allemande, peinture, sculpture, architecture, après avoir donné quelques heureuses prémices, pendant la première moitié du xix[o] siècle, semble avoir été tout à coup frappée de stérilité [1]. Il faut

---

(1) La ville n'a pu briser le moule dans lequel elle a été coulée par quelques-uns de ces rudes électeurs qui croyaient bâtir une ville comme on construit un camp : les édifices n'y font pas corps avec la terre qui les porte. Les musées, les collections sont des modèles d'ordre, de méthode, de classification; mais, sous le rapport de la richesse en œuvres originales, ils sont inférieurs à ceux de presque toutes les autres capitales de l'Allemagne et de l'Europe. (Melon, ibid., p. 11.) Telle était, dès 1844, l'opinion de Viardot (*Musées d'Allemagne et de Russie*, p. 341). Viardot signalait déjà le grand accroissement de Berlin qui ne comptait encore que 350,000 habitants. Il ajoutait : « Berlin dépassera Vienne. » Aujourd'hui il s'agit de savoir s'il ne dépassera pas Paris.

voir dans ce temps d'arrêt l'influence de la Prusse, avant tout militaire, ambitieuse et conquérante.

Scudent alii spirantia mollius æra.

Les victoires de 1866 et 1870 n'ont inspiré aux peintres prussiens aucun tableau comparable à ceux avec lesquels les Français ont su représenter leurs revers. Rien de moins artistique que le monument, presque extravagant, de Thiergarten. La statue du vieux Frédéric ne vaut pas mieux que le splendide cosaque de Kiew.

La guerre n'a pas mieux servi la Prusse et l'Allemagne pour les lettres et pour les sciences. Berlin est bien loin, à cet égard, de la grandeur dont il a joui pendant tout un siècle, alors que s'y formait cette admirable pléiade de savants, d'illustres écrivains, de philosophes, venus de toutes les parties de l'Allemagne, qui a préparé l'hégémonie actuelle de la Prusse. Où sont les successeurs de Fichte, de Schelling, de Hegel, des deux Schlegel, des deux Humboldt, de Jean de Muller, de Schleiermacher, de Creuzer, de Ranke, de Mendelssohn, de Meyerbeer ? Sans doute Curtius, Mommsen, déjà accablé par l'âge, Helmholtz, Virchow, et quelques autres, devenus rares, honorent encore l'Allemagne, surtout au regard des sciences historiques qu'elle a presque renouvelées en ce siècle, mais combien s'évanouit déjà dans une pénombre, de plus en plus s'assombrissant, la grande époque héroïque de Schelling, d'Hegel et d'Alexandre de Humboldt !

Sous la dure main de la Prusse, l'Allemagne a échangé la plume et la pensée contre le fusil et l'ambition belliqueuse [1]. Les sciences et les arts ne s'associent pas longtemps

(1) Au milieu des panoplies sans nombre qui décoraient les parois de la Ruhmsalle, près der Linden, je vis une cuirasse percée de cinq

6...

avec les nécessités de la guerre. La Grèce ancienne a péri pour avoir persisté dans cette association. Toute la civilisation de la France, si brillante au xviiie siècle, n'a été qu'une longue réaction contre Louis XIV, et la belle période monarchique française, de 1820 à 1848, contre Napoléon.

Emportée par la plus haute, mais la plus redoutable ambition militaire qu'une nation ait conçue depuis Rome, reprenant dans de tout autres conditions la chimère de Napoléon, la Prusse fond des canons au lieu de peindre des tableaux et d'écrire des romans. Romans, comédies, vaudevilles, opérettes, gravures pornographiques, elle ne les dédaigne certes pas; Berlin paraît les apprécier singulièrement; mais c'est la France qui est chargée de l'en rassasier.

Le mouvement intellectuel de l'Allemagne s'est par suite ralenti. La splendeur littéraire et scientifique dont Berlin resplendissait jadis s'est effacée. Le Danois de Moltke et le Wendo-Finnois Bismarck, Caprivi et autres, commandent à l'opinion au lieu de Schelling, de Humboldt et de Mendelssohn. Cultiver la mitraille ou la philosophie ne peut donner les mêmes œuvres. Le houx ne porte pas les mêmes fruits que l'olivier.

Aussi Berlin a-t-il renoncé à ouvrir le xxe siècle par une Exposition universelle. Il maintient néanmoins ses prétentions à l'hégémonie de l'Europe (Weltstadt); mais la Weltaustellung in Deutschland n'aura pas lieu, du moins Berlin n'en prendra pas l'initiative, ni la responsabilité. Il se reconnaît, quant à présent, impuissant à lutter contre les

coups de feu. Je m'étonnais d'abord de trouver là une pièce aussi commune, mais ayant lu l'inscription qui était à côté : « Expérience faite sur une cuirasse française avec le premier fusil à aiguille (1830-1831) », j'en compris la valeur et pourquoi elle avait paru digne d'un musée. (Melon : *l'Allemagne chez elle*, p. 2.)

bizarreries et les singularités de la fête du monde à Chicago
(World's Fair) et contre ce qui survit, à Paris et en France,
d'ingéniosité, de ressources, de goût et d'art, malgré les
déboires du Panama. A Berlin on arme; on prépare trois
nouveaux corps d'armée; on espère que la France sera assez
imprévoyante, assez divisée, assez torturée ou vendue par
les espions de la triplice, les rabatteurs anglais et les juifs de
toute couleur, pour permettre à la triple alliance d'accabler
d'abord la Russie, puis d'en finir avec les Celtes. C'est grand
jeu [1]. La Macédoine, la Grèce, la Syrie et l'Égypte n'ont
jamais reconnu qu'Annibal défendait leur indépendance.
Carthage à terre, Rome n'a eu qu'à effeuiller l'artichaut.
Voilà les idées et les projets qui hantent les cerveaux des
hautes classes à Berlin, à ce point qu'elles le disent franchement. Il faut nos aimables anarchistes de Carmaux,
nos conseillers municipaux en manches de chemise de
Marseille ou de Saint-Denis, les prêtrophobes à 6,000 francs
pièce du Conseil municipal de Paris, ou les ministres
alimentés par les caisses du Panama pour s'imaginer que
la Prusse prépare la fraternité universelle, avec Bebel,
Liebknecht et Vollmar [2].

Bien que la presse, dans ses branches et sous ses formes

(1) Bien que depuis la chute de M. de Bismarck, l'attitude du
gouvernement prussien soit devenue plus calme, l'idée d'un nouveau
démembrement de la France hante toujours les esprits. M. Melon
(p. 205) et l'auteur de *l'Allemagne actuelle* (p. 256) indiquent
plusieurs plans de partage. Le chancelier Caprivi n'a pas hésité
dans ses discours au Reichstag (janvier 1893) à aborder cette singulière question pour déclarer qu'à aucun prix il ne voudrait accepter
un nouveau morceau de la France. Que dirait-on à Berlin, si à la
Chambre des députés on examinait des projets de démembrement
de l'empire allemand ?

(2) Le rêve allemand, c'est l'Europe pacifiée, désarmée, mais
vassale. (Melon, ibid., p. 220.)

multiples, soit l'expression la moins imparfaite du mouvement intellectuel des peuples et des grands foyers de la civilisation, il ne faudrait pas juger de ce mouvement à Paris et à Berlin, d'après la presse seulement. Elle ne peut être qu'un élément de comparaison. Sans doute il n'est que juste de reconnaître que la presse allemande, spécialement la presse de Berlin, ne se fait pas faute d'administrer, à peu près tous les jours, les plus charitables admonitions à la Babylone des temps modernes : néanmoins la presse de Berlin ne possède pas l'importance de la presse de Paris. Aucun rapprochement à faire ni quant à l'indépendance de la direction, ni quant à la variété, ni quant au tirage des journaux et revues de Berlin, ni quant à la production extraordinaire de Paris. Il est vrai que la concentration de la presse est loin d'être en Allemagne ce qu'elle est en France. Plusieurs des journaux et des revues les plus considérables de l'Allemagne, la *Gazette de Cologne,* la *Gazette d'Augsbourg,* ne sont pas publiés à Berlin. Toute ville allemande possède plusieurs journaux, parfois plusieurs revues, comme Iéna. Il s'est opéré certainement depuis vingt-cinq ans, en France, une décentralisation politique et intellectuelle dont il faut tenir compte. Déjà Lyon, Marseille, Bordeaux, Lille, Nantes, constituent des foyers indépendants, avec des organes appropriés à chacun d'eux. Mais la presse parisienne a conservé encore une influence tout autre que la presse de Berlin. Des articles de certains journaux de Hambourg, de Cologne, de Francfort, de Leipzig, sont recherchés par toute l'Europe, comme l'expression de l'opinion publique en Allemagne. Les journaux de Paris sont toujours censés, ce qui est souvent une erreur, représenter l'opinion de la France [1].

(1) M. Tissot compte toutefois à Berlin 265 journaux ou revues : 31 politiques, 27 juridiques, 23 religieux, 34 scientifiques, 12 amu-

Au point de vue politique, la presse de Berlin, dans un milieu plus patriote, plus contenu, plus calme et de race différente, avec un climat tout autre, présente peut-être, sous une forme d'une lourdeur décourageante, plus de suite dans les idées et plus de sérieux apparent. La race celtique exige plus de variété, moins d'apprêt et plus de vivacité, avec un certain aspect de frivolité sensuelle.

Dans ses Lettres sur la société de Berlin, le comte Vasili nous paraît avoir fort judicieusement défini le caractère et apprécié la fonction de la presse politique à Berlin :

« L'Allemagne est un des pays où la presse joue un rôle
» disproportionné avec l'influence qu'elle exerce. Parmi la
» quantité de feuilles quotidiennes, qui inondent le pavé de
» Berlin, c'est à peine s'il s'en trouve deux ou trois qui
» jouissent d'un certain pouvoir sur l'esprit des masses ;
» encore celles-là sont-elles d'un ordre tout à fait inférieur,
» comme, par exemple, le *Klein Journal*, piètre imitation du
» *Petit Journal*, et le *Tageblatt* de Berlin, qu'il ne faut pas
» confondre avec le *Deutsch Tageblatt*. Ces deux gazettes
» sont les organes de la blague allemande et de la morgue
» juive. Elles sont lues surtout par les domestiques et par le
» grand monde, qui y découvrent également de quoi satis-
» faire leur amour pour les nouvelles à sensation.

» Il arrive souvent que ces feuilles se trouvent obligées
» de contredire leurs propres affirmations ; mais le public
» lit rarement le démenti, et colporte au contraire avec
» plaisir des récits toujours mensongers. Quant aux jour-
» naux, ils sont surtout lus à l'étranger, où l'on a la naïveté
» de croire qu'ils représentent l'opinion pour laquelle ils

sants, 14 agricoles, 11 financiers, 23 pédagogiques ; mais il insiste sur la dépendance de toute la presse, maniée en général par des juifs. Même opinion de la part du comte Vasili et de l'auteur de *l'Allemagne actuelle*.

» combattent. Il n'en est rien cependant, sauf deux ou trois
» feuilles dans le genre de la *Germania*, organe des cléricaux,
» et de la *Kreuz Zeitung*, porte-voix des conservateurs.

» La presse allemande est tout entière, ou bien entre les
» moins des banquiers juifs, ou bien dans la dépendance du
» gouvernement, lequel inspire tour à tour la *Post*, la
»·*Norddeutsche* et la *National Zeitung*, voire même quel-
» quefois la *Gazette de Cologne*, suivant que le choix de
» l'une ou de l'autre de ces feuilles lui paraît favorable à
» ses intérêts, et selon qu'il lui semble que l'une ou l'autre
» se laissera plus facilement démentir. »

Cependant depuis que M. de Bismarck a été mis en cage,
la presse de Berlin a plutôt gagné que perdu, tandis que la
presse politique française, sous l'influence des feuilles à
cinq centimes, traverse une crise douloureuse.

Quant à la presse scientifique ou artistique, Paris peut
accepter toutes les comparaisons, parce qu'il n'a à subir
aucune supériorité. Berlin, sous ce rapport, a encore beaucoup à faire; probablement ne lui sera-t-il pas donné
d'atteindre au niveau où des dispositions particulières de
race, de climat, de territoire, de réligion, de tradition, ont
permis à Paris de s'élever.

§ 13. — LA RELIGION A BERLIN

I. — Les tendances religieuses.

Berlin n'est point, comme Paris, un grand centre religieux.
Par contre, Berlin, malgré la liberté entière de la critique
scientifique de Schelling et d'Hegel, disciples et successeurs
de Kant, n'est, à aucun titre, un foyer d'irréligion, comme
Paris. Le christianisme a complètement recouvert la société
française; il en forme la substance même. Toute la civili-

sation de la France est chrétienne dans sa moelle, catholique dans sa forme. Il n'en est pas de même de l'Allemagne. Le christianisme n'a pu franchir le Rhin et le Danube que neuf à dix siècles après la première période de son épanouissement. Il était inconnu en Germanie aux temps des grands conciles. Il s'est avancé avec bien des efforts et des résistances, du Rhin au Weser, du Weser à l'Elbe. On peut dire qu'il est venu étaler ses derniers flots à Berlin [1]. Il y a dans le Brandebourg, en Poméranie, dans les provinces baltiques, beaucoup de familles qui n'ont jamais entendu parler du Christ, malgré les chevaliers porte-glaives. Au surplus, il en est ainsi de toute l'Allemagne du nord et de toute l'Allemagne orientale. Non seulement le christianisme n'a point imprégné leurs populations, mais il leur est antipathique.

J'extrais la citation ci-après de l'ouvrage de M. de Wyzewa sur le mouvement socialiste en Europe. Elle mérite d'être méditée. M. de Wyzewa est à Berlin; il se rend à une conférence socialiste du dimanche. « La salle ne tarda pas » à se remplir. Autant que j'ai pu en juger, c'était un public » d'ouvriers et de petits bourgeois, mais d'habitués; il y » avait beaucoup de femmes, beaucoup d'enfants, une » quantité singulière d'aveugles des deux sexes. Les

(1) Mirabeau a lui-même signalé ce fait : *Monarchie prussienne,* 1785; « le Brandebourg ».

« Les Berlinois sont plus que tièdes en matière de religion. Leur ville, née au XVIII° siècle, sceptique, semble en avoir conservé les traditions. Il n'y a guère que les *fonctionnaires* qui fréquentent les églises. » (Gersal, p. 252.) C'est l'inverse en France.

M. Neukom est plus positif encore. Il conduit ses lecteurs dans un temple où le ministre, avant son homélie, distribue du café et des pains aux assistants. Ceux-ci finissent par les dévorer avant la fin de l'homélie, de sorte qu'elle est interrompue par le bruit des longues dents qui broient à plaisir le pain dominical. (*Berlin tel qu'il est,* p. 207.)

» premiers saluts échangés, on se tenait immobile à sa
» place, sans rien dire; tout à fait des gens entrés dans un
» temple et qui attendent le moment de l'office. Je compris
» bientôt, en effet, que c'était à un office religieux et non
» pas à une conférence que j'allais assister, car, sur un
» signal, je vis tout le public se lever : un vieillard, debout
» dans la tribune, entonna les premières notes d'un hymne
» et la suite de l'hymne fut chantée par l'assistance entière.
» Voici le premier couplet de cet hymne : « Humanité !
» ta vie sacrée n'a besoin d'aucun temple, d'aucun autel.
» Ce qui peut donner satisfaction à mon cœur, cela n'est
» pas révélé d'en haut : c'est le saint rayon du soleil de la
» vérité qui l'apporte du tréfonds de l'âme humaine. »
» J'appris alors que j'assistais à l'office dominical de la
» communauté religieuse libre de Berlin, que cette commu-
» nauté existait depuis vingt ans et que M. Bruno Wille
» était l'un de ses pasteurs, spécialement chargé de l'ensei-
» gnement du catéchisme aux jeunes enfants. Le chant
» terminé, un jeune homme, tout vêtu de noir, vint prendre
» la place du vieillard. C'était M. Bruno Wille. M. Bruno
» Wille lut sur des petites feuilles qu'il avait apportées un
» long sermon d'une espèce tout à fait extraordinaire. Il
» avait pris pour sujet le rôle désastreux de toutes les
» religions et en particulier des rites et des cérémonies, pour
» le developpement de l'humanité. Le rôle ridicule des
» messes, des chants pieux, des génuflexions, il ne manqua
» pas de le mettre en lumière; après quoi, son ironie
» s'éleva jusqu'à Dieu même, pour qui tout l'auditoire, les
» femmes, les jeunes filles et les petits enfants, me parurent
» nourrir le plus parfait mépris (1). Puis on chanta la fin

(1) *Le Mouvement socialiste en Europe*, p. 80-85, 1892. « Croyez-
vous en Dieu ? » demande M. Tissot à un écolier. L'écolier répond :
« Je ne crois pas à cette blague-là » (p. 350). Cette réponse n'est que

» de l'hymne et on se sépara, se donnant rendez-vous
» pour le dimanche suivant, où devait avoir lieu, sous
» la conduite des pasteurs, une excursion collective vers
» un village voisin de Berlin : autant dire une procession
» ou un pèlerinage. » Quelle lumière cet office dominical
projette sur la célèbre conversation à Versailles entre
M. de Bismarck et M. Thiers ! Bismarck essayant en vain
de faire comprendre au panégyriste de la Révolution que
l'Allemagne ne vit pas sur le même fonds de civilisation
que la France. Une grande partie de la population de
Berlin n'est pas chrétienne. Il en est de même pour toute
l'Allemagne qui a échappé à l'influence romaine ou latine.
Les éléments de sa civilisation sont différents. La racine
profonde du protestantisme n'est autre que cette différence.

Ce n'est pas seulement dans les milieux populaires, socialistes ou révolutionnaires de Berlin, que se produisent ces
curieuses manifestations religieuses, sur un sous-sol athée.
On ne saurait refuser à Kant un fonds d'idées sincèrement
religieux, bien qu'il se soit employé à combattre toute
preuve de l'existence de Dieu et de l'immortalité de l'âme.
Nul philosophe n'a moins subi l'influence du christianisme
et des anciennes civilisations dont il a été l'héritier que le
dialecticien de Königsberg. C'est bien le chef, le directeur,
l'inspirateur de l'agnosticisme. L'agnosticisme n'en est pas
réduit à Berlin aux hymnes humanitaires des réunions
socialistes ou révolutionnaires. Il vient de se fonder à Berlin,
parmi les professeurs, les savants, les lettrés, les personnes
indépendantes de toute tradition religieuse dogmatique,

la conclusion des arguments de Kant contre les preuves de l'existence de Dieu *(Critique de la Raison pure.* Voir ci-après).

L'influence de Kant a été plus profonde sur le courant d'idées
de la civilisation allemande que celle de Voltaire et de Rousseau
sur la civilisation française.

de toute influence philosophique, une Société nouvelle, tout autre que l'Église de Saint-Simon ou que celle d'Auguste Comte. Ces deux Églises ont, en partie, disparu à raison des ambitions sacerdotales de leurs fondateurs ou de leurs prophètes. Auguste Comte, pas plus que Bazard ou qu'Enfantin, n'a pu se départir des habitudes, des vues, des costumes même des vieux pontifes. Le prêtre s'est trouvé être le successeur du philosophe. La nouvelle Société religieuse de Berlin se rattacherait exclusivement à Kant et à la raison pure. Elle se propose de développer la culture supérieure de l'humanité, surtout la culture morale d'après les principes de la science, en demandant à l'observation de la vie des sociétés et des peuples le fondement expérimental que l'on a, jusqu'à présent, essayé de trouver dans la notion de Dieu.

« Deux cents membres se sont unis en vue de réaliser ces gigantesques entreprises; parmi eux se trouvent des représentants de la science. La Société a élu pour président le docteur Förster, directeur de l'Observatoire de Berlin. Elle compte au nombre de ses coryphées le professeur Hœckel, le célèbre naturaliste d'Iéna, le professeur Ad. Wagner, puis des philanthropes, des conseillers intimes, des membres de la Société protectrice des animaux, des officiers supérieurs en retraite, des pasteurs libres, des députés progressistes, des institutrices et des maîtresses de pension, des démocrates socialistes et des gens de lettres. C'est déjà un premier succès que de réunir des hommes accourus ainsi des quatre coins de l'horizon. Les premières assemblées de la Société, constituantes et délibérantes, rappellent, il est vrai, la confusion des langues de la tour de Babel. La lecture seule de la liste diaprée des orateurs excitait dans l'assistance une innocente gaieté. Que d'opinions contradictoires : *tot capita, tot sensus !* On était en présence, non plus de 200 membres, mais de 200 sectes et de 200 schismes.

» Le professeur Hœckel a commencé par donner un croc en jambe à la tolérance, à la neutralité religieuse solennellement inscrites sur le drapeau, en déclarant qu'il ne fallait plus croire « à des idoles et à de vieux vêtements », mais à l'*âme du monde*, à la *Weltseele*, confessée par Gœthe. Un second orateur s'est pareillement attaché à combattre le christianisme orthodoxe, la Révolution et le matérialisme moral, qu'il ne faut pas confondre avec le matérialisme scientifique. D'autres ont protesté contre ces attaques à la foi religieuse. Après un discours du démocrate socialiste Turk, le député progressiste Pachnicke a déclaré que, si les tendances anticapitalistes dominaient dans la Société, lui et ses amis se retireraient. Le vœu le plus modeste est assurément celui du président, le docteur Förster; selon lui, le premier but à poursuivre, c'est que les Allemands, dans leurs rapports réciproques, se dépouillent de leurs manières rudes, de leur ton rébarbatif, en d'autres termes, qu'avant de réformer le monde, ils observent entre eux les règles de la civilité.

» On s'est enfin entendu pour fonder à Berlin des écoles d'instruction morale. Les cours, destinés aux enfants de six à onze ans, et de douze à quinze ans, commenceront en janvier. On organisera un séminaire. On se propose de créer une agitation en faveur d'un enseignement laïque officiel. La Société tiendra ses séances les après-midi de dimanche, jour consacré, publiera des brochures populaires, organisera des conférences. La prochaine assemblée générale aura lieu à Francfort, foyer de propagande pour le Sud et l'Ouest [1]. »

(1) *Journal des Débats,* 13 décembre 1892.

M. Bourdeau, auquel nous empruntons ces détails intéressants, explique clairement l'origine de cette association.

« Un journal allemand raconte la genèse de cette Société. Il y a aujourd'hui un siècle, le philosophe Kant publiait son traité sur *la Religion dans les limites de la pure raison*. Au feu de sa critique, les religions se dépouillaient de leur gangue limoneuse ; une gemme incomparable, un diamant de la plus belle eau, restait au fond du creuset, *l'impératif catégorique*, c'est-à-dire la loi morale qui s'impose à la conscience et qui lui crie : *Tu dois !* Comme Lessing, dans son *Éducation du genre humain*, comme Voltaire à travers ses moqueries, comme Schleiermacher, dans ses *Discours sur la religion*, où le mot Dieu n'est pas prononcé, Kant transformait les dogmes chrétiens en dogmes moraux. Que nos sentiments et nos actes, écrivait-il, soient le seul service divin. Point de prières et point de miracles, mais une conscience pure, qui n'agisse que par devoir, ne fasse le bien que par amour du bien, sans espérance d'un avantage temporel, ou de récompense éternelle. Sur ce roc diamanté de l'Impératif catégorique, est-il possible de fonder l'*Église invisible*, celle qui se passe de prêtres, de rites et de symboles, mais dont le sanctuaire brille dans les cœurs ? »

Étudiant le même mouvement, d'après d'autres documents, Arvède Barine le caractérise de la même manière. On croit entendre Jean-Jacques avec la ferveur de sa première foi : « Nous avons beaucoup trop mauvaise opinion des hommes ; » il existe au fond de nous tous une nature supérieure ; » mais on n'y fait pas souvent appel. Osons nous adresser » aux bons côtés de l'homme, lui demander d'être juste » et courageux au nom du devoir et de la conscience, sans » le secours de la religion, et le monde sera étonné de ce » que nous obtiendrons. » Voilà la pensée intime de Kant,

le tréfonds de la Raison pratique. Notre aimable critique de continuer : « C'est exactement le contraire de l'idée chré-
» tienne. Les *Sociétés pour la culture morale* le savent bien;
» elles ne s'en embarrassent point. Elles attribuent au chris-
» tianisme — ce qu'on ne peut leur accorder entièrement —
» le pessimisme qui énerve notre génération. Le pessimisme
» est l'état d'esprit des personnes qui ont conservé le point
» de départ de notre religion, en cessant de croire aux
» compensations qu'elle nous offrait. Ces personnes n'ont
» rien à quoi se rattacher; elles sombrent dans une sorte
» de résignation amère. Le pessimisme, fils du christia-
» nisme, c'est la banqueroute morale de l'humanité. Il faut
» combattre de toutes nos forces pour la foi en la nature
» humaine [1].

» L'impulsion est partie des États-Unis, où la première
» Société, celle de New-York, remonte déjà à 1876. L'ancien
» continent eut beaucoup plus de peine à se mettre en
» mouvement. Berlin donna enfin le branle, en octobre
» dernier, par un congrès qui organisa la propagande avec
» un tel succès, que la Société berlinoise compte aujourd'hui
» 800 membres et que ses ramifications ne tarderont guère
» à couvrir tout l'empire [2].

[1] *Débats*, 21 mars 1893.

[2] Le census américain de 1890 a relevé le nombre des membres des sociétés *for ethical cultur* : 1,064 se réunissant dans 5 haltes contenant 6,260 places, avec 4 centres : New-York, Pensylvania, Missouri, Illinois. La Société de New-York possède 60,000 dollars. Voici ce qu'ajoute le Bulletin du census. « Le professeur Adler a
» déclaré que le bien était le Dieu de la nouvelle religion, avec
» l'univers pour église et le paradis sur la terre et non dans les
» nuages *(in the clouds)*. Cette religion se propose : 1° d'enseigner
» la supériorité du but moral sur toutes les vues et intérêts de
» l'homme *(Raison pratique de Kant)*; 2° de montrer que la loi
» morale est une autorité indépendante des philosophies et des

» Le but à poursuivre en Allemagne a été nettement
» établi par le Congrès. Il s'agit de renouveler de fond en
» comble l'éducation morale de la nation germanique, qui
» repose sur des idées fausses. On a travaillé, par tous les
» moyens possibles, à déformer les consciences et à affaiblir
» le principe de l'action : il faut réparer le mal en s'empa-
» rant de l'enseignement moral de la jeunesse, en créant
» une nouvelle littérature populaire, en instituant des
» musées et des expositions qui parleront aux yeux, des
» cours publics et des conférences qui redresseront les
» esprits, en ne se lassant jamais de répéter à tous les
» Allemands, jeunes et vieux, ignorants et lettrés, par tous
» les moyens que fournit l'imprimerie, qu'on les trompe
» depuis dix siècles et qu'il existe en chacun de nous un
» germe indestructible et sacré d'où sort le Bien, sans
» l'intervention du Ciel. »

Ouvrons maintenant les quatre lettres, très curieuses, qui
terminent le livre de M. Von Leixner et qui traitent exclusivement de la question religieuse à Berlin. Après avoir
montré les tendances de la démocratie socialiste de Berlin
vers l'anarchie et le nihilisme, M. Von Leixner explique
comment ces tendances aboutissent fatalement à l'athéisme
le plus absolu sous deux influences : d'abord l'exemple des
classes supérieures, ensuite les difficultés de la condition
économique des classes ouvrières dans un milieu où les
bouches ont multiplié plus vite que les pains. Les adeptes
des *Sociétés de culture morale* ont, d'après un vieil adage

» religions; 3° de faire progresser la science et l'art de bien vivre,
» c'est-à-dire honnêtement. Les réunions ont lieu le dimanche
» à Chicago, Saint-Louis, Philadelphie, New-York! » Pourquoi le
dimanche, puisque le dimanche est établi sur l'idée de la résurrection? Une convention, tenue à New-York en 1886, a prescrit
des meetings annuels.

celte, du foin dans leurs bottes. Bien nourris, bien logés, bien chauffés, ils sont tout armés, à l'instar de Schopenhauer, qui se tenait joyeux dans les meilleurs hôtels de l'Allemagne, sans négliger les chambrières, pour combattre avec énergie contre la destinée. Ainsi ont vécu les grands stoïciens. Sénèque n'a point écrit dans la grotte où se morfondait saint Jérôme. Mais l'ouvrier de Berlin n'a point de farniente et il habite dans des caves. Sa situation est pénible. Il lui est difficile de se raidir contre l'adversité, sans compter sur une espérance quelconque. Il compense l'athéisme par le socialisme. Cette compensation ne sourit guère aux Sociétés de culture morale. Pour elles, la richesse, la science, l'art, la guerre, les hautes spéculations de l'esprit, de l'ambition, et les satisfactions les plus terrestres, prennent la place de la religion. Il en était à peu près de même de l'aristocratie romaine, aux derniers temps de la République. M. Von Leixner ne tarit pas sur ce sujet. Sa xxxive lettre a pour unique objet de montrer comment a opéré et opère encore, en religion, l'exemple des classes supérieures (*Gebildeten*, quant à la science, *und Besitzenden*, quant à la richesse).

Naturellement, les ouvriers les plus huppés, la fleur du panier, s'efforcent d'imiter, de leur mieux, les professeurs et les capitalistes. Ils suivent les cours d'histoire, d'économie politique, même de métaphysique. Nous les avons plus haut rencontrés parmi les *Hospitanten* des hautes études. Ils ne se contentent pas de lire Karl Marx, Lassalle et le *Vorwaerts*; ils y joignent Darwin, Bastiat, Louis Blanc, Buchner et autres; ils se forgent ainsi une mixture abracadabrante où domine toutefois l'idée que la force matérielle est tout et d'où est exclue toute force immatérielle. Dieu, par suite, n'y apparaît jamais. M. Von Leixner est très précis en tout cela. Il a le soin de répéter, plus d'une fois, que dans les petites villes et les campagnes du Nord, l'état religieux est différent ; mais tout ouvrier allemand, attiré dans la fournaise de Berlin, devient démocrate-socialiste, métaphysicien et athée.

Celui dont le lot en ce monde n'est pas trop méchant doit se montrer satisfait et par suite peut devenir sociétaire en culture morale. Cette culture ne saurait complaire à cet autre qui, plus maltraité, est à perpétuité à la recherche d'un logis, d'un repas ou d'une redingote. S'il renonce, d'accord avec les Sociétés de culture morale et avec Kant, leur inspirateur, à toute espérance de compensation dans un autre monde, il ne lui restera plus qu'à choisir entre l'émigration, la résignation du stoïcien, même celle du bouddhiste, ou l'appel à la force. Les Allemands émigrent en masse, car ils sont très prolifiques ; et cette émigration est une des forces de l'Allemagne ; mais les plus pauvres, c'est-à-dire les plus désespérés, restent : n'émigre pas qui veut, mais qui peut. L'émigrant doit être pourvu, sous peine de mort, d'un pécule. Quant à la résignation, qui lui en parlera ? qui lui en donnera l'avis et l'exemple ? « Un pas de plus, reconnaît » M. Bourdeau [1], le conduit au désespoir, à la révolte. La » révolution est là. » M. Von Leixner est plus explicite encore. Le temps des armes spirituelles pour éclairer, conduire, contenir même les masses populaires, à Berlin, du moins, est passé ; elles ne reconnaissent plus que la force [2]. Nous sommes le nombre : donc nous avons la force. A nous les beaux palais, à nous les belles femmes (page 386). Allez donc parler de prière, de résignation, de Dieu, de culture morale, à ces fanatiques. « Vous me parlez de Dieu ; chantez

(1) *Socialisme allemand*, p. 188.
(2) 35ᵉ lettre : *Die Starkste Waffe*. « Denn das Mass der Kraft gestaltete sich zum Masse des Rechts ; car la masse de la force s'affirme par la masse du droit » (p. 382).

» donc. *Man spreche von Gott : Sie werden Johlen.* »
Conclusion : il faut à l'État une armée solide (page 390).
La force, voilà la religion actuelle des Allemands à Berlin.

Dans un milieu très éclairé et suffisamment aisé, la culture morale, qui n'est autre que la Raison pratique de Kant, peut ramener une minorité d'élite vers le stoïcisme [1], peut-être même ouvrir certaines perspectives au bouddhisme, bien que dans des limites plus étroites, puisque le véritable bouddhiste doit être une sorte de cénobite [2]. Mais le démocrate socialiste de Berlin songe beaucoup moins à mendier, l'escarcelle à la main, de porte en porte, qu'à devenir propriétaire, à s'introduire parmi les heureux libres-penseurs qui, dans leur maison bien pourvue, trouvent excellents les arguments de Kant contre les preuves de l'existence de Dieu et la persistance de l'âme, et font atteler après un bon déjeuner. Il entend jouir à son tour et lire Kant tout à son aise. Il n'est d'accord avec les *Gebildeten und Besitzenden* que sur la non-existence de Dieu. Les conséquences mêmes de ce dogme ne sont et ne peuvent pas être les mêmes pour eux. Tout au plus acceptent-ils les uns et les autres, comme de convenance, l'enterrement civil.

(1) Ce retour vers le stoïcisme remonte vers le milieu du XVIIIe siècle. Il a été et il est encore l'un des éléments du jacobinisme républicain français. A propos de la mort de Taine, Maurice Barrès *(Figaro* du 25 mars 1893) marque ce retour, très sensible chez Renan, mais peut-être moins sérieux. Il fait dire à Taine : « Aujourd'hui, comme jadis, ma règle morale, c'est le stoïcisme de Marc-Aurèle... Mes livres sont écrits pour une minorité; ils n'enseignent que le déterminisme et la soumission d'un Marc-Aurèle. » Cette soumission n'a pas empêché Marc-Aurèle d'être l'un des persécuteurs les plus redoutables du christianisme et l'un des vaincus.

(2) L'activité et l'ambition des hautes classes de Berlin sont trop grandes pour que le bouddhisme les captive. Quant aux classes laborieuses, leur force prolifique est absolument contraire à l'abstinence sévère, l'un des fondements du bouddhisme. Un bouddhiste — qui a vingt enfants — est absolument réfractaire.

7.

La religion constitue, par suite, une nouvelle et très caractéristique différence avec Londres, New-York, Paris surtout. On se rend compte, sans peine, que les athées de toute espèce ne manquent pas parmi les habitants du *greatest London*. Toutefois, l'athéisme anglais ne revêt guère l'apparatus scientifique de Berlin. Il ne trouve aucun appui dans les hautes classes. Au contraire, on constate chez elles, depuis un demi-siècle, une certaine tendance à se rapprocher de la vieille mère de Rome; Londres est le foyer principal de ce mouvement, de même que celui de la plupart des églises protestantes, ainsi que des innombrables missions, largement entretenues, dont elles couvrent les deux hémisphères. Pour Londres particulièrement, si vaste, si peuplé, que des familles entières peuvent fort bien n'y avoir point rencontré encore l'occasion d'entendre parler de Dieu, du Christ et de ses églises, il n'est point question de Sociétés de culture morale, mais de simples missions protestantes ou catholiques. L'ouvrier anglais n'est point, en principe, par sentiment ou influence du milieu, surtout à raison de l'exemple donné par les classes supérieures, *Gebildeten und Besitzenden*, réfractaire à l'idée de Dieu, pas plus qu'à la bonne nouvelle. Les arguments de Kant ne lui ont pas été transmis comme un héritage. Ils ne sont pas infusés dans son sang. Le pessimisme ne lui sourit pas. Il ne passe pas ses loisirs à lire Schopenhauer, pas plus que Karl Marx [1].

Il en est de même à New-York. Le peuple américain est resté très religieux. Faut-il rappeler la profonde sensation que produisirent dans la société bourgeoise de Paris de

[1] Le lord-maire de Londres en fonction pour 1893 est un catholique pur sang. Après Pâques, il a offert dans la grande salle de Mansion-House un splendide banquet au cardinal Vaughan et à trois cents catholiques. Son premier toast a été pour Léon XIII.

1830, alors très voltairienne, les lettres de Michel Chevalier, sur les trois piliers de la colonisation américaine : *église, école, banque*? Bien des libres-penseurs du temps s'imaginèrent que le disciple de Saint-Simon et de Bazard se moquait d'eux. Aussi combien fut grande l'impression à la lecture des cinq ou six chapitres que *la Démocratie en Amérique* — première édition 1839 — contenait sur la religion aux États-Unis : De la nécessité de la religion dans les pays libres ; — Les religions et les démocraties ; — La religion considérée comme élément des institutions politiques ; — De l'influence sociale de la religion ; — Des causes de la puissance de la religion aux États-Unis [1]. C'étaient autant de coups de boutoir à l'adresse des partisans, encore nombreux, de l'école, si ridicule aujourd'hui, des Dupuis et des Dulaure ; c'étaient aussi des révélations l'endroit des philosophes qui avaient cru à la fin des religions, en Europe, du moins, — extravagance déjà extraordinaire, — et des critiques qui s'y prélassaient. Michelet et Quinet se préparaient déjà à répondre à Tocqueville par le fameux pamphlet : *Les Jésuites.*

Mais Tocqueville ne s'arrêtait pas à des généralités. Il remarque (1838-1839) que l'Église catholique, déjà en libre fonctionnement aux États-Unis, au moins soixante ans avant son voyage, y est en pleine prospérité. Aussi voici ce qu'il prédit : « Si le catholicisme parvenait à se soustraire » aux haines politiques qu'il a fait naître, je ne doute » presque point que ce même esprit du siècle, qui lui semble » si contraire, ne lui devînt très favorable et qu'il ne fît

____

(1) *La Démocratie en Amérique,* vol. III, ch. v, vi et vii ; vol. II, ch. ix. « Je pense qu'on a tort de regarder la religion catholique comme un ennemi de la démocratie » (p. 200). Quel rude avertissement donné (il y a cinquante-quatre ans) à nos politiciens des décrets, Gambetta, Jules Ferry et consorts !

» tout à coup de grandes conquêtes. » Eh bien ! il a fait ces
conquêtes et l'intelligente clairvoyance de Tocqueville a
deviné juste. Dans ses notes sur les États-Unis, un voyageur
très sagace, M. Max Leclerc [1], s'est chargé de vérifier, à
cinquante ans d'intervalle, le sort des prédictions du grand
publiciste; et il nous apprend que l'Église catholique, qui
ne comptait pas plus d'un million d'âmes à l'époque du
voyage de Tocqueville, en revendique maintenant dix
millions. New-York a une grande part dans ce mouvement.
Voici, à ce propos, un très intéressant témoignage, c'est
celui d'un vieux missionnaire franco-irlandais, établi à New-
York, il y a plus de quarante ans.

« Combien ce magnifique diocèse de New-York a grandi
» et prospéré depuis que j'y posai le pied la première fois,
» le 9 septembre 1849 ! Alors le diocèse comprenait tout
» l'État de New-Jersey, le Long-Island et la partie sud de
» l'État de New-York. Maintenant le New-Jersey a deux
» diocèses et va bientôt en avoir deux autres. Brooklyn
» et Long-Island forment un diocèse peu inférieur en
» importance et en population catholique à l'archidiocèse
» lui-même. Depuis 1849, les églises catholiques se sont
» prodigieusement multipliées dans cette immense ville
» et, avec les églises, sont nés, ont grandi et prospéré,
» institutions de bienfaisance, établissements d'éducation,
» toutes les grandes œuvres et les grandes choses qui
» naissent spontanément du catholicisme sur un sol
» favorable et à l'air d'une bonne et franche liberté. Le
» clergé peut se comparer à n'importe quel clergé du
» monde. L'avenir est donc à nous. » Nous n'avons pas
encore la statistique, relevée en 1890, dans le census, des
églises de New-York. Le nombre en doit être considérable,

---

(1) *Choses d'Amérique* : « le Catholicisme aux États-Unis », ch. vi.

car bien que les catholiques dominent à New-York, avec les Irlandais, — fait des plus curieux, — les diverses confessions protestantes y tiennent aussi une grande place.

Il est vrai que la religion de la culture morale, née réellement à Königsberg, paraît avoir trouvé à New-York son premier prêtre — *sacerdos magnus* — dans le professeur germain Adler, qui, de passage à Berlin, y aurait assemblé les divers éléments d'une église, sœur de celle établie à New-York, dans la colonie allemande américaine. La racine, le tréfonds, serait toujours germanique. Cette racine conservera-t-elle, sur le sol américain, sa saveur primordiale ? Il est permis d'en douter. La poussée des catholiques aux États-Unis indique assez que les plantes qui croissent à Königsberg et à Berlin s'étiolent à New-York. Demandez donc aux cuisinières de Berlin de consacrer leurs épargnes à élever une église de marbre et d'or à saint Boniface, voire même un temple à Luther, comme Saint-Patrick, la plus belle église de New-York, grâce aux pauvres domestiques irlandaises ? Sortira-t-il une religion nouvelle de l'immense trituration de races qui se mélangent, aux États-Unis, entre le Pacifique et l'Atlantique ? Téméraire serait le prophète qui l'affirmerait, plus téméraire celui qui le nierait. Mais il n'y a aucune audace à maintenir qu'aucune religion n'y apparaîtra sur le fondement kantiste « qu'il n'existe » nulle part aucun être absolument nécessaire, soit dans » le monde, soit hors du monde [1] ». Toute l'Amérique est chrétienne, protestante ou catholique. C'est même aux États-Unis que se réalise la prédiction de Tocqueville, la réconciliation de l'Église catholique, légitime héritière des plus anciennes et des plus vénérables traditions religieuses

____

(1) *Raison pure*, traduction Tissot, liv. II, ch. 1er, sect. II, vol. 1er; et vol. II, ch. II, sect. III, IV, V, VI : « De l'impossibilité des preuves de l'existence de Dieu. »

de l'humanité avec la civilisation moderne, réconciliation qui aura sa répercussion en Europe. Les décrets — j'ignore de quel brumaire ou de quel frimaire — exhumés par Ferry, légalisés par Grévy, exécutés *manu militari* par Andrieux, rentreront à l'École des chartes. *All is well, what ends well.*

Avec Paris le désaccord est encore plus grand. Paris n'est pas le centre du pouvoir catholique, mais c'est le foyer de la pensée et de l'action catholiques [1]. Les trois quarts de sa population ont reçu le baptême et ont fait la première communion. Les deux tiers obtiennent un convoi religieux et une croix sur leur sépulture. Si les grands monuments chrétiens manquent entièrement à Berlin, Paris possède d'incomparables églises qui comptent au nombre des plus beaux édifices de l'humanité. Et à côté de ces édifices, chefs-d'œuvre de l'architecture de plusieurs siècles, il ne faut pas manquer de parcourir, un jour de solennité catholique, Pâques, Noël, première communion, les puissantes paroisses populaires qui n'ont pas moins de 100,000 habitants, Saint-Ambroise, Sainte-Marguerite, Saint-Jacques de la Villette, Saint-Germain de Charonne, Saint-Joseph de Ménilmontant, Saint-Sulpice, où le peuple de Paris accourt fidèlement en masses profondes et où il rencontre un clergé admirable, vivant avec lui, rompu à ses habitudes, le soutenant dans ses épreuves, tout à fait démocrate, dans le sens américain de ce mot, qui prête à tant d'emplois. La réconciliation, comme on le voit, est en train de se faire.

Ces grandes paroisses s'organisent tout comme dans l'Ohio ou le Kansas. Rien de l'Etat, encore moins de la ville. Le curé visite ses paroissiens, et partout où il peut mettre la main sur un ouvrier devenu riche, il est sûr de son affaire. Il achète le terrain, puis il bâtit l'église, puis les écoles,

(1) *Journal de la Société de Statistique de Paris,* septembre 1890.

puis l'ouvroir, — plus tard le refuge. L'église redevient un centre social, comme au moyen âge. Allez plutôt voir Sainte-Marguerite, Saint-Germain de Charonne, Saint-Honoré d'Eylau. De l'argent, il finit toujours par en trouver. Montrez donc les monuments, les asiles, les refuges, de la libre-pensée ? Tout cela se passe sous nos yeux, aux Champs-Élysées même. Et vos yeux ne voient rien. Vous dites : Je ne me sens pas la foi. Je réponds : Commencez par aimer le peuple, au lieu de l'exploiter ; la foi viendra par surcroît. Je soutiens que les excellents prêtres de Sainte-Marguerite et de Saint-Honoré d'Eylau sont de tout autres démocrates que les chéquards panamistes. Il n'a pas un seul Américain qui ne soit de cette opinion. Tenez-le pour certain [1].

Ici, le contraste entre la civilisation actuelle de ces deux grands centres urbains est complet. Il mérite d'être pris en sérieuse considération et étudié de près. A ceux qui ne verront qu'un décor dans le déploiement religieux de Paris, à ceux qui invoqueraient les scènes de la Révolution en 1793 et les scandales de la Commune en 1871, il est facile de répondre que la persistance de la population de Paris, malgré tant de malheurs et de violences, est le meilleur témoignage de ses véritables sentiments.

Pourquoi s'étonner que ces graves questions se posent à propos des grandes villes, particulièrement de Berlin, la plus récente, sans doute, mais animée d'une rare puissance d'attraction ? N'appartenons-nous pas, depuis plus d'un

---

(1) Le mardi de la semaine sainte de cette année (1893), nous nous sommes rendu à neuf heures du soir à Sainte-Marguerite (faubourg Saint-Antoine, quartier de Charonne) pour assister à une mission. Le chœur et la nef de l'église ne contenaient que des hommes. Dans les bas-côtés, les femmes et les enfants. La foule et la chaleur étaient telles que nous avons dû nous retirer, non sans peine. Sainte-Marguerite est la plus importante paroisse de Paris. (Voir *Journal de Statistique de Paris*, juillet 1890.)

siècle, à un mouvement remarquable des centres urbains ? N'est-ce pas dans ces centres que se sont préparés la plupart des changements qui ont le plus influé sur l'humanité, spécialement le christianisme, la Réforme, le développement des sciences, des lettres, des arts, depuis le xvie siècle ? Si une nouvelle religion doit éclore sur la surface du globe, pas de doute qu'elle ne naisse dans un de ces immenses foyers urbains, où toutes les idées viennent au monde, sont acceptées, combattues, survivent ou disparaissent. Bien des philosophes, des penseurs, séparés du christianisme, connaissant imparfaitement ses forces, non sans quelques illusions sur la puissance réelle des philosophies de notre temps, ont entrevu la nécessité d'une religion nouvelle. Ils ont probablement confondu les faits politiques avec les faits religieux, l'instabilité des institutions avec les mouvements des âmes, et si une nouvelle religion doit, non pas se substituer, — l'histoire des religions est absolument contraire à cette chimère, — mais se juxtaposer au christianisme, pourquoi ne surgirait-elle pas du foyer de l'agitation allemande, de ce Berlin, où grouillent près de deux millions d'Allemands, faiblement ou pas du tout christianisés ? Jouffroy et Taine, dans les écrits de leur première et seconde manière, ont à peu près admis cette nécessité d'une nouvelle religion. Jouffroy est mort après avoir déclaré que le christianisme serait la dernière des religions, — affirmation qui pourrait être démentie. Taine, comme le positiviste Littré, sont morts chrétiens, celui-ci catholique, celui-là protestant. Kant ne s'est pas converti, mais après avoir ébranlé toutes les religions en élevant arguments sur arguments contre l'existence de Dieu, il n'en a pas moins composé, à la requête du roi de Prusse, des livres très édifiants, et salué la beauté du christianisme, tout comme le vicaire savoyard.

Si le mouvement social contemporain s'accentue, peut-être verra-t-on sortir du fond des besoins et de la conscience populaire de l'Allemagne, concentrés à Berlin, une religion nouvelle, sans Dieu, tout comme le bouddhisme. Sera-t-elle aussi pacifique, aussi humble, aussi désespérée ? Cela n'est pas probable. Il fait trop froid à Berlin, la race y est trop prolifique et les dents de l'Allemand sont trop longues. Les Arabes étaient fort religieux, mais ils n'ont pas apporté la paix sur la terre.

L'influence de Kant, de Lessing, de Schleiermacher, ne suffit pas pour expliquer cette condition religieuse de Berlin et de presque toute l'Allemagne du Nord, non plus que celle du protestantisme. Ce n'est pas même l'influence principale. Le fait décisif, c'est que le christianisme n'a pas exercé, pour des causes diverses, sur les populations mélangées de l'Allemagne du Nord, la même action que sur les autres parties de l'Europe. Sous ce rapport, le contraste entre la Prusse et la Russie est des plus curieux, en même temps qu'il peut avoir les conséquences les plus graves et les plus inattendues. Le Russe, le Moscovite en particulier, sont des chrétiens presque fanatiques; le Prussien, lui, n'est pas chrétien. Autant la religion chrétienne a d'influence en Russie, autant elle en est dépourvue à Berlin. Saint-Pétersbourg et Moscou forment l'un et l'autre des centres religieux de premier ordre : clergé nombreux et puissant, belles cérémonies religieuses, églises de toute beauté, donnent un relief particulier à ces deux grandes villes. Le Kremlin n'est point une forteresse, ni un palais, c'est un lieu saint, rempli d'églises. Saint-Isaac domine toute la cité impériale. Rien de pareil à Berlin. Point de clergé distinct par le costume, point de centres religieux, des églises très modestes qui, la plupart, ont l'apparence de simples maisons, aucune cérémonie religieuse. Nulle grande ville n'a l'aspect moins religieux.

Ces réflexions s'appliquent spécialement à Berlin et, dans l'Allemagne du Nord, aux masses protestantes; les catholiques, de même que plusieurs communautés protestantes, sont, au contraire, attachés avec fermeté aux croyances chrétiennes, bien que ce ne soit ni à Berlin, ni dans l'Allemagne du Nord que le parti catholique allemand, qui a lutté avec tant de persévérance et d'énergie contre le Kulturkampf de M. de Bismarck, recrute ses solides bataillons. Il les recrute parmi les Allemands qui ont subi ou accepté l'influence de la civilisation latine et par suite participé à la primitive propagation du christianisme. Le Kulturkampf n'a été que l'expression de l'action des éléments antichrétiens de la Société de l'Allemagne du Nord. De même la Société de culture morale qui vient de se constituer à Berlin n'est qu'une nouvelle manifestation, probablement moins acerbe, des milieux qui ont combattu en faveur du Kulturkampf.

II. — Les Cultes.

Trois cultes se partagent la population de Berlin : le protestantisme, avec la plupart de ses subdivisions, le catholicisme et le judaïsme [1].

I. L'*Église évangélique* est la religion officielle, avec 49 églises, temples où chapelles. En 1887, elle a célébré 8,713 mariages; 36,449 baptêmes; 26,599 convois funèbres; donné 18,970 confirmations et 171,153 communions.

II. *Autres églises protestantes.* — Les communautés luthériennes, la Freie Lutherische Gemeinde, 6,000 membres;

---

(1) *Statistique religieuse de Berlin,* 1885 : Église évangélique, 1,143,397; catholiques, 99,228; juifs, 64,355.

Comparer la statistique religieuse de Paris (*Journal de la Société de Statistique de Paris,* septembre 1890), par M. Fournier de Flaix. 1885 : baptêmes catholiques, 44,596; mariages catholiques, 14,321 ; convois religieux, 39,525.

l'Altlutherische Gemeinde, 3,500 membres; la communauté de Frères Moraves, 294 âmes; la communauté apostolique, 1,572 membres; la communauté méthodiste, 1,900 membres. L'Église anglicane des méthodistes est sans importance.

Ces diverses églises, quoique dans un milieu chrétien très réfractaire, ont néanmoins une notable ardeur de propagation, comme toutes les forces religieuses réelles. Elles se sont appliquées, tant dans un but religieux que politique et commercial, à établir un grand nombre d'associations religieuses pour l'extension de leur foi et pour la représentation des intérêts économiques de l'Allemagne : 1° La Société des missions évangéliques parmi les païens, avec diverses Sociétés secondaires dans le Brandebourg, la Poméranie et la Saxe. Cette association entretient un séminaire spécial. En 1888, ses revenus ont dépassé 300,000 marks; 2° la Société des missions évangéliques de l'Afrique Orientale, avec hôpital et écoles; revenu 34,894 marks; 3° la Société chrétienne des Indes, revenu 25,800 marks; 4° la Société de Jérusalem, revenu 24,172 marks, capital 35,000 marks; 4° onze Sociétés paroissiales dans Berlin pour l'enseignement de la foi, le soin des malades, le secours aux pauvres, Sociétés permanentes avec bureaux, refuges, bibliothèques; 5° l'Association pour la défense du royaume de Dieu, revenu 82,900 marks, capital 500,000 marks; c'est l'une des plus puissantes; 6° la Société religieuse des jeunes femmes, avec 700 membres; 7° la Fondation Gustave-Adolphe, et divers autres établissements appartenant aux colonies étrangères à Berlin.

III. *Église catholique.* — Elle possède quatre paroisses à Berlin avec 106,500 fidèles. Mariages en 1888, 811; baptêmes 3,083; confirmations 1,069; communions 102,315; enterrements 1,724. Il existe à Berlin une petite communauté de vieux-catholiques. Pour la première fois, en 1888, un prorata de 5 °/₀ de l'impôt du revenu et des classes a été attribué aux églises catholiques, montant à 17,732 marks.

IV. *Églises dissidentes.* — Elles ne comprennent que la communauté de la libre religion, 3,693 membres; point de baptêmes, quelques mariages, enterrements et confirmations. Revenu 8,768 marks.

V. *Judaïsme.* — Les juifs sont très nombreux, puissants et riches dans toute l'Allemagne, en particulier à Berlin. Ils ont eu une part, presque décisive, dans le mouvement économique et philosophique de l'Allemagne au XVIIIe siècle, en particulier dans le développement du crédit et des banques. On compte à Berlin plusieurs banques privées considérables qui appartiennent à des juifs ou à d'anciens juifs, depuis peut-être cent cinquante ans. Berlin possède trois synagogues avec 11,000 fidèles. Revenu 1,932,133 marks. Deux autres communautés de rite différent avec 1,576 fidèles subsistent à part. Les unes et les autres ont des écoles, asiles, refuges, hôpitaux. La liberté religieuse est plus grande en Allemagne qu'en France, à Berlin qu'à Paris. Cette liberté est l'une des plus précieuses conquêtes de l'Allemagne comme l'une des bases de sa puissance et de la solidité de la société allemande.

Car l'un des caractères admirables de l'Allemagne, qui, en cela, n'est pas sans rappeler la république romaine, c'est qu'avec un déploiement militaire extraordinaire, menaçant, elle a pu conserver de fortes libertés que la Révolution française a plutôt compromises que garanties : la liberté religieuse, la liberté d'association, la décentralisation, la liberté d'enseignement. Ce sont là quatre leviers énergiques qui expliquent la grandeur présente et l'avenir de la race germanique.

III. — Les Cimetières.

L'organisation des cimetières se rattache essentiellement, dans Berlin, à la religion. Non que les cimetières y soient tenus avec le même luxe de soins, la même piété familiale qu'en France et dans quelques parties de l'Italie. Les Allemands du Nord ne pratiquent réellement pas le culte des morts, soit influence des divers cultes protestants auxquels ils appartiennent, soit qu'ils vivent sur un fondement inférieur de civilisation chrétienne. Mais la tradition est que chaque église possède un cimetière, l'entretienne et y fasse conduire les morts de sa circonscription. Chacune d'elles surveille les convois, règle les sépultures, fait tout ce qui est nécessaire; chacune a ses tarifs Les recettes provenant des cérémonies, des enterrements et des sépultures figurent parmi les plus importantes pour toutes. Par suite, on compte à Berlin 92 cimetières particuliers, auxquels il faut joindre un grand cimetière appartenant à la ville et administré par le Magistrat. Sur ces 92 cimetières, 49 sont situés en dehors même de la banlieue et 43 dans la banlieue. Les cimetières dans la banlieue sont divisés en deux catégories : les grands cimetières contenant 13 à 17 hectares, et les petits cimetières contenant de 2 à 3 hectares. Quant aux cimetières hors de la banlieue, ils ont de 10 à 15 hectares environ.

Le cimetière de la ville, situé près de Friedrichsfelde, a une contenance de plus de 25 hectares ou 250,000 mètres à peu près. C'est le plus considérable de Berlin. Ouvert à tous les habitants de la ville, à l'exception de ceux qui décèdent dans certains hôpitaux ou asiles spéciaux, il n'est pas confessionnel. Il a été disposé en parc, planté d'arbres dont les racines facilitent les sécrétions des cadavres. Les corps sont déposés sous des plates-bandes de gazon, le long d'allées plantées, à la suite les uns des autres, sans distinction. Il en est ainsi au grand cimetière de Vienne; mais ce dernier n'est pas planté. Par suite les plates-bandes ont un assez triste aspect. Les sépultures ne sont pas entourées, commè dans la plupart des cimetières français, de séparations ni d'ornements particuliers. C'est bien le champ commun du repos. Peut-être l'aspect de ces nouveaux cimetières a-t-il quelque chose de moins touchant, mais de plus simple et de plus sévère que nos vieux cimetières. Il existe dans le cimetière communal une halle aux cadavres, avec des caveaux souterrains. C'est une première distinction. La plupart des autres cimetières sont également pourvus de halles aux cadavres. En 1889, sur 36,246 cadavres, 32 % ont été déposés dans ces halles.

La période de décomposition est ordinairement de trente ans pour les corps mis sous les plates-bandes ou dans les caveaux. Après ce terme, on dispose à nouveau des terrains. Les indigents sont admis dans les plates-bandes sur un certificat spécial. La ville accorde, en outre, à tous les pauvres, un cercueil gratuit. Des concessions perpétuelles de tombeaux de famille sont aussi consenties, moyennant indemnité. Les concessions ne peuvent être transmises qu'aux ascendants et aux descendants.

Un fourneau crématoire est en construction dans le cimetière communal; il est spécialement destiné aux cadavres disséqués dans les hôpitaux.

Les autres cimetières sont distincts par culte : cimetières protestants 67; catholiques 7; orthodoxe 1; juifs 2; turc 1; dissident 1; interconfessionnel 1; c'est celui de la ville. La ville ne s'occupe que de ce dernier; chaque église ou chaque culte possède les autres; les concessions dépendent des églises qui les règlent librement. Plusieurs cimetières viennent d'être et seront transformés en parcs. On se propose d'en aliéner quelques-uns comme terrains à bâtir.

Les indigents qui décèdent dans les hôpitaux reçoivent une sépulture dans le cimetière de la ville. Pour les autres indigents, la ville ne paie que leur cercueil. Sur un certificat spécial, ils sont enterrés sans frais dans le cimetière de leur église. Ils prennent place à la suite et sans terme quant au séjour.

L'incinération n'est pas encore pratiquée à Berlin. Elle n'a été essayée qu'à Gotha. L'obstacle viendra, comme à Paris, des frais. Le cadavre humain ne vaut pas cher; puis le bois ou le charbon ne se distribuent pas gratuitement; c'est ce qu'ont oublié les sociétaires de la crémation (Verein für Feuerbestattung). On incinérait les propriétaires d'esclaves à Rome quand ils en valaient la peine; mais on enfouissait les esclaves. Toutefois, l'église protestante de Jérusalem a permis d'élever dans son cimetière, à Berlin, une sorte de columbarium où l'on réunira les urnes contenant les cendres de cadavres incinérés à Gotha, pourvu que les familles habitent Berlin.

Si les 79 paroisses de Berlin devaient incinérer les 35,000 cadavres mis, chaque année, à leur disposition, elles n'y suffiraient pas. Il est très curieux qu'un mouvement en faveur de l'incinération se soit produit dans une époque démocratique.

A Paris, tous les cimetières appartiennent à la ville qui bat monnaie avec les concessions de dix, vingt, trente et quatre-vingt-dix-neuf ans. Elle accorde toutefois, pendant cinq ans, un tout petit cadre à chaque corps et gratuitement. A Londres, les cimetières sont des entreprises particulières. Le système de Berlin a bien ses avantages. Beaucoup de Parisiens ne veulent plus se faire enterrer à Paris, dans telle rue, telle section de telle division du Père-Lachaise. On préfère se faire porter dans les cimetières, moins encombrés, de nos campagnes où l'oubli est moins profond et la promiscuité moins écœurante. On espère qu'on pourra y rester longtemps et qu'on n'aura pas trop tôt un successeur. On se console en répétant avec le Psalmiste : *In pace, in id ipsum dormiam et requiescam*. On reviendra, d'ailleurs, on revient déjà aux cimetières multiples, nécessaires à tous points de vue. On ne saurait trop approuver la pratique de Berlin de conserver les anciens cimetières et de les laisser à chaque église. Les immenses cimetières, qu'ils consistent en des accumulations de pierres ou en des plates-bandes sans fin, ni distinction, rendus nécessaires par l'extension des grands centres, malgré leur majesté, deviennent eux-mêmes insuffisants. On ne peut, au point de vue de l'hygiène, entourer toutes les capitales de cimetières, comme Constantinople. Paris n'a eu longtemps que trois cimetières, il en compte maintenant dix; on les augmentera bientôt.

La promiscuité des cadavres, l'indifférence et l'abandon des morts comptent parmi les plus grands désavantages des agglomérations modernes. On peut encore parer, à force de prévoyance, aux nécessités des vivants, malades, infirmes, pauvres, orphelins, aveugles, alcooliques, repris de justice; mais que faire de tant de cadavres, dont près d'un quart n'intéresse personne? Et sur les trois autres quarts, combien sont oubliés, dès la première année! Dans les épidémies, telles que celle de choléra à Hambourg, c'est à peine si on les compte. Recouverts de chaux, la même fosse les reçoit et ils s'y putréfient ensemble jusqu'à la résurrection. Qui sait? [1]

____

[1] « Qu'est-ce donc que la vie? Voyons, peuple du panorama, est-ce la peine de tant s'agiter? » Je dois avoir dit ceci tout haut; le gardien du cimetière, qui achève son repas de charcuterie, répond : « Un chien de métier, Monsieur! » M. de Vogüé (*Débats*, 25 mars 1893) semble trop pessimiste pour un catholique libre, il est vrai, — mais que de catholiques libres! Pourquoi tant accuser la vie?

§ 14. — LE MARCHÉ FINANCIER DE BERLIN

L'accroissement si rapide de Berlin, sous le rapport de la population, du commerce et de l'industrie, a eu pour résultat naturel de faire de Berlin le centre des affaires en Allemagne, spécialement de donner une grande importance au marché financier de Berlin. Toutefois, ce mouvement de concentration ne s'est fortement accusé qu'après les événements de 1870-1871 et la constitution de l'empire allemand ; même que depuis 1880. L'Allemagne n'a jamais été et elle n'est pas encore un État centralisé comme la France. La race, le génie, les traditions germaniques y répugnent, quoique les dispositions du territoire y soient tout autrement favorables. Avant les événements politiques, si graves, qui se sont précipités, en quelque sorte, de 1866 à 1871, l'Allemagne comptait deux grands marchés financiers qui marchaient au moins de pair avec celui de Berlin, Hambourg et Francfort [1]. Ces marchés, spécialement celui de Ham-

n'est-ce donc pas quelque chose que d'être témoin — témoin un instant, et un instant compte — de la création et de la gloire de Dieu ? C'est pourquoi, si tous ces ossements des cimetières ne doivent retrouver leurs formes que par un miracle incompréhensible, les formes elles-mêmes pourraient fort bien réapparaître, parce que la fin irrémédiable de l'être intelligent serait comme une diminution de cette gloire, un emploi imparfait de la force créatrice. C'est pour cela que la majeure de Kant, dont il a tant abusé, ne doit jamais lui être concédée. Toutes les notions de l'intellect ne viennent pas des sens.

(1) Ils ont encore une bonne activité et méritent une mention particulière à raison de la supériorité de leurs installations. (*Économiste français*, 11 et 18 février 1893.) Consulter *Revue des Banques*, février 1885. En 1883 le Clearing de Hambourg avait un mouvement de 5,240,400,000 marks, Francfort 2,183,219,000 marks, Berlin 2,873,006,000 marks.

bourg, ont gardé leur indépendance et leur importance relative, mais ils sont aujourd'hui primés par celui de Berlin ; et non seulement Berlin a pris, comme marché financier, la première place en Allemagne, mais il a étendu son influence de toutes parts, en Europe, aux États-Unis, dans l'Amérique du Sud, comme Francfort lui en avait donné l'exemple, au surplus. Cette extension du marché de Berlin n'a point empêché d'autres villes, en dehors de Hambourg et de Francfort, de conserver ou d'établir des marchés particuliers, tels que ceux de Munich, de Dresde, de Leipzig et de Breslau. Ces divers marchés correspondent aux principaux centres allemands et aux progrès généraux qui ont eu lieu en Allemagne. De même, en France, les marchés de Lyon, de Lille, de Marseille, de Bordeaux, malgré l'accablante centralisation au moyen de laquelle Paris exploite et atrophie la France entière, ont vu croître leurs opérations.

Jusqu'en 1866, même jusqu'en 1872, les capitaux de la Prusse seuls affluaient à Berlin. Ils y trouvaient deux sortes d'emploi immédiat, les valeurs des chemins de fer dont la construction, très rapidement conduite, en vue des guerres qu'on préparait, exigeait de grandes ressources, et les emprunts russes. Berlin était alors le seul réservoir auquel la Russie s'adressait.

A partir de la paix de 1871, le gouvernement prussien, enrichi des 6 à 7 milliards extorqués à la France, maître en outre de l'Allemagne entière, eut à sa disposition d'immenses capitaux qui lui permirent de réaliser l'un de ses projets les plus caressés en secret, le rachat des chemins de fer. Ce rachat mit en circulation de très fortes sommes. Les États, qui avaient partagé les dépouilles de la France, remboursèrent, en outre, la plupart de leurs dettes ; c'est ainsi que les capitaux français ont coopéré à enrichir l'Allemagne et à fonder le marché de Berlin. Un élan gigantesque fut imprimé à toutes sortes d'entreprises : nouveaux chemins de fer, tramways, banques, assurances, manufactures de tout genre, brasseries, sociétés immobilières de construction, eau, gaz, navigation intérieure, navigation maritime. Les publicistes qui ont osé soutenir que l'indemnité de guerre avait ruiné l'Allemagne n'ont rien compris à l'emploi qui en a été fait, emploi des plus judicieux : car c'est avec l'argent français que Berlin a été parachevé, le réseau ferré complété, télégraphes et téléphones installés, flotte marchande construite, sociétés de tout genre constituées, et que s'est établi le grand courant de capitaux et d'affaires qui ont mis en relief le marché de Berlin.

Si on parcourt le *Handbuch des Finanzherold* de Francfort pour 1893, on se rend compte, sans difficulté, des origines et de la nature de ce mouvement. La plupart des fonds d'États du globe entier, même les fonds chinois, y sont énumérés ; mais à côté des fonds d'États est mentionnée une quantité extraordinaire de valeurs de toute espèce, la plupart allemandes : actions et obligations de banques, d'assurances, de chemins de fer, de tramways, de navigation intérieure et maritime, construction, commerce, industrie, électricité, gaz et eau, filatures, produits chimiques, couleurs, bains et hôtels, brasseries, distilleries, fabriques de vin, sans compter les valeurs métallurgiques et charbonnières, qui ont une tout autre importance qu'en France [1]. Il semblerait que les Allemands ont une pratique plus large que les Français des Sociétés par actions et que les actions de toute sorte soient plus recherchées et plus répandues qu'en France. Par contre, il manque aux marchés allemands, par suite à celui de Berlin, d'abord l'énorme stock des

(1) Consulter : *Revue des Banques,* mars 1884, p. 236 ; *Handbuch des Finanzherold* 1893 ; *Sailing's Borsen Papiere* 1892.

rentes françaises, annuités, bons du trésor et autres formes d'emprunt, dépassant 36 milliards avec les emprunts des villes, des départements, des communes, et une partie des 20 milliards, représentant la valeur actuelle des actions et obligations des chemins de fer. La Prusse, et ses aimables confédérés de 1870, aujourd'hui ses sujets, ont employé bonne partie de notre argent à rembourser leurs dettes et à racheter leurs chemins de fer.

L'activité du marché de Berlin et des autres marchés allemands trouve un de ses meilleurs éléments dans le nombre et la puissance des banques allemandes qu'on ne peut comparer, dans une certaine mesure, qu'aux banques anglaises. Nous nous en occuperons spécialement dans le chapitre suivant. En 1883, les actions et obligations de 92 banques allemandes se négociaient sur le marché de Berlin, en outre de celles de la Reichsbank. Elles représentaient un capital-actions de 965,259,000 marks avec 91 millions de réserves. 25 de ces banques avaient leur siège à Berlin, avec un capital de 397,087,000 marks. Ainsi, plus des trois quarts des banques, avec les trois cinquièmes des capitaux, étaient établies hors de la capitale. Nul fait ne constate mieux la décentralisation économique de l'Allemagne. En 1891, les banques allemandes étaient au nombre de 135. Le capital-actions de ces 135 banques s'élevait à 1,623 millions de marks avec 312 millions de réserves. Les dépôts étaient passés de 514 millions de marks à 821. Les valeurs confiées à leur garde, de 5,921 millions de marks en 1883, avaient été portées à 9,269 millions de marks. Les lettres de gage des banques hypothécaires, lancées dans la circulation, représentaient 1,739 millions de marks sur 1,850 millions de marks de prêts en 1883 et 3,353 millions de marks en 1891 sur 3,532 millions de marks de prêts.

Grâce à ce puissant levier des banques, tous les marchés allemands, ayant à leur tête le marché de Berlin, ont vu affluer, de toutes parts, les affaires et les capitaux, non plus seulement de l'Allemagne même, mais de toute l'Europe et du globe entier. Ils s'étaient, avant 1870, créé une excellente clientèle aux États-Unis, au moyen des émigrants allemands, par leur heureuse intervention dans les emprunts, presque illimités et largement productifs, de la Confédération du Nord ; ils disposaient des fonds et du papier-monnaie de la Russie, comme de leur propre domaine. Ils n'eurent qu'à maintenir ces relations; elles leur en procurèrent d'autres. Bientôt on vit les marchés allemands intervenir au Mexique, au Chili, à la Plata, en Turquie, en Chine, en Australasie, et accaparer peu à peu toutes les affaires financières de l'Europe orientale. Ils s'unirent étroitement avec celui de Vienne, préparant, consolidant, étendant la triple alliance dans laquelle ils substituèrent bientôt l'Italie à la Russie, selon les besoins, qu'ils servent avec une fidélité à toute épreuve, de la politique allemande. Enfin, ils se lancèrent même en Portugal et en Espagne. Faut-il ajouter que les rapports des marchés allemands, surtout du marché de Berlin, avec Londres et Paris, sont incessants, que les banquiers allemands sont installés dans ces deux places, exactement comme ils le seraient à Berlin, et qu'ils y dirigent souvent les affaires, direction dont le contre-coup se répercute sur les mouvements du marché de Berlin? Ainsi une partie des maisons de la coulisse de Paris — ce qui présente de véritables dangers pour la France — appartient à des Allemands. Ces maisons ont contribué, par leurs agissements, à l'insuccès partiel de l'emprunt russe, émis à Paris en octobre 1891.

Il règne même dans le monde financier allemand une ardeur de spéculation excessive, particulièrement alimentée par l'influence, très considérable sur le marché de Berlin, des maisons juives. Ces maisons, privées de toute tradition et de toute attache de patrie, ne consultent que leurs intérêts de caste et de caisse. En général, elles sont hostiles à la France, en cela d'accord avec tous les spéculateurs allemands qui, par leurs coups de baisse, — la rente française 3 °/₀ s'est élevée de 53 francs en 1871 au delà du pair, — ont certainement restitué à la France une bonne partie de l'indemnité de guerre que les deux pirates Bismarck et de Moltke, sur l'avis de leur compère Bleichrœder, avaient fixée à cinq milliards, sans compter le grattage. Ces pertes notoires, sur les fonds français tout spécialement, ont contribué pour une grosse part à la crise que le marché de Berlin, surmené de 1884 à 1889, et passablement éprouvé, d'ailleurs, par le Portugais, les Argentins, les Brésiliens, subit depuis 1889 [1]. Ce marché s'est comporté exactement comme Berlin même. Il s'est développé trop vite.

A la fin de 1889, on trafiquait à Berlin sur 101 fonds d'États, 330 espèces de valeurs industrielles, 105 valeurs de banque, 121 espèces d'obligations étrangères, 79 espèces de chemins de fer étrangers, 59 espèces d'actions et obligations de chemins de fer allemands ; en tout 1,057 valeurs diverses étaient cotées. La crise n'a pas réduit tous ces titres en quantité, mais en qualité. Aussi les émissions de titres nouveaux ont-elles beaucoup diminué. De 1883 à 1888, elles avaient suivi une progression ascendante, de 700 millions de marks à 1,920 millions, dont de 262 millions de marks

---

[1] Quant aux valeurs italiennes, le marché de Berlin a pu, tout en faisant face aux diverses émissions d'obligations des chemins de fer, s'adjuger un fort lot de rentes, qui s'élevait en 1892 à 32,818,970 francs de rentes 5 °/₀, sur un total de 93,258,900 francs placé à l'étranger.

à 550 millions de marks de titres étrangers ; en 1892, elles ont été ramenées à 790 millions de marks dont 124 millions de titres étrangers ; le tout sur l'ensemble des marchés allemands [1].

Voici quelques autres renseignements qui permettent de mieux suivre les mouvements du marché de Berlin. Ils accusent à la fois son étendue et les effets de la crise de 1889, qui dure encore. Le capital nominal des valeurs de banque et d'industrie, cotées à la Bourse de Berlin, s'élève à 2,870 millions de marks. Ce capital avait été porté, par une plus-value du marché, à 4,479 millions de marks en 1889 ; il a été réduit à 3,928 millions en 1890, à 3,391 millions en 1891, et à 3,364 millions de marks en 1892. D'autre part les opérations du Clearing House (Chambre de compensation) de Berlin, qui avaient représenté 24,656 millions de marks en 1891, n'ont été que de 20,250 millions de marks en 1892 ; mais, en 1882, elles ne s'étaient élevées qu'à 2,873 millions de marks. En sorte que l'accroissement est, au fond, considérable [2].

Cet accroissement a éveillé nécessairement l'attention du gouvernement prussien. Depuis la loi du 1er juillet 1881, il perçoit sur toutes les opérations de Bourse, au comptant et à terme, un impôt sous forme de timbre, sur les bulletins de négociations et sur les arrêtés de compte. Le timbre

---

(1) Ces chiffres sont donnés par le *Deutsche Economist*. Le *Moniteur des Intérêts matériels* 1893, n° 9, les ramène à 691 millions de francs pour 1892, au lieu de 1,093 millions en 1891. Au surplus, l'amoindrissement est général : sur le marché de Londres, les émissions qui avaient représenté 189,436,000 livres sterling en 1889 sont tombées à 81,137,000 livres en 1892; sur le marché de Paris, de 1,688 millions en 1888, elles ont été réduites en 1892 à 303,681,000 francs. Sur les divers marchés, elles ont passé à 2,500 millions en 1892 au lieu de 12,700 millions en 1889.

(2) A. Raffalowich : *le Marché financier en 1892.*

varie suivant les opérations. Il était évalué pour 1883 à 2,728,000 marks. Il a produit 3,309,373 marks en 1891 et seulement 2,245,358 marks en 1892. Une seconde loi du 3 juin 1885 a ajouté à la taxe du timbre un impôt de $2/10$ par 1,000 sur les affaires de valeurs à terme et de $1/10$ sur les affaires au comptant. Les titres de loterie paient 5 %. En 1892, cet impôt a donné 6,593,395 marks au lieu de 8,535,447 marks en 1891 ; on peut en induire que les transactions ont dû rouler en 1891 sur environ 40 milliards de marks. On estime que sur le marché de Paris, les diverses opérations de Bourse s'élèvent à 100 milliards de francs par an [1]. Sur le marché de Londres, ainsi que sur celui de New-York, sont-elles beaucoup plus considérables [2] ?

A quel total de valeurs ces opérations peuvent-elles correspondre ? D'après quelques relevés qui méritent confiance, tout en faisant la part de l'incertitude, on peut évaluer de 100 à 130 milliards de francs ce total pour le marché de Londres et de 80 à 90 milliards pour le marché de Paris [3]. Ces chiffres ne présentent que le montant en

[1] M. Félix Faure, député, les évalue à 120 milliards, dont 45 milliards en coulisse. (*Officiel*, 25 février 1893.)

[2] En 1892, les opérations de Bourse liquidées par le Clearing de Londres se sont élevées à 32 milliards, et en 1890 à 44 milliards ; quant à New-York, les opérations de Bourse du Clearing n'ont pas dépassé 97 millions de dollars sur 37 milliards de dollars en 1883. (*Revue des Banques*, mars 1884, juin et juillet 1886, et *Banker's Magazine* de New-York, mars 1891.)

[3] En 1883, le *Burdett's Official Intelligence, Revue des Banques*, novembre 1884, évaluait que de 1853 à 1883 les valeurs négociées sur le marché anglais avaient été portées de 30,625,579,156 francs à 91,446,867,020 francs.

Quant au marché de Paris, l'impôt sur le revenu accuse par son rendement un capital de 40 à 45 milliards. Il faut y joindre les fonds d'État français, 30 milliards, et les fonds d'États étrangers.

bloc des valeurs qui se cotent sur ces marchés ; ils ne comprennent pas les valeurs, assez nombreuses, qui se cotent exclusivement sur les autres marchés financiers d'Angleterre et de France. Quant à la Bourse de New-York, les valeurs qui s'y négocient sont plus importantes encore que celles qui s'échangent dans celle de Londres. Elles représentent au moins 150 milliards de francs, soit 30 milliards de dollars. Le marché de Berlin, de même que celui de Vienne, est beaucoup moins pourvu. Les titres et valeurs négociés à Vienne ne sont pas évalués au delà de 18 à 20 milliards de francs. Quant à ceux cotés à Berlin, même avec l'appoint des fonds russes et des roubles russes papier, qui y abondent, ils doivent représenter un total supérieur, mais dans des proportions limitées ; nous en avons donné plus haut la raison. Les États allemands ont racheté leurs chemins de fer et remboursé en grande partie leurs dettes depuis la guerre de 1870. Il ne faudrait pas calculer seulement la richesse respective des États d'après le montant des titres qui se négocient sur leurs marchés. Beaucoup de ces titres représentent des dettes dont il faut trouver l'équivalent, à moins de les déduire de l'actif national réel [1].

La Bourse de Berlin est administrée par une Commission que désigne la corporation des commerçants de Berlin (Collège des Anciens, — Ælttesten der Kaufmannschaft), sous le contrôle du ministre du commerce. Les opérations y sont faites par des courtiers libres et des courtiers assermentés. Ces courtiers forment souvent des associations ou des banques (Makler Banken, Makler Vereine) pour la direction de ces opérations [2]. La cote officielle est faite par les courtiers

(1) Consulter : Neymarck, *les Marchés financiers en France et à l'Étranger*, juillet 1884. Du même, *les Valeurs mobilières en France*, 1888, et *les Dettes publiques européennes*, 1887.

(2) *Borsen Handbuch* 1893, Berlin ; *Écon. français*, 22 avril 1893.

assermentés. L'entrée de la Bourse donne lieu à une taxe spéciale, d'après un tarif gradué selon l'importance des opérations que chaque personne est censée faire. Cette taxe, qu'il ne faut pas confondre avec la patente ordinaire, varie de 1,098 à 54 marks; il y a neuf classes. L'admission des valeurs à la cote officielle est prononcée par la corporation des marchands. Les cours des affaires à terme ne peuvent y être mis. Il existe une cote non officielle. En outre, chaque maison de banque et de courtage importante possède une cote particulière. La Bourse de Berlin, sans présenter les vastes et belles dispositions de celle de Hambourg, est parfaitement agencée. Télégraphes, téléphones, la mettent en rapport avec tous les centres d'affaires. Elle est située dans le même édifice que la Chambre de commerce. Grâce à la complaisance de M. R. Mendelssohn, nous avons pu visiter dans ses divers détails tout l'édifice, qui se trouve dans le plus beau quartier de Berlin, non loin du Reichstag et de plusieurs monuments importants.

La haute société allemande n'est pas aussi mêlée aux opérations financières que la société anglaise ou que la société parisienne. L'extrême liberté qui règne à cet égard, à la Bourse de Londres et surtout à celle de Paris, ne lui conviendrait pas.

§ 15. — LA VALEUR DE BERLIN

Depuis quelques années, il est, en quelque sorte, admis de jauger la richesse des peuples, des États, des grandes villes.

La statistique économique possède, en effet, quelques moyens ou instruments de nature à donner des résultats approximatifs qui méritent confiance : les évaluations du

census décennal aux États-Unis, les déclarations successorales en France, les constats de l'impôt sur le revenu
en Angleterre, en Prusse et dans la plupart des États
allemands. On est arrivé ainsi à examiner, presque à
résoudre ce problème, singulier au premier abord : Que
peut être la valeur de Londres? quelle la valeur de Paris?
quelle la valeur de New-York? et, par suite, quelle est
la valeur de Berlin?

Cette valeur repose sur des facteurs nombreux qu'il est
assez difficile de connaître avec une précision égale. Le
premier de ces facteurs n'est autre, de toute évidence,
que le territoire même de la ville dont on veut étudier la
valeur, avec toutes les constructions qui le couvrent, tous
les travaux en sous-sol, tous les monuments qui en sont
l'ornement. On peut laisser à part les travaux du sous-sol et
les monuments qui ne sont pas dans le commerce, pour ne
s'occuper que des maisons.

Nous avons vu plus haut, § 3, n° vi, qu'en 1890 Berlin
renfermait 54,295 maisons estimées par les contributions à
6,800,284,000 marks. On peut surélever cette somme dans
une certaine proportion pour les emplacements non bâtis,
les promenades, et la modération habituelle des évaluations
et porter la valeur immobilière de Berlin, non compris les
palais, musées, casernes et autres bâtiments appartenant à
l'État, à 7,500 millions de marks ou 9,375 millions de francs,
auxquels il faut ajouter les propriétés de la Ville même. Soit
10 milliards en bloc. La valeur immobilière de Paris est
d'environ 14 milliards, sans compter les biens de l'État, ni
ceux de la Ville. La proportion est à peu près celle qui
existe entre la population des deux villes. On retrouve ici le
fait décisif de l'accroissement extraordinaire de la population
de Berlin. La valeur immobilière de New-York représentait
5,950 millions de francs en 1880 et 9,200 millions en 1890.

Quant à Londres, avec son double périmètre, sa valeur varie d'après le périmètre que l'on choisit : celui du Board of works, qui est à peu près le même que celui de la taxe des pauvres (Board of guardians) et celui de la police. Dans les limites du Board of works, qui forment le véritable Londres, on peut porter à 1 milliard de francs, au lieu de 780 millions à Paris, le montant des loyers et accepter l'estimation de 18 à 20 milliards comme se rapprochant de la valeur du Londres métropolitain. Quant au Londres compris dans le périmètre de la police, l'estimation doit être augmentée.

Les autres éléments de la valeur des grandes agglomérations humaines peuvent se ramener tous à la richesse mobilière. On possède, à cet égard, quelques documents et renseignements pour New-York et pour Londres. Aux États-Unis, à chaque census décennal, la richesse ou valeur mobilière de tout habitant ou de tout objet, est fixée, plus ou moins approximativement, de manière cependant à fournir une base d'appréciation. En Angleterre, les évaluations de l'income-tax donnent également des éléments utilisables, qu'on peut contrôler par celles de la taxe des pauvres.

En ce qui concerne New-York, les difficultés d'obtenir des résultats, même approximatifs, sont grandes parce que, à raison des taxes locales, les Américains dissimulent le plus possible, avec l'assentiment tacite des contrôleurs, leur fortune mobilière. Le census décennal distingue la *real property*, comprenant principalement les biens fonciers (real estate) de la *personal property*, comprenant les divers biens mobiliers. A New-York, en outre du census fédéral, il est fait, chaque année, un census particulier dans l'intérêt de la ville. C'est d'après le census municipal que la *real property*, pour 1890, a été évaluée à 9 milliards de francs.

En 1886, d'après ce même census municipal [1], la *personal* n'était pas estimée à plus du quart de la *real property* [2]; proportion inadmissible pour les villes riches de l'Europe occidentale. Toutefois, il faut observer que les valeurs de chemins de fer et de mines, représentant un cinquième de la richesse générale, ne sont pas comprises dans la *personal property* et que le confort intérieur de l'immense majorité des maisons américaines, même à New-York, n'a pas de rapports avec le confort des maisons des grandes villes d'Angleterre, de France et d'Allemagne. D'après ces bases, la *personal property* peut être évaluée pour New-York à la moitié de la *real property*, sans y comprendre les actions et obligations diverses, notamment celles des mines et des chemins de fer pour lesquelles les éléments manquent, mais qui doivent se trouver en grand nombre à New-York.

Quant à Londres, l'income-tax, cédules D et E, accusait un total de revenus de 119,881,000 livres sterling en 1882, ou 2,996 millions de francs, portés à 3,316 millions par les contrôleurs de la taxe des pauvres. En ajoutant à cet ensemble de revenus, pour la même année, le montant des loyers, on trouve 4,236 millions, pouvant correspondre à un capital de 80 milliards, dont le quart devait être immobilier. Cette proportion s'accorde, au surplus, avec l'évaluation de la valeur immobilière de Londres. La valeur de Londres, mobilière et immobilière, a dû augmenter depuis 1882. D'une part, en effet, les revenus des maisons pour l'Angleterre même (England), atteints par l'income-tax, ont été portés de 105,621,541 à 121,907,404 livres sterling et les revenus mobiliers du Royaume-Uni, également

(1) *Banker's Magazine*, août 1887, p. 137.

(2) Le census municipal de 1891 a porté pour Boston la *real property* à 650,238,375 dollars, et la *personal property* à 204,827,700 dollars.

atteints, de 342 à 410 millions de livres sterling, soit à peu près 20 °/₀ en plus [1]. Ces résultats, appliqués à Londres, donneraient un accroissement de 662 millions de francs revenus mobiliers et de 138 millions de francs immobiliers, ensemble 800 millions à ajouter à 4,236 millions de francs, de sorte que la totalité probable des revenus de Londres pouvait être estimée, en 1890, à 5 milliards de francs avec un capital de 100 milliards qui doit représenter plus du tiers de la richesse actuelle du Royaume-Uni. .

La différence de richesse entre Londres et New-York serait, par suite, très grande. A cet égard, il importe de ne pas perdre de vue que Londres renferme plus de trois fois la population de New-York et que l'élément principal de la richesse aux États-Unis et en Angleterre n'est pas le même. Aux États-Unis, le territoire domine ; la richesse provient du sol et de ses divers produits. En Angleterre, la richesse a ses sources principales dans les capitaux mobiliers, placés non seulement dans le commerce et l'industrie du Royaume-Uni, mais dans ses colonies et même de toutes parts.

En dehors des évaluations de l'administration des contributions directes pour la propriété bâtie dans Paris, on ne possède pas pour la France, en ce qui concerne la propriété mobilière, d'instrument estimatif aussi précis que l'income-tax. Toutefois on peut se servir des déclarations successorales, qui sont plus exactes pour la France que pour l'Angleterre. En 1882, le total des valeurs sur lesquelles les droits de donation ou de succession ont été perçus s'élevait à 6 milliards de francs, correspondant à un capital de 210 milliards. Ce même total a été en 1891 de

---

(1) Les estimations successorales présentent dans le Royaume-Uni une progression parallèle : 1883, 147,603,034 livres sterling ; 1890, 201,523,000 livres sterling.

6,800 millions, correspondant à un total de 238 milliards.
En 1891, l'État a prélevé sur ces 6,800 millions 214 millions dans lesquels Paris est entré pour 24 % à peu près [1].
On peut en conclure qu'en 1891 la valeur de Paris a dû équivaloir à 24 % de 238 milliards, soit 57,120 millions.
Cette évaluation doit être plutôt inférieure que supérieure à la réalité, à raison des capitaux étrangers, très considérables à Paris, et non compris dans les déclarations successorales. On ne se tromperait pas de beaucoup en portant à 60 milliards la valeur de Paris et sa richesse. Ce total est en rapport avec celui, moins incertain, relatif à la valeur de Londres. Sur ces 60 milliards, 14 milliards représenteraient la part de la valeur foncière de Paris, soit à peu près le quart. A Londres, la valeur foncière ne serait que du cinquième. Elle est proportionnellement bien plus grande à New-York, parce que la ville est beaucoup moins riche.

A Berlin, la valeur foncière est déjà supérieure à celle de New-York, puisqu'elle s'élève à 10 milliards de francs. Quelle peut y être la valeur mobilière ? Il n'est guère plus facile de connaître la richesse mobilière de Berlin que celle de New-York. Sans doute, l'impôt sur le revenu existe à Berlin comme dans toute la Prusse, sous la double forme de la *Classensteuer* et de l'*Einkomensteuer*, en outre de la *Gewerbesteuer*; mais l'organisation de ces diverses taxes, très inférieure à celle de l'income-tax en Angleterre [2], est loin de fournir les mêmes renseignements sur les centres de

(1) D'après une lettre du directeur de l'enregistrement à Paris, du 18 mars 1893, les droits successoraux en 1891 se sont élevés dans *l'enceinte de Paris* à : successions, 48,253,643 francs ; donations, 3,288,961 francs. Total, 51,542,604 francs.

(2) Voir *Statistique comparée des Finances des États*, par M. E. Fournier de Flaix, t. 1er, p. 400. J'y arrive aux mêmes résultats.

la richesse en Prusse. En 1890, les trois taxes de Gewerbe, Classen et Einkomensteuer ont fourni à l'État 16,491,360 marks et à la ville 14,880,926, ensemble 31,372,286 marks, soit 39,215,280 francs. A quelle masse de revenus cette somme peut-elle correspondre ? Au taux de 2 $\frac{1}{2}$ °/₀, qui est à peu près la moyenne de l'impôt, elle serait prélevée sur un ensemble de revenus que l'on doit élever à 3 milliards avec les revenus exempts. On peut ajouter à ces 3 milliards de francs les loyers des maisons, soit 170 millions. Résultats singulièrement différents de ceux accusés pour Londres et pour Paris. Ils doivent cependant s'approcher de la vérité. D'une part, les loyers s'élèvent à Londres à près de six fois les loyers à Berlin, et à Paris à près de cinq fois; d'autre part, ils se trouvent confirmés par une enquête récente faite sous le contrôle de M. Miquel, ministre des finances. Le revenu taxé, après déclaration obligatoire, par l'Einkomensteuer a été fixé à 5,724 millions de marks pour la Prusse entière. Et encore faut-il prendre note qu'à Berlin 212,000 personnes inscrites aux contrôles sont exemptes de la Classensteuer et 630,000 de l'Einkomensteuer. De cette enquête M. Miquel a conclu que la valeur en capital de la fortune en Prusse était de 82 milliards de marks dont un dixième seulement était placé en rentes d'États divers et fonds communaux; que le capital mis en œuvre par le commerce et l'industrie n'excédait pas 5 milliards de marks; que le capital de la propriété non bâtie représentait 32 milliards de marks, celui de la propriété bâtie 36 milliards, dont 30 milliards maisons et bâtiments divers, 6 milliards terrains [1]. Les évaluations concernant la fortune mobilière doivent être très inférieures à la réalité. La différence de richesse avec Londres et Paris demeure toutefois

[1] De Swarte : *l'Impôt sur le revenu,* 1893, p. 73.

énorme. Cette différence s'explique fort bien. La richesse de l'Allemagne, plus immobilière que mobilière, n'est pas concentrée à Berlin, de même qu'elle l'est à Londres et à Paris, vieux centres urbains. Berlin ne date que de trente ans. Il faut toujours tenir compte du temps.

Si on en tient compte, on devra faire sur-le-champ la réflexion que les 6 milliards extorqués, en 1871, à la France, trahie par le gouvernement impérial et accablée par ses chimériques illusions sur la fraternité des peuples, ont dû être pour la Prusse, pour l'Allemagne entière, pour Berlin en particulier, une manne céleste. A coup sûr, on ne se tromperait guère en admettant qu'en 1871 ces 6 milliards ont triplé le capital mobilier de la Prusse. Berlin a été bâti, peuplé, embelli, enrichi avec l'argent de la France. Lorsque Guillaume Ier, afin d'amortir le soulèvement national, lançait, de Reims, sa célèbre proclamation au peuple français pour lui déclarer qu'il ne faisait la guerre qu'à Napoléon III, Bismarck, de Moltke et Bleichrœder avaient déjà délibéré sur les dépouilles opimes que la France acquitterait. On ne s'est jamais moqué, d'une manière plus sanglante, de la naïve crédulité d'une nation :

Delirant reges, plectuntur Achivi.

Les Français ont donc quelques droits à venir flâner dans Friedrich ou Leipziger Strasse ou sur la place de la Belle-Alliance. Ici tout rappelle la haine qu'on leur a vouée, la perfidie avec laquelle on les a bafoués, l'argent qu'on leur a pris. Ces palais, ces hôtels, ces maisons, leurs maçons et leurs plâtriers sont même venus les édifier de 1872 à 1873. Le succès de Bismarck et de Moltke avait dépassé toutes les espérances. Rien n'était ajusté à de tels triomphes et à tant de millions. Ni maçons, ni charpentiers, ni couvreurs, ni plâtriers. La France a fourni et l'argent et le travail. Elle s'est ainsi quelque peu récupérée. Elle s'est aussi pas mal refaite au moyen de son crédit. Ahuris des victoires de Metz et de Sedan, dues au génie militaire de Napoléon III, les banquiers de toute l'Allemagne ont cru la France achevée. Nos voisins les Anglais la tenaient pour fort malade. Les Allemands ont donc ponté avec acharnement contre la rente française. Ce jeu leur a coûté cher, tout particulièrement aux spéculateurs de Berlin. Plus d'un a succombé à la tâche.

Ce devait être décidément dans la destinée de la France de concourir à la formation de Berlin : — à la fin du xvii° siècle par l'élite de sa population, expulsée par le fanatisme espagnol de Louis XIV, et à la fin du xix° siècle par son argent et ses maçons. Combien de ces exilés sont devenus d'impitoyables ennemis de leur ancienne patrie ! J'avoue que les soupers où Voltaire, Maupertuis, d'Argens et autres faisaient si pauvre figure, à côté de Frédéric II, laissent plus de tristesse que de gloire. Sans doute, après Auerstädt, Davout est entré le premier dans Berlin, à la tête du deuxième corps, médiocre honneur si on le compare à tout ce que nos prisonniers, qui ont traversé Berlin par milliers, ont souffert pendant l'hiver de 1870-1871, et au déplaisir d'avoir payé, de nos propres deniers, en expiation des extravagances d'un aventurier italo-batave, et des chimères de nos littérateurs ou philosophes, jusqu'aux pierres et aux briques de cette magnifique cité qui, si on sépare Brooklyn de New-York, est devenue en si peu de temps, comme témoin de nos désastres et de nos erreurs, la troisième ville du globe.

Lapides ipsi loquuntur.

Il ne suffit pas d'en tenir compte : faut-il encore s'en souvenir. Ce n'est pas sous l'excitation de la curiosité du statisticien en chasse de résultats, que nous avons établi ces contrastes entre la richesse comparée de Londres, de Paris et de Berlin. C'est le patriote qui écrit et qui voudrait être compris. L'Allemagne entretient des armées disproportionnées avec ses ressources. Dans quel but ? Est-ce seulement pour garder les milliards de la paix et l'Alsace-Lorraine ? L'appétit vient en mangeant. Les peuples conquérants, Assyriens, Perses, Romains, Mongols, Ottomans, Espagnols, Anglais, ne se sont pas satisfaits avec de la terre. Ils ont poursuivi aussi la richesse. « Rome, dit » Montesquieu, s'enrichissait toujours, et chaque guerre » la mettait en état d'en entreprendre une autre [1]. » Combien d'années les naïfs de la politique contemporaine ont-ils admis, avec les agents anglais, italiens, parfois français, entretenus par la caisse des Reptiles, que la France avait été l'agresseur en 1870 ? On sait aujourd'hui que, bien avant juillet 1870, Bleichrœder, de Moltke et Bismarck dissertaient joyeusement sur la rançon de paix que la France aurait à payer. L'on sait aussi que le seul regret de ces trois corsaires et de leur maître a été de ne pas avoir pris davantage. La richesse excite toujours la convoitise. La convoitise d'une armée redoutable, aux ordres d'officiers qui n'ont pour frein que la culture morale de Kant et composée de soldats qui n'ont jamais entendu parler de Dieu, est illimitée. A la vue de l'or des Aztèques et des Incas, les aventuriers espagnols n'ont reculé devant rien pour s'en emparer. Les Assyriens n'ont pas été moins intraitables à Jérusalem, ni les Perses en Égypte, ni les Anglais dans l'Inde. Des accumulations de milliards telles que celles de Londres et de Paris confondent presque l'imagination. Sont-elles à l'abri d'un coup de main ? Il faut y réfléchir.

(1) *Grandeur et Décadence,* ch. VI. C'est ce qu'a voulu tenter la Prusse en 1875.

On peut fort bien penser qu'elles provoqueront de nouveaux regrets et de nouvelles conjurations de la part de généraux en culture morale, inspirés par de vieux juifs allemands, car, enseignent les jurisconsultes allemands, à la différence des juristes français qui vivent dans le monde de l'idéal, la propriété s'acquiert par la guerre : « *Denn das Mass der Kraft gestaltete sich zum Masse des Rechts.* »

Il est certain que les esprits quelque peu clairvoyants, chez les diverses nations de l'Europe, — ils ne se sont pas montrés nombreux, — ont dû faire de curieuses réflexions, quand ils ont vu les Allemands, en six mois de campagnes, lever en France six milliards, et les Français se congratuler *ad invicem* de la facilité avec laquelle ils les avaient payés. Tous les richards du globe se sont levés, comme mus par un ressort particulier, pour offrir leur argent à la France. Quel honneur ! M. Thiers et ses ministres ne s'en tenaient pas de joie. Du précédent que cela créait, des envies de recommencer que ça devait susciter, du trouble profond qui en résultait dans le cours de la civilisation, fort peu s'en inquiétaient. La France n'avait-elle pas voulu conquérir l'Allemagne ? L'abandon fut universel. Tous de s'incliner devant les héros de la culture morale. « Rome, dit encore » Montesquieu, mit d'abord les rois dans le silence et les » rendit comme stupides. » Et que seraient-ils tous, en effet, aujourd'hui, sans l'armée française ? Montesquieu continue : « Les rois qui vivaient dans le faste et dans les délices » n'osaient jeter des regards fixes sur le peuple romain; » et, perdant le courage, ils attendaient de leur patience et » de leurs bassesses quelque délai aux misères dont ils » étaient menacés. »

De fait, pour combien compteraient-ils aujourd'hui sans la France ? Un coup de téléphone suffirait, suffit déjà pour les hypnotiser.

CHAPITRE CINQUIÈME

La Reichsbank et les Banques en Allemagne.

---

§ 1. — LES PREMIÈRES BANQUES ALLEMANDES

L'entière indépendance de nos réflexions à l'endroit de l'empire allemand et de la politique de la Prusse nous permet de parler, en toute franchise, de quelques-unes de leurs institutions, dont la supériorité est hors de pair. Parmi ces institutions, nous n'en signalerons particulièrement que deux : les banques et les associations coopératives, parce qu'elles se relient directement à l'un des objets de notre mission en Russie. A diverses reprises, nous avons eu déjà à insister sur le développement de l'esprit d'association chez les Allemands. Cette tendance est si remarquable qu'on est autorisé à la considérer comme la caractéristique de la race germanique. Autant la force individualiste est puissante dans la race celtique et ses dérivés ou alliages divers, autant la force d'association est énergique dans la race germanique. Les destinées différentes, opposées même, de ces deux races, qui, d'ailleurs, sont bien loin d'avoir le même âge, la celtique portant des chevrons bien plus antiques, ont pour fondement principal cette divergence essentielle. Dans l'association, le Celte, représenté par le Français, le Belge et même l'Irlandais, souffre; il s'étiole, il vit contraint, l'air lui manque. Tout autre est le Germain. Le Germain, plus jeune, n'a pas subi les dures épreuves du Celte. Il n'a pas été ballotté, accablé, morcelé, divisé, réduit en poussière par les Romains, par les invasions, par une monarchie centralisatrice effrénée qui, comme de Tocqueville l'a clairement montré, a brisé tous les liens sociaux pour asseoir sa toute-puissance. Il s'est créé ainsi en France une tradition tellement implacable contre toute association que l'Assemblée constituante, par la loi destructive de 1791, a dispersé tout ce qui avait pu résister à la hache de la royauté. Et cette loi a fonctionné jusqu'en 1884, à travers six révolutions et six régimes différents. Poussière avant 1789, la société française a été réduite à l'état d'atomes.

Les fruits de cette pulvérisation sont amers et redoutables. Quelques observateurs, plus sagaces ou plus indépendants, ont indiqué les maux qu'elle avait causés, les périls auxquels elle exposait la société; mais chaque révolution a nécessairement eu pour conséquence de rendre plus absorbant le parti triomphant qui n'a vu son salut que dans la dissémination de ses adversaires.

Par suite, toute association a été considérée avec effroi et interdite. Les Français ont dû se façonner à cette prohibition, de tous les temps et sous tous les régimes, de s'entendre, de se rencontrer, d'agir en commun, de s'associer. Dépouillés d'un droit, ils n'ont plus su le comprendre, le revendiquer et l'exercer.

L'association n'est pas seulement un élément politique, un agent social; elle est aussi une force économique. On peut dire qu'en France cette force a été réduite au minimum. Nous en montrerons les curieuses et funestes conséquences pour les associations coopératives. Elles sont, à peu près, les mêmes pour le crédit, sa répartition, et pour les banques, instrument très puissant de cette répartition.

La France a joué, en Europe, aux xvie, xviie et xviiie siècles, un rôle prépondérant. Ces trois siècles forment la plus belle époque de son histoire. En 1789, la France, malgré les progrès de l'Angleterre, malgré les prétentions ridicules de la Prusse, Valmy a suffi à le prouver, occupait la première place en Europe. Et cependant Venise, Gênes, Hambourg, la Suède, l'Angleterre, la Hollande, la Prusse même, l'ont entièrement devancée quant à la constitution du crédit public et quant aux banques. A certains égards, la situation est à peu près la même à la fin du xixe siècle qu'à la fin du xviiie.

En 1543 François i^{er} avait, sans doute, autorisé l'établissement à Lyon de la première banque publique qui ait fonctionné en France, en vue de favoriser le développement de l'industrie de la soie. Cette banque n'a disparu que dans la tourmente de 1793; mais elle est demeurée seule. Les idées qui ont prévalu, dès la fin du xvie siècle, sur la nature et les droits du pouvoir royal en France, étaient absolument contraires à la sécurité qu'exigent le crédit public et les banques. Non seulement Louis XIV a écrit qu'il se croyait légitime propriétaire de l'argent que chacun de ses sujets avait en caisse; mais il a compris expressément parmi les proscrits protestants, frappés par l'édit révoquant celui de Nantes, en 1685, plusieurs riches banquiers protestants de Paris, afin ou de ne pas leur rembourser les sommes considérables qu'il leur devait, ou de s'emparer de leur fortune. Les édits du régent, pendant la surintendance de Law, revêtent le même caractère. L'Assemblée constituante et la Convention n'ont pas respecté, plus que Louis XIV et que le régent, les droits du crédit et des banques. Il existe un rapport du célèbre jacobin Cambon sur les sociétés, les banques, le crédit, qui est un chef-d'œuvre d'extravagance. Napoléon partageait, au fond, les idées de Louis XIV et de la Convention. Il a pillé, sans aucun scrupule, la Banque de Venise, comme Masséna celle de Gênes.

Ces fausses idées, concernant le crédit et les banques, ont leur racine dans les traditions romaines et dans les doctrines des jurisconsultes romains sur les droits du pouvoir impérial. Elles sont entrées dans le courant de la civilisation française à la fin du xiii⁰ siècle. Philippe le Bel en a fait l'un des fondements du pouvoir royal qui a été ainsi altéré dans son origine féodale. C'est en s'en réclamant que le pouvoir royal s'est arrogé le droit de frapper seul la monnaie, de la frapper à sa guise, modifiant tantôt le titre, tantôt le poids, tantôt la valeur, en vertu de l'autorité du souverain. Ces idées pénétrèrent dans le fond même de la société française de manière à y pervertir les notions les plus élémentaires. Publicistes, juristes, parlements, orateurs et évêques catholiques les acceptèrent et les propagèrent. Bodin lui-même a subi leur influence délétère. On les retrouve encore dans l'amalgame si bizarre d'erreurs, de sophismes et de quelques vérités qui forme le bagage du jacobinisme au xviii⁰ siècle et même contemporain. A des notions pareilles sur le crédit, les banques, la monnaie, ne peuvent se joindre des notions libérales sur le droit d'association. Si le pouvoir royal peut invoquer la fameuse règle : *Quidquid Cæsari placuit legis debet habere vigorem*, le droit de s'associer devient séditieux. Est même séditieux tout sujet qui s'imagine être propriétaire de sa maison, de son argent et de son mobilier. Les idées de Philippe le Bel et de Louis XIV sur la propriété immobilière ne valaient pas mieux que leurs idées sur la monnaie, l'argent ou le crédit.

Ces idées n'ont exercé qu'une influence médiocre dans l'Allemagne christianisée, aucune dans l'Allemagne du Nord.

Le droit d'association n'y a jamais disparu ; jamais il n'y a été considéré comme une faveur royale, un privilège qui dépend du pouvoir royal. Le crédit et les banques se sont trouvés sur un terrain neuf, dans un milieu plus sain.

Dès 1619, le corps de ville de Hambourg fondait la célèbre Banque de Hambourg qui a prolongé son existence jusqu'en 1875. La Banque de Hambourg a beaucoup contribué au développement économique de l'Allemagne. Mais les magistrats de Hambourg n'ont jamais eu la moindre idée de s'emparer des dépôts qui affluaient de tous côtés.

Après la Banque de Hambourg, trois banques publiques ont été établies en Allemagne pendant le siècle suivant : les deux banques de Vienne qui n'ont été, à vrai dire, que des caisses d'amortissement de papier-monnaie, et la Banque de Prusse, dont les statuts furent arrêtés par Frédéric II en 1765. Cette banque a eu l'honneur des critiques de Mirabeau, qui a toujours été la terreur des banquiers. Tout en étant banque royale, avec le droit d'émettre des billets au porteur, la Banque de Prusse faisait toutes les opérations de banque privée. Elle avait ouvert des succursales à Magdebourg, à Königsberg, à Stettin, à Francfort, à Minden, Memel, Clèves, Elbingen, Colberg.

Les banques foncières de Pologne et de Prusse datent de la même époque. Le Crédit foncier de Silésie a été fondé en 1770.

La Banque de Prusse, de même que celle de Hambourg, a prolongé son existence jusqu'en 1875. Elle est la mère de la Reichsbank. Bien qu'elle ait dû suspendre momentanément le paiement de ses billets au porteur, en 1806 et 1813, elle a toujours fait face à ses engagements. Elle ne possédait aucun monopole, quoique la faculté d'émettre des billets au porteur fût considérée comme un droit régalien. Huit autres banques de circulation avaient été autorisées en Prusse : Banques de

Poméranie, de Breslau, de Cologne, de Dantzig, de Posen, de Gorlitz, de Magdebourg et des Caisses unies de Berlin. Néanmoins la Banque de Prusse avait établi 167 succursales. Elle distribuait le crédit, non pas à la manière de la Banque de France, mais à la manière des Banques d'Angleterre et d'Écosse. Elle prit surtout un très grand développement, de même que toute la Prusse et toute l'Allemagne, à partir de 1866. De 1866 à 1875, elle porta ses escomptes de 1,581 millions de marks à 4,099 millions; ses dépôts passèrent de 53 à 100 millions de marks, ses avances de 246 à 447 millions de marks; son encaisse de 69 millions de thalers à 228 millions; sa circulation de billets de 81,394,000 à 277,467,000 thalers.

Pendant la même période, il avait été fondé, en dehors de la Prusse, et il fonctionnait en 1875, 23 autres banques de circulation. La circulation des 32 banques montait ensemble à 1,314,988 millions de marks.

Ces banques diverses, distribuées par toute l'Allemagne, avaient elles-mêmes provoqué la formation d'un très grand nombre de banques de toute espèce auxquelles sera consacré un paragraphe suivant. Ces banques n'ont pas peu contribué au succès des banques populaires (Vorschuss Vereine, Darlehenskassen Vereine et autres) qui couvrent l'Allemagne entière.

§ 2. — LOI ORGANIQUE DES BANQUES DE CIRCULATION

Le morcellement politique de l'Allemagne avait, jusqu'à un certain point, favorisé cette dissémination du crédit, sans en être la cause déterminante. Cette cause, nous l'avons plus haut indiquée, c'est la liberté traditionnelle d'association en Allemagne. Les événements de 1866 et 1870, qui ont placé l'Allemagne entière sous la main de fer de la Prusse, ont nécessairement modifié cette situation, mais ils ne l'ont pas compromise. Moins violents, moins révolutionnaires que les Français, les Allemands sont plus fidèles à leurs libertés. On ne les privera pas facilement du droit de s'associer dont la tradition est immémoriale pour eux. Sous l'influence des victoires de 1866 et de 1870, la Prusse est parvenue à unifier l'Allemagne au point de vue de la circulation monétaire et de la circulation fiduciaire, unification qui a été un progrès considérable ; — mais, en ce qui est de la circulation fiduciaire (billets de banque), elle a respecté les faits existants, respect que la France n'a eu ni en 1800, ni en 1848. Les Français admettent que la liberté existe quand elle est inscrite sur les murailles. Ils ne la comprennent pas autrement.

Une première loi organique, modèle du genre, loi qui atteste la supériorité du gouvernement prussien, 4 décembre 1871, a refondu la circulation monétaire, remplacé les thalers par des marks, et donné à l'Allemagne l'étalon d'or. Cet étalon, la France ne l'a pas encore. C'est seulement avec l'or des 6 milliards de la guerre que cette substitution de l'or à l'argent a pu avoir lieu. Voilà à quoi servent les guerres, n'en déplaise aux ligueurs de la paix et aux sinistres politiciens qui, après Sadowa, ont refusé les crédits pour mettre sur pied l'armée française. J'ai vu le maréchal Niel en pleurer de désespoir [1].

Cette substitution a parfaitement réussi. Fin octobre 1887, le stock d'or de la Banque de l'Empire était de 475 millions de marks. Il est actuellement de plus de 600 millions.

[1] Sur la prévoyance et le rôle du maréchal Niel avant 1870, sur les difficultés qu'il a rencontrées, sur l'état de l'armée après sa mort, consulter le livre du général Thoumas : *Paris, Tours, Bordeaux*, 1893, l'un des plus curieux publiés depuis 1870 sur la guerre avec la Prusse.

Celui des banques privées est à peu près de 192 millions de marks. En 1884, la circulation monétaire de l'Allemagne comprenait 1,713,370,000 marks en or et 827,186,000 marks en argent.

Quant à l'or-métal que la France a versé elle-même à l'Allemagne, il s'est élevé à 989 millions de francs; plus en métal-argent 3,770 millions. En outre, l'Allemagne a pu se faire payer en or tout ou partie des traites remises par la France.

Bismarck, de Moltke et de Roon, l rsqu'ils ont vu arriver ces chariots d'or, livrés par les petits-fils des vainqueurs d'Auerstadt et de Lutzen, ont dû bénir le ciel d'avoir falsifié la dépêche de l'empereur Guillaume Ier [1].

Mais les destins et les flots sont changeants!

Une seconde loi organique du 14 mars 1875, non moins remarquable, a imposé à toute l'Allemagne un même régime pour la circulation fiduciaire. Cette grande loi va nous aider à pénétrer au fond des institutions de l'Empire et à saisir toute la clairvoyance des hommes d'État qui y ont présidé. Maîtresse de l'Europe, la Prusse commandait souverainement en Allemagne. En France, le gouvernement aurait tout attiré à soi : c'est ce qu'il a fait en 1848. La Prusse, au contraire, a respecté scrupuleusement tous les droits acquis. La Reichsbank est devenue le pivot, le moteur, le foyer de la circulation fiduciaire et de la distribution du crédit en Allemagne, mais les diverses banques qui, avant 1875, étaient en possession du droit d'émettre des billets au porteur, l'ont conservé; elles l'exercent encore. La liberté

(1) Cette falsification est unique dans l'histoire. Parlons maintenant, avec Leibnitz, Humboldt, Hegel, Guizot et consorts, des progrès de la civilisation !

d'émission, réglée et contrôlée, est encore le fondement de la circulation fiduciaire en Allemagne. La nouvelle loi réserve même formellement au Conseil fédéral la faculté d'établir de nouvelles banques de circulation.

En ce qui concerne les banques de circulation, autres que la Reichsbank, nous résumerons très rapidement les dispositions de la loi organique : 1° autorisation nécessaire du Conseil fédéral pour en établir de nouvelles ; 2° limitation pour chaque banque de sa circulation fiduciaire au montant de son encaisse et au chiffre fixé par la loi, avec faculté pour le Conseil fédéral de l'augmenter, moyennant une taxe de 5 % ; 3° obligation pour les banques de rembourser en espèces leurs propres billets et d'accepter en paiement les billets des autres banques ; 4° obligation d'avoir en caisse, en couverture des billets, un tiers en espèces, lingots, ou bons de l'Empire, et deux tiers en lettres de change à trois mois ; 5° constitution d'une réserve, égale au quart du capital ; 6° faculté d'établir des succursales avec le consentement du Conseil fédéral.

§ 3. — LA REICHSBANK

La Reichsbank a pris, moyennant certains arrangements, la place de la Banque de Prusse, avec son actif et son passif. Son capital a été fixé à 120 millions de marks, répartis en 40,000 actions de 3,000 marks. Son administration est placée directement sous la main du chancelier de l'Empire. Toutefois les deux cents plus forts actionnaires nomment une commission de surveillance. La Reichsbank forme donc une banque d'État, dont le capital appartient à des actionnaires. Nous allons voir comment les bénéfices sont partagés.

I. La Reichsbank a pour objet principal de régler la circulation monétaire et fiduciaire de l'empire. Ses opérations ont été ainsi limitées : Achat des métaux précieux, escompte, achat et vente de lettres de change avec deux signatures au moins et des certificats des dettes de l'Empire, États ou corporations ; — avances sur valeurs, garanties par les mêmes, sur actions ou obligations des chemins de fer allemands, sur lettres de gage des crédits fonciers, banques hypothécaires, établissements communaux agricoles, pour les trois quarts de leur valeur ; sur celles des États étrangers ou obligations des chemins de fer étrangers garanties par l'État, pour moitié de leur valeur ; sur lettres de change, sur warrants pour les deux tiers ; — encaissement de tous billets, coupons ; — achats et ventes de valeurs pour compte des particuliers ; — dépôts d'objets et valeurs mobiliers.

Cette énumération constate un grand progrès dans les opérations de banque entre la Reichsbank et la plupart des principales banques d'Europe : une place est donnée aux valeurs foncières agricoles ; les effets à deux signatures sont acceptés ; les avances sont autorisées sur fonds étrangers.

II. Faculté a été donnée à la Reichsbank d'ouvrir dans tout l'empire des comptoirs principaux et des succursales. Elle possède actuellement 17 comptoirs principaux, 44 sièges ordinaires, 140 succursales, 23 banques de dépôts et 2 caisses pour le gouvernement. Elle a même établi trois comptoirs commandités. Elle porte le crédit de toutes parts. Elle compte au moins cent établissements de plus que la Banque de France.

III. La circulation fiduciaire de la Reichsbank se compose : 1° du montant autorisé par la loi, soit 250 millions de marks ; 2° du montant de son encaisse ; 3° de la somme de 26,085,000 marks, représentant la circulation des banques qui, depuis 1875, ont renoncé à leur droit d'émission. Elle peut également être autorisée à augmenter sa circulation moyennant une taxe de 5 %. Le cas de cette autorisation avec taxe s'est produit le 31 décembre 1890. La circulation s'est élevée à 1,160,536,000 marks avec une encaisse qui n'était que de 734,579,000 marks. Depuis, l'encaissement de la Reichsbank a tendu à se rapprocher de un milliard de marks dont les deux tiers en or, sans que la circulation dépasse un milliard de marks. La Banque de France est arrivée à une circulation de 3,478 millions avec une encaisse de 2,984 millions (30 mars 1893) [1] dont 1,660 millions en or. Les billets de la Reichsbank sont mieux couverts. La Banque de France incline vers une circulation excessive.

IV. La Reichsbank est tenue à rembourser ses billets en espèces; ses billets ne jouissent ni du cours légal, ni du cours forcé; elle doit accepter les billets des autres banques.

V. Elle est tenue d'opérer, sans rétribution, la plupart des paiements et des encaissements de l'Empire et même des divers États.

VI. Après prélèvement d'un dividende de 4 $\frac{1}{2}$ °/₀ pour les actionnaires et de 20 °/₀ de l'excédent pour la réserve, les bénéfices sont partagés par moitié entre l'État et les actionnaires.

VII. Le Conseil fédéral a le droit d'autoriser l'émission de 120 millions de bons de caisse au porteur.

Ces diverses stipulations font de la Reichsbank un organisme supérieur à toutes les banques d'Europe du même ordre, notamment à la Banque de France, même à la Banque d'Angleterre. La Reichsbank dispose d'une circulation autrement élastique que celle de la Banque d'Angleterre, sans verser dans les excès qui menacent la Banque

---

(1) Au 30 mars 1893, circulation de la Reichsbank, 1,070 millions de marks; encaisse 868,955,000 marks, dont 633,984,000 en or.

de France. Sa circulation est amplement garantie par une circulation monétaire dont l'or est le seul étalon. Les limites des opérations sont tout autres. Néanmoins point de monopoles, point d'attribution exclusive de bénéfices : au contraire, obligation de recevoir les billets des autres établissements de circulation.

Tous les arguments que des députés, sans largeur de vues et sans l'ombre de compétence, sont venus entasser en faveur du monopole de la Banque de France et contre la pluralité des banques de circulation, si heureusement pratiquée de 1819 à 1848 en France, sont réfutés à l'avance par la prévoyance d'un législateur intelligent. Quelle supériorité sur nos bâcleurs de lois !

Donnons-en une autre preuve qui ne comporte pas de réplique. Cette législation nouvelle est venue à échéance en 1890. Les hommes de 1875 n'étaient plus au pouvoir; on n'en a pas moins respecté leurs traditions. Les avantages faits à la Reichsbank n'ont été prorogés que pour dix ans; néanmoins l'État s'est réservé une part plus grande dans les bénéfices. L'intérêt des parts a été réduit à 3 $\frac{1}{2}$ $^o/_o$, et quand le dividende des parts atteint 8 $^o/_o$, l'État prend les trois quarts du surplus. En 1891, les bénéfices nets se sont élevés à 19 millions de marks. Il a été attribué aux actionnaires, comme premier dividende, 4,200,000 marks; comme second dividende, 3 millions de marks; comme excédent de bénéfices, 1,950,000 marks; total, 9,150,000 marks pour un apport de 120 millions de marks, soit plus de 7 $\frac{1}{2}$ $^o/_o$: ce qui est fort beau dans un temps où le taux de l'intérêt est à 3 $^o/_o$. La part de l'État n'en a pas moins été de 8,850,000 marks, tout en portant à la réserve 1 million de marks. Elle a atteint le maximum de 30 millions de marks.

En 1891, les actionnaires de la Banque de France ont eu à se partager 32,419,000 francs pour un apport de

182,500,000 francs; ils ont donc palpé 18 %, au lieu de 7 $\frac{1}{2}$ à Berlin; quant aux réserves de la Banque, elles ne s'élèvent — depuis quatre-vingt-douze ans — qu'à 44 millions. En France prévaut l'intérêt particulier, en Allemagne l'intérêt public.

Sous l'influence de cette législation, ainsi que des progrès économiques de l'Allemagne, la Reichsbank compte maintenant parmi les plus importantes banques du globe. Elle occupe le quatrième rang et, à certains égards, le troisième, après la Banque de France, la Banque d'Angleterre et la Banque de Russie.

Voici le tableau comparé du développement de ses opérations 1874-1892. En 1874, elle n'était encore que la Banque de Prusse :

ARTICLES	1874 — 1.000 marks.	1876 — 1.000 marks.	1880 — 1.000 marks.	1887 — 1.000 marks.	1892 — 1.000 marks.
Capital.........	120.000	120.000	120.000	120.000	120.000
Succursales	167	207	222	299	»
Encaisse	684.000	510.500	562.690	972.260	861.760
Circulation	832.000	685.000	735.000	860.600	1.020.897
Dépôts et C.tes C.te..	»	70.595	124.993	402.740	439.367
Virements.......	524.000	8.392.000	17.618.000	29.405.000	»
Avances........	406.000	457.000	840.000	805.891.000	»
Escomptes	4.140.000	4.151.000	3.510.000	»	3.784.685
Bénéfices	12.700	10.200	9.800	7.771.000	11.889.872
Part de l'État (1).	5.100	3.800	3.600	2.043.000	4.342.404
Mouvement total..	17.240.000	36.084.000	52.194.009	79.839.000	104.489.335

Au 31 décembre 1892, la situation comparée des quatre plus importantes banques du globe, France, Angleterre,

(1) En 1891 l'État avait reçu 8,850,000 marks. L'année avait été bien plus favorable.

Allemagne, Russie, se présentait dans les conditions ci-après :

BANQUES	FRANCE — 1.000 francs.	ANGLETERRE — 1.000 francs.	ALLEMAGNE — 1.000 francs.	RUSSIE — 1.000 francs.
Encaisse totale......	2.979.183	608.925	1.077.200	1.223.485
Encaisse or...... ..	1.539.013	608.925	792.290	1.165.200
Portefeuille	587.799	912.850	730.665	691.696
Dépôts et C^{tes} C^{ts}....	788.541	853.100	543.996	727.875
Capital.............	182.500	361.750	150.000	700.000
Réserves...........	44.915	77.950	37.500	»
Avances et fonds divers (1).	673.130	41.750	128.887	1.411.125
Circulation.........	2.398.240	637.175	1.276.610	2.996.662

§ 4. — VISITE A LA REICHSBANK

La Reichsbank est située au centre de Berlin, en plein quartier des affaires, dans la Jägerstrasse, à quelque distance de la Bourse et des principaux palais du gouvernement. L'édifice dans lequel elle se trouve a été construit, entre 1864 et 1865, en granit, marbre et briques, en vue de la destination spéciale à laquelle il était affecté. C'est là un avantage important. On s'en rend compte quand on compare les installations de la Reichsbank soit à celles de la Banque de France, soit à celles de la Banque d'État à Saint-Pétersbourg, l'une et l'autre casernées dans des bâtiments construits à d'autres fins. Les divers services sont plus immédiatement placés sous la main des directeurs; ils s'agencent mieux les uns les autres; leur distribution intérieure est tout autrement entendue. Une seule

(1) Dans ce second tableau les avances ne sont pas composées des mêmes éléments que dans le précédent.

séance nous a suffi pour parcourir tous les services de la Reichsbank; il nous en a fallu deux pour la Banque d'État de Russie.

On peut diviser en cinq sections les divers services de ces grands établissements, où se centralisent tant de richesses et qui caractérisent particulièrement notre époque :

1° *Le service ordinaire de banque*, qui se rencontre, plus ou moins développé, dans toutes les banques : caisses, comptes-courants, portefeuille, escompte. Nous avons parcouru les salles de ces divers services à la Reichsbank. Les caisses nous ont paru particulièrement bien disposées. Elles forment un cercle, au dedans duquel les clients se classent d'après la catégorie de leurs affaires. Les salles consacrées à l'encaissement des effets nous ont paru également bien entendues.

2° *L'émission des billets de banque.* — Pour la Reichsbank, les billets de banque ne dépendent pas d'elle. Ils lui sont envoyés tout imprimés et à l'état de complète validité, par l'imprimerie de l'État. La Banque n'a pas à les contrôler ni à les sceller. Elle n'en fait que le compte. Le gouvernement a le soin de la pourvoir à l'avance de la quantité de chaque espèce de billets qui peut lui être nécessaire. De même la Banque remet à l'État les billets détériorés et hors d'usage. Il ne faut pas oublier que la Reichsbank est une Banque d'État, bien qu'elle possède des actionnaires.

3° *Les réserves métalliques.* — Les caves de la Reichsbank, caves contenant de l'or, caves contenant de l'argent, nous ont été ouvertes sans difficulté. Elles sont parfaitement disposées. On y descend et on en sort au moyen d'un ascenseur automatique. Elles sont éclairées à la lumière électrique et pourvues d'un système hydraulique qui les met à l'abri de l'incendie. Nous y avons constaté l'existence de masses énormes d'or, notamment de lingots d'or à l'abri de toute espèce de vol, à raison de leur énorme poids. N'emporte pas de l'or qui veut, mais qui peut.

4° *Les titres.* — L'énorme développement des valeurs mobilières a sa répercussion dans les banques. De là des chambres de dépôts non moins importantes que les métaux précieux. **A** la Reichsbank, les titres sont classés par nature de valeurs, afin de faciliter le détachement et le classement des coupons, dont le paiement constitue un nouveau service pour les banques.

Le sous-directeur qui nous accompagnait nous déclara que les valeurs en dépôt dépassaient 2 milliards de marks.

5° *Les dépôts.* — Enfin viennent les dépôts de toute sorte d'objets que la Banque accepte, en répondant des valeurs qu'ils contiennent, sans vérification. Elle n'a jamais eu à se plaindre de sa confiance.

Nous avons vu dans les caves *ad hoc* des dépôts de tout genre, faits par des personnes appartenant à toutes les classes, des généraux, des marins, des femmes. Plusieurs remontaient à plus de trente ans.

Les services que les banques rendent au public non commerçant sont devenus tout aussi importants que les autres. La Reichsbank a dû s'agrandir; elle a fait l'acquisition d'un vaste terrain qui touche l'édifice actuel. Elle se trouve maintenant entre quatre rues et constitue un bloc monumental.

La Banque de France a été moins heureuse. Installée dans un ancien hôtel de Paris, construit au xvii° siècle, elle est à peu près située au centre, près de la Bourse, entre la Seine et les boulevards, non loin des Halles, néanmoins à une certaine distance des quartiers riches. Il ne lui a pas été possible de s'agrandir. Aussi vient-elle de transporter ailleurs, dans l'ancien Théâtre des Italiens, une partie de ses services. Elle demeurera, en quelque sorte, coupée en deux.

A propos du Congrès monétaire de 1889, le gouverneur de la Banque de France a autorisé les membres du Congrès à visiter les caveaux et les ateliers de la Banque. M. le gouverneur leur a fait lui-même la conduite pendant cette excursion qui a été du plus réel intérêt.

La Banque est une forteresse à l'abri de toute surprise; ses caveaux sont organisés de manière à offrir les plus grandes facilités pour le transport des métaux précieux et des espèces en même temps que pour être fermés, défendus, inondés. Ils sont aujourd'hui éclairés à l'électricité. Les voûtes sont très élevées et les passages étroits; les salles intérieures, d'inégales formes et dimensions, sont garnies d'étagères fermées dans lesquelles les espèces monnayées ont été classées par nature de métal et par États.

Il suffit de parcourir quelques-unes de ces salles pour constater *de visu* l'immense supériorité de l'or sur l'argent : 10 millions d'argent encombrent une salle; 10 millions d'or n'occupent pas une seule étagère.

La salle la plus curieuse est celle des lingots d'or. C'est une salle de grandeur moyenne. 240 à 250 millions de lingots d'or y sont réunis; on pourrait en mettre le double. La plupart de ces lingots sont anglais (forme quadrangulaire) ou américains (forme rectangulaire). Les lingots ne sont acceptés que des mains de maisons spéciales qui, en général, les refondent avant de les vendre. La Banque les soumet ensuite à divers essais. Il est rare qu'elle ne fasse pas monnayer chaque année quelques millions de pièces de 20 francs. Elle n'a jamais eu à supporter de déchet sensible à raison de la nature du métal. En 1889 elle a fait monnayer 40 millions d'or.

Les 300 millions d'or arrivés pendant l'Exposition étaient représentés pour plus de 120 millions par des lingots américains et pour près de 40 millions par de l'or russe. La rareté de l'or est donc une chimère.

Un personnel de choix est affecté aux divers services des caves.

Des caves, on passe aux ateliers de fabrication des billets. Billets et lingots, en réalité, ne font qu'une seule et même chose. Un premier atelier, le plus important, est consacré aux billets de 100 et de 1,000 francs. Chaque jour l'atelier donne pour onze millions de billets de 100 francs. Chaque billet est teinté à deux couleurs. L'atelier des billets de 500 francs est moins important.

Au dessus de ces deux ateliers se trouve le petit atelier où trois hommes et trois femmes revêtent ces billets de la signature au moyen d'une machine très ingénieuse, et vérifient les billets.

Ces ateliers disposent d'une force motrice de 125 chevaux dont 100 chevaux proviennent de machines électriques. Le tout est mis en fonction par un puissant générateur avec une roue colossale; on se croirait dans une manufacture.

Le temps a manqué pour visiter les bijoux et 4 millions de titres.

Nous ne dirons rien des autres services de la Banque qui sont entièrement publics. Les membres du Congrès ont été reçus dans le splendide salon doré où ont lieu les réceptions officielles; ils se sont séparés dans l'immense salle où chaque 15 et 31 du mois 600 garçons de recette réguliers ou supplémentaires encaissent les effets sur tout Paris.

Quels progrès! que de changements en un siècle, même en un demi-siècle, gage d'autres progrès dans un avenir prochain.

Ces énormes accumulations métalliques, cette fabrique perpétuelle de billets, dont les dessins et l'impression exigent les plus habiles artistes et qui circulent comme l'or, ces masses immenses de titres, représentant sur quelques papiers et dans quelques armoires une notable partie de la fortune d'un pays tel que l'Allemagne ou que la France, provoquent bien des réflexions. Nous les renvoyons à notre visite à la Banque impériale de Russie.

§ 5. — AUTRES BANQUES DE CIRCULATION EN ALLEMAGNE

Sur les 32 banques particulières de circulation qui existaient en Allemagne en 1875, 17 seulement acceptèrent les conditions de la nouvelle législation. Elles étaient au capital de 148,332,000 marks, avec une circulation totale de 198,549,600 marks. Depuis, 9 de ces banques ont renoncé à leur droit d'émission. Il n'en subsistait plus, en 1891, que 8 qui l'exerçassent. En voici l'énumération avec les principaux détails de leurs opérations pour l'année 1891 :

BANQUES	CAPITAL — 1.000 marks.	CIRCULATION — 1.000 marks	ENCAISSE — 1.000 marks.	DÉPOTS — 1.000 marks.	RÉSERVES — 1.000 marks.	DIVIDENDES
Sachsische........	30.000	52.088	36.520	17.726	4.290	6 %
Frankfürter......	17.143	13.108	8.947	17.235	4.436	6 1/2 %
Für Suddeutschland..	15.672	16.280	6.466	»	1.886	4 3/4 %
Braunschweiger...	10.500	2.968	1.008	»	742	5 1/2 %
Wurttenberg	9.000	23.326	13.212	»	681	5 1/2 %
Badische..........	9.000	16.769	6.810	984	1.602	6 %
Bayerische	7.500	64.361	37.505	»	2.566	9 %
Breslau..........	3.000	2.460	1.287	2 679	622	3 1/2 %
Totaux....	101.815	191.360	111.755		16.835	

§ 6. — LES BANQUES DIVERSES EN ALLEMAGNE

Les banques privées de circulation ne donnent pas une idée exacte du nombre et de l'importance des banques en

Allemagne. Il faut y ajouter 95 banques par actions faisant toutes les opérations de crédit et 31 banques hypothécaires, en tout, avec les banques privées de circulation et la Reichsbank, 135 banques. En 1883, ces diverses sortes de banques n'étaient qu'au nombre de 113. Le tableau suivant indique les changements qui, depuis 1883, se sont accomplis dans leur situation :

ARTICLES	1883 — 1.000 marks	1891 — 1.000 marks
Capital......................	1.248.700	1.623.900
Actif........................	5.934.500	9.276.800
Encaisse.....................	827.100	1.282.800
Dépôts.......................	514.700	821.100
Comptes courants.............	768.900	1.274.400
Réserves.....................	174.400	312.400
Hypothèques..................	1.850.000	3.532.000
Bénéfices bruts..............	145.514	195.343
Bénéfices nets...............	84.054	104.878

Ces résultats sont indispensables à connaître, pour comprendre ceux, tout autrement curieux, des associations coopératives en Allemagne. Ils s'expliquent les uns par les autres.

Quelques-unes de ces banques ont acquis une grande importance, spécialement la Deutsche Bank et la Disconto Gesellschaft à Berlin; la Norddeutsche à Hambourg; la Dresdner Bank à Berlin; la Bank für Handel und Industrie à Darmstadt; la Bayerische Hypotheken und Wechselbank à Munich.

Nous avons dressé le tableau ci-après des opérations les plus importantes de ces banques, afin que l'on puisse en avoir une idée quelque peu exacte. Ces opérations se rapportent toutes à l'exercice 1891.

BANQUES	CAPITAL	DÉPOTS	COMPTES COURANTS	PORTEFEUILLE	AVANCES	CAISSE	RÉSERVES
			En millions de marks.				
Deutsche à Berlin	75.0	41.2	109.3	109.9	83 4	25.2	24.6
Disconto à Berlin	75.0	27.2	91.2	67.9	90.5	17.6	24.1
Handels-Gesellschaft à Berlin	65.0	24.6	41.2	56.6	52.0	20.7	14.8
National à Berlin	36.0	»	26.5	7.5	5.2	24.3	28.0
Deutsche Genossenschaft à Berlin.	21.0	4.9	8.1	14.7	22.4	1.7	3.2
Für Handel und Industrie in Darmstadt.	80.0	11.7	30.3	67.9	90.5	17.6	26.4
Mitteldeutsche à Francfort	30.0	»	21.2	23.8	14.9	8.4	1.8
Dresdner à Dresde	60.0	13.7	59.0	43.3	72.4	10.8	13 0
Schaafhausen à Cologne	48.0	1.4	82.8	14.0	59.4	26.0	2.2
Bayerische Hypotheken à Munich..	34.2	12.6	538.2	16.9	540.2	3.8	8.2

Les neuf premières occupent le premier rang comme banques de commerce, d'escompte, et la dernière comme banque hypothécaire.

Ces diverses banques indiquent combien les affaires sont encore décentralisées en Allemagne. Toute l'importance de cette décentralisation se montrera bien mieux en nous occupant des associations coopératives, l'une des plus grandes gloires de l'Allemagne.

En outre des banques fondées par actions, il existe dans les principales villes allemandes, à Berlin, à Hambourg, à Francfort, à Cologne, des banquiers particuliers qui ont une très grande importance. Quelques-unes de leurs maisons remontent au xviie siècle, la plupart au siècle dernier. Les Rothschild à Francfort, les Mendelssohn, les Warschauer et les Bleichrœder à Berlin, les Heine à Hambourg, marchent de pair avec les premières banques allemandes.

Le développement des banques sera, plus tard, une grande

force dans les mains d'une race aussi active et aussi entreprenante que les Allemands. Bien que portés à beaucoup trop spéculer et à courir après les bénéfices faciles et trop rapides, les Allemands font, en général, des hommes d'affaires remarquables. Ils possèdent déjà, sur divers points du globe, des banques importantes qui contribuent puissamment aux progrès du commerce de l'Allemagne. Il y a plus de vingt ans, M. de Hubner signalait déjà ces progrès dans son *Voyage autour du globe*. Combien se sont-ils depuis accentués ! La France ne leur tient tête que par les comptoirs du *Crédit Lyonnais* et du *Comptoir d'Escompte*. Les banques coloniales françaises sont spéciales aux colonies françaises. Il n'en existe aucune *in foreign countries*, comme les banques anglaises étrangères. La France ne fabrique guère encore que des avocats, des littérateurs, des employés, des soldats ou des ouvriers agricoles et industriels. Ce n'est point assez pour soutenir les luttes de l'avenir. Il faut des hommes façonnés de bonne heure à aller vivre au dehors, à essaimer à l'étranger. Sous ce rapport, l'industrie de la banque est la plus nécessaire et la plus efficace.

APPENDICE

DU TOME PREMIER

NOTES DIVERSES

CHAPITRE PREMIER

Le port de Brême est en grand accroissement.

	IMPORTATIONS	EXPORTATIONS
	1,000 marks	
1888..........................	552.931	517.285
1892..........................	719.494	684.324

CHAPITRE SECOND

1. Il s'est produit à Hambourg un certain ralentissement dans la navigation maritime en 1892. — *Entrée* : 8,569 navires au lieu de 8,673 en 1891. Tonnage : 4,978,000ᵗ, au lieu de 5,083,123. *Sortie* : 8,565 navires au lieu de 8,684. Tonnage : 4,996,000ᵗ, au lieu de 5,085,857.

Toutefois, de 1888 à 1891, les valeurs assurées par les compagnies d'assurances maritimes ont passé de 1,412,044,430 marks à 1,853,249,773 marks.

II. Extrait du *Journal of the Chamber of Commerce of London*
sur les progrès de la navigation à Hambourg :

The number of sea-going vessels which arrived in the port of
Hamburg were :

From :	Average p. a. from 1846 to 1850.			1892	
German ports........	924	Reg. tons	32.251	2.321	Reg. tons	402.419
Great Britain (coal only)	882	—	130.447	1.083	—	787.069
— (other goods)	802	—	147.936	2.143	—	1.435.394
The remainder of Europe	810	—	72.197	1.656	—	1.001.144
America.............	300	—	68.535	1.013	—	1.458.275
Africa..............	19	—	2.373	135	—	165.660
Asia and Australia...	26	—	8.031	218	—	389.019
	3.763	—	461.770	8.569	—	5.639.010

Of these vessels there were :

	Average 1846 to 1850.	1892
Sailing ships..................	3.347	2.441
Steamers.....................	416	6.128

These figures show the enormous increase in the maritime move-
ment in the port of Hamburg during the last forty-three years. The
value of goods *imported* was :

By sea-going vessels, from :	Average per annum from 1851 to 1860	1892
	Marks	Marks
Other than European countries.....	82.801.052	856.290.660
Great Britain and Ireland..........	200.061.447	373.593.990
The remainder of Europe...........	47.323.270	259.295.640
Total by sea...	330.185.769	1.489.180.290
By land and river............	184.989.948	1.117.514.230

The value of goods *exported* was :

By sea-going vessels, to :	Average per annum from 1851 to 1855	1892
	Marks	Marks
Other than European contries......	77.487.207	520.466.830
Great Britain and Ireland..........	82.254.759	372.092.840
The remainder of Europe...........	39.182.538	305.264.770
Total by sea....	198.924.504	1.197.824.440
By land and river.......	206.065.935	1.115.897.100

III. *Exposition permanente du commerce à Hambourg.* — Le consul général de France à Hambourg annonce la création d'une exposition permanente de produits alimentaires en vue de l'exportation dans cette ville. La *Borsen Halle* de Hambourg a consacré tout un article de fonds à la création, dans cette ville, d'une exposition privée d'échantillons des divers produits alimentaires susceptibles de donner lieu à des affaires d'exportation. Cette exposition, organisée par la maison Harder et de Voss, nos 36-38 de la rue Burstahl, semble de nature à rendre des services appréciables aux industries des produits alimentaires. La maison Harder et de Voss se propose de mettre constamment sous les yeux des exportateurs de Hambourg les échantillons des produits alimentaires les plus divers. Elle ne fait pas de l'exportation elle-même; elle sert seulement d'intermédiaire entre les exportateurs et les fabricants.

IV. *Distribution d'eau à Hambourg.* — La terrible épidémie cholérique de Hambourg de l'année passée ayant prouvé l'insuffisance de la distribution d'eau, l'autorité s'est décidée à apporter des modifications importantes au régime existant. L'eau de Hambourg était primitivement puisée dans l'Elbe sans aucun filtrage; on a installé de puissants filtres à sable. L'eau continue à être pompée dans la rivière; mais maintenant elle est dirigée par un canal jusqu'à un réservoir près duquel se trouve une station de pompes. Là se trouve une série de bassins de dépôt qui retiennent par décantation les impuretés. Le bâtiment contient cinq machines à vapeur commandant chacune deux pompes qui peuvent donner chacune 2,500 mètres cubes d'eau par heure. L'eau arrive dans une série de réservoirs qui peuvent contenir chacun 120,000 mètres cubes d'eau. De là un canal amène l'eau jusqu'aux filtres à sable de Kaltenhof qui se composent de divers lits de pierrailles et de graviers couverts d'une couche de sable de un mètre d'épaisseur. Cinq de ces filtres sont terminés, ayant chacun une surface de 7,500 mètres carrés, ce qui, avec une vitesse de filtration de 2 mètres cubes par mètre carré par vingt-quatre heures, donne 15,000 mètres cubes d'eau, suffisant actuellement pour donner 120 litres par habitant, soit environ la moitié de la consommation de la ville. L'effet de la gelée n'est pas à craindre, car la hauteur d'eau est toujours d'un mètre sur les filtres. L'installation complète comprendra dix-huit filtres dont deux seront toujours en nettoyage. Pour recevoir l'eau filtrée pendant la nuit, de larges réservoirs couverts ont été construits à Rothenburgsort.

V. *Budget de la ville de Hambourg.* — Les recettes se sont élevées en 1891 à 55,431,453 marks et les dépenses à 56,453,168 marks. Sur les recettes et les dépenses, consulter le premier volume de la *Statistique comparée des Institutions financières des États*, première série, 1889, p. 414-417.

CHAPITRE TROISIÈME

§ 1. — LA NAVIGATION MARITIME

1. *Développement de la construction des navires en 1891.* — D'après le *Lloyd's Register of British and foreign Shipping :*

Vessels built during 1890 and 1891.

	1890		1891	
	No. of vessels	TONNAGE	No. of vessels	TONNAGE
United Kingdom	716	1.197.235	771	1.155.383
United States	175	148.878	169	100.062
Germany	68	102.465	83	76.431
British colonies	108	44.540	99	38.350
Norway	56	27.153	68	35.329
Netherlands	24	26.133	19	27.537
Italy	44	19.642	42	26.409
France	32	34.562	18	16.719
Denmark	24	10.185	23	12.650
Sweden	33	12.692	28	12.180
Greece	32	8.701	39	10.562
Russia	17	5.052	29	8.408
Austria-Hungary	7	2.013	12	7.559
Other countries	29	7.555	20	5.248
TOTALS	1.362	1.646.809	1.420	1.532.827

The enormous increase in the output of mercantile vessels of late year to 1890 given in figures shows a gain from a total of 579,000 tons of new tonnage in 1887 to 926,000 tons in 1888, to 1,502,000 tons in 1889, and to 1,646,000 tons in 1890, which

London *Industries*, in view of the decline in 1891 to 1,532,000 tons, characterised as " likely to be ' high-water mark ' for some years".

Notwithstanding the decrease in the tonnage output last year of 113,982 tons, there was an increase in the number of vessels constructed, the " tendency to build on the average smaller vessels continuing. In the year 1889 the average vessel built was 1,378 tons, but in the year 1891 it was only 1,079 tons ".

The falling off in shipbuilding in 1891 was not uniform, Norway, Italy, Austria-Hungary, Greece, Denmark and the Netherlands showing more or less increased outputs. The United Kingdom itself reports a decrease in the output, but appears to take satisfaction in the fact that it built 75.3 per cent. of the entire output of the world in 1891, as against 72.7 per cent. in the preceding year. One-fifth of the work in British shipyards last year, it is said, was due to foreign orders.

The appended table showing number of sailing vessels built and total tonnage by countries last year and year before covers, of course, a proportion of the tonnage referred to in the preceding tabular exhibit. It is apparent almost at a glance that the revival in building of sailing vessels, noticed particularly in 1890 as contrasted with 1889, was again a feature in 1891 :

Sailing vessels built during 1890 and 1891.

	1890		1891	
	No. of vessels	TONNAGE	No. of vessels	TONNAGE
United Kingdom	84	121.015	142	214.352
United States	145	89.975	156	81.995
British colonies	92	37.355	83	31.942
Germany	12	15.083	20	24.166
Italy	43	19.297	36	19.300
Norway	20	9.083	36	17.986
Netherlands	4	2.757	9	12.009
Greece	32	8.704	38	10.344
France	18	6.896	11	8.675
Russia	15	4.073	29	8.408
Denmark	9	1.500	13	3.900
Austria-Hungary	2	661	6	1.477
Sweden	»	»	5	1.126
Other countries	6	969	7	1.697
TOTALS	482	318.268	591	437.377

Comparer : *Bulletin des Travaux publics*, pour l'Europe : 1885-1890, mars 1890. Pour l'Allemagne, février 1893. Pour les divers peuples, *Journal des Économistes*, septembre 1892, page 375.

II. L'Empire allemand exécute depuis 1883 le grand canal du Nord qui doit réunir la Baltique et la mer du Nord. Ce sera l'une des œuvres principales du siècle. (Voir *Mémoires des Ingénieurs civils*, juin 1893.)

§ 3. — CHEMINS DE FER

III. *Répartition des voyageurs sur les divers chemins de fer d'Europe* (d'après l'*Album de statistique graphique* du Ministère des Travaux publics).

PAYS	NOMBRE DE VOYAGEURS			Recettes proportionnelles par classe			TRAINS-OMNIBUS		
	1re cl.	2e cl.	3e cl. (a)	1re cl.	2e cl.	3e cl. (a)	1re cl.	2e cl.	3e cl.
	P. C.	P. C.	P. C.	P. C.	P. C.	P. C.	Cmes	Cmes	Cmes
Allemagne	0.6	10.2	89.2	4.9	26.9	68 2	10.0	7.5	5.0 b
Angleterre	3.6	8.1	88.3	12.4	10.6	77.0	9.7	8.1	6.5
Autriche	1.2	12.7	86.1	7.5	27.6	64.9	7.5	5.0	2.5
Belgique	3.9	12.8	83.3	14.8	25 1	60.1	7.6	5.7	3.8
France	8.0	36.0	56.0	21.0	27.0	52.0	11.24	7.56	4.93
Italie	4.8	25.9	69.3	17.5	36.6	45.9	11.3	7.9	5.1
Pays-Bas	7.0	23.0	70.0	16.6	36.2	47.2	10.63	8.5	5.31
Russie	1.4	7.1	91.5	6.2	15.1	64.1	15.0	11.15	5.65
Suisse	2.2	19.7	78.1	11.4	34.4	54.2	10.4	7.3	5.2

(a) On a englobé dans la 3e classe toutes les classes inférieures à la 2e classe, telles que la 4e classe, la classe militaire, etc.

(b) Il existe dans le nord de l'Allemagne une 4e classe à 2 1/2 centimes.

§ 4. — NAVIGATION INTÉRIEURE

IV. *Ses progrès en France.* — Extrait du rapport de M. Félix Faure, député, sur le projet de loi concernant les Chambres de navigation :

« En 1881, elle transportait 19,740,000ᵗ sur un total de marchandises transportées par les chemins de fer et la navigation de 104,800,000ᵗ. En 1891, son tonnage s'élevait à 25,200,000ᵗ et le tonnage total à 124,000,000ᵗ. En dix ans, la progression s'était opérée de 18 à 22 %. Elle a donc été de 4 %. Cette progression, déjà importante, le serait davantage si la navigation intérieure était améliorée. En effet, le matériel de transport, recensé en 1887 et en 1891, comprend 15,925 bateaux ordinaires, c'est-à-dire non automoteurs, ayant une capacité totale de 2,996,230ᵗ, et 691 bateaux à vapeur jaugeant, à pleine charge, 43,583ᵗ. Au 16 mai 1891, sur les 15,925 bateaux, 5,393 seulement se trouvaient en route chargés, soit un tiers environ, et 8,385 en stationnement, soit plus de moitié. De plus, le transport a été, en 1891, de 25,200,000ᵗ pour une capacité totale de transport de 3,000,000 de tonnes.

» Le but du projet présenté à la Chambre est :

» 1° D'éclairer l'administration sur les besoins commerciaux des centres situés près ou sur les voies navigables ;

» 2° D'établir et d'administrer sur la partie du réseau comprise dans leur circonscription, au fur et à mesure des besoins constatés, un outillage public d'exploitation, traction, pilotage, outillage des ports publics, grues, hangars, magasins de groupage, magasins généraux, agences de renseignements, bureaux d'affrétements, voies ferrées, etc., suivant les conditions et tarifs déterminés après enquête pour chaque partie de cet outillage, par des décrets rendus en Conseil d'État ;

» 3° De contribuer, comme le font les Chambres maritimes pour les ports de mer, aux dépenses d'extension et d'amélioration du réseau, par des subsides ou des avances de fonds versés au Trésor, et de se couvrir des charges de ces subventions ou de l'intérêt de ces avances au moyen de péages perçus pendant le temps nécessaire, en vertu de lois spéciales.

» Les Chambres de navigation sont, on le voit, analogues aux Chambres de commerce des ports. Elles sont appelées à rendre à la navigation intérieure les services rendus par celles-ci à l'organisation des ports maritimes. »

V. *Navigation intérieure en Allemagne.* — Comparer *Bulletin des Travaux publics* (février 1890).

§ 7.

Sur les progrès des postes, des télégraphes et des téléphones, comparer le *Board of Trade* (septembre 1893) et le *Bulletin de Statistique du Ministère des Finances* (août et septembre 1893).

CHAPITRE QUATRIÈME

§ 2.

I. *Population de la Prusse.* — La population du royaume de Prusse s'est élevée de 24,024,315 à 29,955,284 habitants de 1867 à 1890. Au 1er décembre 1871 la population résidant en Prusse était de 24,655,730 dont 12,432,717 personnes du sexe féminin. Au 1er décembre 1890, il y avait 14,702,151 personnes du sexe masculin et 15,253,130 du sexe féminin.

Le tableau suivant résume les chiffres indiqués d'après les derniers recensements :

Population du royaume de Prusse de 1867 à 1890.

	TOTAUX	POPULATION RÉSIDANT EN PRUSSE		Accroissement en % depuis le dernier recensement		
		Personnes du sexe masc.	Personnes du sexe fémin.	En général	Pers. du sexe masc.	Pers. du sexe fém.
3 déc. 1867........	24.021.315	11.895.950	12.125.365	»	»	»
1 — 1871........	24.655.730	12.132.717[1]	12.523.013	2.6	2.0	3.3
1 — 1875........	25.742.404	12.692.370[2]	13.050.034	4.4	4.6	4.2
1 — 1880	27.279.111	13.414.866[2]	13.864.245	6.0	5.7	6.2
1 — 1885........	28.318.470	13.893.604[2]	14.424.866	3.8	3.6	4.0
1 — 1890........	29.955.281	14.702.151[2]	15.253.130	5.5	5.5	5.1

(1) Sans les troupes en Prusse et sur la flotte à l'étranger.

(2) Sans les troupes réparties dans les différents États de l'empire allemand et sur la flotte à l'étranger.

Par chaque millier d'habitants, voici quel était l'âge de la population prussienne au 1er décembre 1890 :

AGE	En général	Masculin	Féminin
0 à 10 ans	247.62	253.85	241.62
10 à 20 —	206.73	211.37	202.25
20 à 30 —	161.89	161.63	162.43
30 à 40 —	129.01	128.96	129.05
40 à 50 —	101.46	99.62	103.24
50 à 60 —	75.88	73.00	78.66
60 à 70 —	50.41	47.21	53.50
70 à 80 —	22.78	21.02	24.48
80 à 90 —	3.88	3.37	4.38
90 à 100 —	0.21	0.15	0.26
100 et au dessus	0.002	0.001	0.004
Non déclaré	0.13	0.12	0.13

Sur 26,438,074 habitants dont la langue maternelle est l'allemand, 18,468,665 appartiennent à la religion évangélique ; 7,509,953 à la religion catholique ; il y a 89,807 autres chrétiens ; 365,357 juifs, 4,289 personnes d'autres cultes et de religion inconnue.

On compte en Prusse 6,643 personnes dont la langue maternelle est le français ; 2,523 dont la langue maternelle est le russe, et 10,299 l'anglais. Les Polonais sont les plus nombreux : 2,816,657. Viennent ensuite les Danois et les Norvégiens, au nombre de 139,399. Les Italiens se comptent par 5,315 personnes ; les Espagnols par 702 et les Portugais par 255.

Classée par religion, la population prussienne compte, en chiffres ronds, 19 millions de membres appartenant au culte évangélique ; 10 millions de personnes professant le culte catholique ; les juifs sont au nombre de 370,000 environ.

II. *Familles d'origine française à Berlin.* — De Saint-Ange de Lorne, Arnault de la Férière, de Beaulieu-Marconnay, Melot de Beauregard, Borell du Vernay, Casafranca de Saint-Paul, Charles de Beaulieu, Charet de la Frémoise, comte Clairon d'Haussonville, de l'Homme de Courbière, baron Digeon de Monteton, de Dumas de l'Espinol, du Bois de Dunilac, du Verdy du Vernoy, de Palarieux-Falconnet, de Forcade de Biaix, baron de la Motte-Fouqué, de la

Valette Saint-Georges, comte Hue de Grais, de Senarclens, Grancy, comte de Saint-Ignon, Le Tanneur-Illaire, de la Chevallerie, de Lavergne-Peguilhen, Le Tanneur de Saint-Paul, de l'Œillot de Mars, de Malapert de Neuville, de Maubeuge, comte de Montgelas, de Morsay-Picard, de Pelet-Narbonne, de la Périère, Talleyrand-Périgord, comte de Pourtalès, de Renouard de Viville, de Saint-Pierre, de la Terrasse, etc., etc.

Cette liste est celle des émigrés français qui se réfugièrent en Allemagne après l'édit de Nantes. Ils servent tous dans l'armée prussienne.

La population de Berlin était en 1890 de 1,578,794; on l'évalue en 1893 à 1,700,000 âmes.

§ 3. — LES CONDITIONS ÉCONOMIQUES DE BERLIN

I. *Alimentation et marchés.* — Renvoi à l'étude ci-après mentionnée dans la *Réforme sociale* du 16 avril 1893.

De même pour la circulation dans Berlin, la pêche sur les bords de la Sprée, les restaurants, les débits de boissons.

Pour les assurances ouvrières à Berlin, voir le tome second.

II. *Chemins de fer à Berlin.* — En 1892, le nombre des billets délivrés à la Stadtbahn a été de 40 millions; nombre de voyageurs 50 millions. Le trafic des marchandises a augmenté de 14 %; trains par jour 438, le dimanche 489. (*Bulletin des Ingénieurs civils,* août 1893.)

§ 4. — ADMINISTRATION DE BERLIN

I. M. Oscar Pylferoren a fait paraitre dans la *Réforme sociale* (16 mars, avril et mai 1893) trois études sur l'administration, les finances, l'assistance, les travaux publics, la police, l'enseignement, la question sociale à Berlin. La première étude est spécialement affectée à l'administration de Berlin. Citons à titre particulier les élections à Berlin. Électeurs commerciaux : 1re classe (1887), 3,489 électeurs; votants 59 %; 2e classe, 17,730; votants

47.15 °/₀; 3ᵉ classe, 81.419; votants 33.18 °/₀. Électeurs au Reichstag, 315,114; votants 74.02 °/₀; au Landtag, 293,778; votants 25.10 °/₀. L'auteur donne de nombreux détails sur les *Délégations* qui comptaient en 1888, 2,099 délégués pour les pauvres, 1,123 pour les orphelins, 1,364 pour les écoles, 320 pour l'évaluation des loyers.

§ 5. — IMPÔTS ET FINANCES DE BERLIN

I. *Finances comparées de Paris et de Berlin.* — M. Leo Rowe, de l'Université de Pensylvania, vient de publier (chez Gustav Fischer, à Iéna) un livre intéressant sur les finances comparées de Berlin et de Paris, *Die gemeinde Finanzen von Berlin und Paris*, l'administration des deux capitales, leurs ressources qui sont bien différentes. Recettes de Paris en 1891 : 236,404,460 marks. Recettes de Berlin : 79,199,443 marks.

§ 6. — L'HYGIÈNE A BERLIN — L'EAU ET LES ÉGOUTS

I. *L'Eau à Paris.* — La condition de Paris, sous le rapport de l'eau, est en sérieuse voie d'amélioration. D'un rapport fait le 31 mars 1893 au Conseil municipal de Paris par M. Sauton, il résulte que la ville dispose de 300,000 mètres cubes d'eau de source par jour, y compris celle de l'Avre et du Breuil, et de 450,000ᵐᶜ d'autres eaux diverses. Elle vient de mettre à l'étude l'adduction des eaux du Loing et du Lunain dont les sources lui appartiennent. Cette adduction fournira 50,000ᵐᶜ par jour. Une somme de 30 millions y a été affectée.

II. *Les Égouts à Paris.* — Le Conseil municipal a voté une nouvelle dépense de 85 millions pour l'amélioration des égouts de Paris; mais le mode d'emploi de cette somme importante n'a pas été arrêté. Les expériences d'absorption des eaux de vidanges, après enlèvement des résidus, n'ont pas été aussi favorables qu'à Berlin et qu'à Danzig. D'autre part, divers essais de filtration par des procédés chimiques sont en faveur. (*Bulletin de la Société des Ingénieurs civils*, juin-juillet 1893.)

D'après un premier système, dit Anderson, expérimenté à Boulogne, près le pont de Sèvres, l'eau est mise en contact pendant quelque temps avec du fer métallique. L'installation est très simple. L'eau qu'il s'agit de purifier s'écoule lentement dans un long cylindre horizontal, appelé « revolver », à moitié rempli de petits morceaux de fer et qui tourne à une faible vitesse. Au sortir de ce cylindre, l'eau s'est chargée de sels de protoxyde de fer, à raison de 6 grammes environ par mètre cube. On la fait circuler alors dans des couloirs de décantation où, sous l'action de l'air, les sels de protoxyde de fer se désoxydent et se déposent sous forme d'une boue rougeâtre qui entraine avec elle les impuretés et les microbes de l'eau. Pendant que l'eau séjourne dans le revolver, on y insuffle de l'air, ce qui a pour résultat de diminuer notablement la quantité de matière organique dissoute dans cette eau.

Enfin, en quittant les couloirs de décantation, l'eau passe sur des filtres de sable, formés d'une couche de briques supportant 20 centimètres de gravier et 45 centimètres de sable. Elle les traverse à raison de 5^{mc} par jour et par mètre carré et en sort absolument potable.

Ces procédés sont employés avec succès à Roubaix et à Tourcoing.

D'autre part, la ville de Nantes a fait édifier au milieu de la Loire une tour à parois rocheuses, de 26 à 28 mètres de diamètre, remplie de gravier et de sable et au centre de laquelle existe un puits en pierre percé d'ouvertures. L'eau du fleuve, filtrée à travers 12 mètres de sable, s'écoule à travers ces ouvertures et on obtient ainsi une eau de bonne qualité.

D'après un rapport officiel adressé au Parlement par le ministre de l'intérieur, voici quels seraient actuellement l'état des égouts de Paris et les projets les concernant. Ces projets ne tiennent pas encore compte des procédés de désinfection et de filtration des résidus d'égouts, qui renferment la véritable solution :

1° Travaux d'adduction et d'élévation des eaux d'égout jusqu'aux terrains à affecter à l'épuration agricole : 30,800,000 francs. La quantité d'immondices et d'eaux ménagères envoyées dans la

Seine quotidiennement par les égouts est de 400,000 mètres cubes. Cette masse considérable est expectorée en partie près du pont d'Asnières au débouché du grand collecteur de Clichy. Un cinquième, soit 80,000 mètres cubes, est répandu dans la plaine de Gennevilliers qu'elle fertilise au moyen de tuyaux de drainage, et cette eau retourne dans la Seine après s'être clarifiée par son passage à travers la terre végétale. 320,000 mètres cubes restent donc encore à envoyer journellement dans d'autres terrains perméables pour arrêter l'empoisonnement de la Seine. La plaine d'Achères est destinée à en absorber également 80,000 mètres cubes à l'aide d'un aqueduc souterrain maçonné, d'une longueur totale de 15 kilomètres. En route, les conduites maîtresses pourront envoyer une série de branches secondaires d'irrigation sur les communes de Nanterre, Argenteuil, Houilles, Sartrouville, dont le terrain a été reconnu perméable, et qui font partie du territoire des environs de Paris jugé apte à recevoir des eaux d'égout.

2° Achèvement du réseau d'égouts de Paris et construction de nouveaux collecteurs : 35,200,000 francs. Les sous-sols de la capitale comprennent actuellement trois collecteurs : un qui va de la place de la Concorde à Asnières ; un second qui part de la Bièvre, longe le boulevard Saint-Germain, les quais, franchit la Seine au moyen d'un siphon établi au pont de l'Alma, passe sous le coteau de l'Étoile et rejoint le collecteur d'Asnières ; un troisième qui reçoit les eaux provenant de la zone Nord-Ouest de Paris et les dirige vers la Seine, à Saint-Denis. La longueur totale des égouts qui arrivent à ces collecteurs est de 866 kilomètres, soit 1,240 kilomètres avec les embranchements. Il reste, pour drainer toutes les voies *classées*, à exécuter environ 260 kilomètres d'égouts.

III. *L'Eau à Londres.* — Pour 3,526,051 habitants desservis, on pourra disposer de 294,000,000 gallons par jour — en 1931. (Rapport de la Commission des eaux de Londres.)

§ 8. — PAUPÉRISME ET ASSISTANCE A BERLIN

I. *Hospitalisation à Berlin.* — M. Oscar Pyfferoren (*Réforme sociale*, 1er mai 1893) a réuni un grand nombre de renseignements intéressants, notamment sur les maisons de travail avec hôpital (Arbeithaushospital) ; contenant 3,824 personnes ; sur les sœurs laïques infirmières, sur les trois hôpitaux municipaux de Berlin (Moabit, Friedrichshaus et Urban), où 31,936 malades ont été soignés en 1889; sur les asiles de nuit et les gens sans abri (Obdachlosen). L'asile de nuit a reçu 334,670 personnes, 16,158 femmes et enfants en 1892. Quant aux *sans abri* assistés, ils étaient en 1891 au nombre de plus de 127,000 : 109,092 hommes, 10,870 femmes, *6,132 filles*, 989 enfants.

II. *Hospitalisation à Paris.* — M. Paul Ropiquet a donné un article important sur les progrès de l'hospitalisation à Paris (*Économiste français*, 27 mai 1893) : « Le Concours des maires et l'Œuvre de l'*Hospitalité du travail* », avenue de Versailles, 52, dirigée par la sœur Saint-Antoine. Voir également un article de M. Hubert Valleroux sur l'*Œuvre de la Providence*, rue de Reuilly. Cette œuvre renferme 2,000 enfants. Elle est tenue par les sœurs de Saint-Vincent de Paul. C'est une des plus considérables de Paris (août 1893).

Nous renvoyons également au rapport de M. Léon Lefébure sur l'Office des Institutions charitables qui a fait 12,000 visites en 1892 (*Réforme sociale*, juillet 1893).

§ 9. — ASSOCIATIONS CHARITABLES A BERLIN

I. *Les Œuvres de l'initiative privée à Genève.* — Ces œuvres ont pris un grand et heureux développement à Genève. Bains, lavoirs, fourneaux, asiles. Étude de M. Paul Marin (*Réforme sociale*, 16 octobre 1892). La ville de Berlin a organisé des bains et lavoirs pour les indigents.

§ 10. — LE SOCIALISME A BERLIN

I. *Progrès du socialisme en Allemagne.* — Les élections de juin 1893 ont été un insuccès relatif pour les socialistes allemands. Ils n'ont obtenu ni le nombre de voix, ni le nombre de sièges, sur lesquels ils comptaient. Ils ont fait quelques progrès dans les divers Landtags particuliers.

En Saxe, où sont seuls électeurs au premier degré les citoyens âgés de plus de vingt-cinq ans et payant au moins 3 fr. 75 d'impôt. les socialistes ont 10 représentants au Landtag; ils en ont 3 en Hesse, 2 en Bade, 1 à Meiningen, Weimar, Reuss et Altenbourg; ils n'étaient pas représentés jusqu'ici à la Chambre bavaroise, où pourtant l'électorat était accordé au premier degré à tout citoyen âgé de vingt-un ans et payant un impôt quelconque; depuis les élections qui viennent d'avoir lieu, ils y sont 5 dorénavant : 4 pour Nuremberg et 1 pour Munich.

Résultats socialistes des élections 1881-1893.

1881	341.900
1884	549.900
1887	703.100
1890	1.341.500
1893	1.700.000

Leur intervention, fort louche, dans les affaires intérieures de la France, leur a assez peu réussi.

A propos de la déclaration récente que le socialiste Bebel a faite au Reichstag sur la question d'Alsace-Lorraine, M. Maujan dit dans *Germinal* (20 juillet 1893) :

« Les socialistes allemands prêchent l'internationalisme, mais ils ne le pratiquent pas. Ils se campent fièrement dans leur formule humanitaire quand ils viennent pérorer en France; et quand ils sont à la tribune du Reichstag, ils avouent platement qu'ils n'ont jamais eu l'intention de rendre l'Alsace-Lorraine, qu'ils entendent garder ce qui a été volé par la guerre, et que c'est encore la classe ouvrière qui assurera le mieux le triomphe du militarisme allemand.

» Ces bons apôtres sont internationalistes en voyage, mais nationalististes à domicile. Ils conseillent, à l'étranger, la grève générale, et, chez eux, ils offrent avec élan le concours des prolétaires pour les coups de main et pour les tristes besognes du sabre. Ils tonnent contre l'exploitation capitaliste, mais ils s'inclinent devant l'exploitation et l'écrasement des peuples. Ils préconisent l'émancipation des travailleurs par les travailleurs, mais ils n'admettent pas cette émancipation pour les pays vaincus et courbés sous le joug.

» Ils ont deux langages et deux visages. Ce n'est pas, décidément, la loyauté qui les étouffe : des roublards sous leur aspect pataud, à ce point que l'un d'eux a stupéfié les Marseillais, qui ne sont pas gens, cependant, à s'étonner d'une déclaration, si extraordinaire qu'elle puisse être. C'est, en effet, Liebknecht qui, interrogé au congrès ouvrier de Marseille sur la question de l'Alsace-Lorraine, répondait : « Oh ! mon Dieu, c'est bien simple ; laissez-nous faire notre révolution en Allemagne, et la question de vos deux provinces se réglera ensuite d'elle-même. »

§ 11. — LA SOCIÉTÉ DE BERLIN

1. *La Condition de la femme à Berlin.* — Il devient moins vrai de jour en jour que l'Allemande d'intelligence moyenne, demeurée jusqu'ici compressible et disciplinable, ne désire rien de plus que de continuer aux siècles des siècles à cuisiner pour son seigneur et maître. Le vent des idées nouvelles sur son sexe a soufflé jusqu'à elle, lui apportant des sujets d'étonnement et de scandale qui se transforment peu à peu en sujets d'envie. Berlin, — pour ne parler que de ce que je connais le mieux, — Berlin possède son groupe de « féministes », qui harcèlent leurs sœurs et déposent dans ces imaginations paisibles, par leurs discours et leurs écrits, un levain de mécontentement et d'ambition. Elles leur disent : — Ne croyez plus ceux qui vous répètent que la femme est un être purement instinctif, incapable de s'élever dans sa conduite au dessus du mobile sentimental. Cessez aussi de vous imaginer que votre responsabilité s'arrête au seuil de votre cuisine. Les temps sont changés et ils changeront encore bien davantage dans l'avenir. Le mot : « Être homme signifie être combattant », s'applique également aux deux sexes. Vous n'êtes pas seulement responsables de vos actes envers votre ménage, vous en êtes responsables envers la vie publique et la société.

Armez-vous en conséquence. Travaillez, afin de pouvoir vous assimiler, dans la mesure de vos capacités, l'essence de la culture contemporaine ; c'est à ce prix, et à ce prix uniquement, que vous pouvez aujourd'hui remplir dignement vos devoirs d'épouse et de mère. Développez votre personnalité, car en elle réside votre force pour l'action. Soyez quelqu'un au lieu d'être quelque chose [1].

Ainsi s'expriment les féministes allemandes à l'inexprimable horreur de presque tous les hommes. Elles prennent soin de mettre leurs compatriotes au courant de ce qui se passe dans les autres pays, et chaque renseignement est un germe de révolte qui finira un jour par lever. Il est impossible qu'il en soit autrement; la différence est trop grande entre Berlin et Londres, ou Paris, ou Washington.

La Berlinoise entend raconter ce qui s'est fait depuis vingt ans, en Angleterre et en France, pour l'éducation des jeunes filles. Elle le compare à ce qu'on a fait dans sa ville, capitale et centre intellectuel du grand empire germanique, et le bilan est bien simple à établir : d'un côté, tout; de l'autre, rien; d'un côté, des collèges, des cours sérieux, toutes les ressources universitaires, les mêmes examens et les mêmes diplômes que les garçons; de l'autre, le pensionnat de demoiselles à l'ancienne mode [2].

(Débats. Article d'Arvède Barine. 1er août 1893.)

§ 12. — LE MOUVEMENT INTELLECTUEL A BERLIN

I. *Associations populaires scientifiques.* — La Société pour le développement de l'*éducation du peuple* a tenu à Wiesbaden sa seizième assemblée générale ordinaire (1886).

---

[1] Les personnes qui s'intéressent à ces questions devront lire les écrits de Mlle Hélène Lange (Berlin, Œmigke's Verlag). L'auteur est une personne très distinguée, très énergique et pleine de sens. Elle ne demande rien que de parfaitement raisonnable et pratique.

[2] Je dois dire qu'il est question dans les journaux allemands de la prochaine création de deux lycées de jeunes filles : l'un à Berlin, l'autre à Stuttgart. Ces deux établissements devraient leur existence aux efforts de Mlle Lange.

Dans le rapport soumis à cette assemblée générale, on a exposé les résultats de l'action de la Société jusqu'à ce jour de la manière suivante :

« Si nous jetons un coup d'œil critique sur la période de quinze années maintenant écoulées pendant laquelle s'est exercée notre activité, nous voyons que la Société s'est proposé comme but principal de combattre les fausses doctrines fondées sur des connaissances insuffisantes qui, sur le terrain de l'économie politique, semblent parfois devenir menaçantes pour notre situation sociale. Dans la pensée d'amener surtout une réflexion plus calme et un jugement plus net dans les couches laborieuses de la ville et de la campagne, la Société a, dans la première moitié de son action jusqu'à ce jour, par le moyen de brochures, de conférences publiques, de publications populaires et de l'organe de la Société *Der Bildungs Verein*, entrepris de combattre surtout les fausses doctrines sociales en excluant l'agitation politique et en se plaçant sur le terrain paisible des éclaircissements pratiques.

» Deux cent mille personnes environ, formant 638 associations, auxquelles s'ajoutent 2,654 des membres payants de notre Société, appelés membres personnels, participent aujourd'hui à l'accomplissement de notre tâche ; celle-ci est entrée dernièrement dans une nouvelle phase. Nous ne cherchons pas seulement à réaliser l'éducation des masses sur le terrain économique et celui des connaissances générales, mais encore sur celui de l'intérêt public. Dans cette voie, nous avons fait les plus grands efforts pour développer l'éducation physique, pour obtenir la réforme scolaire, les colonies de vacances, les bains de mer pour les enfants, les asiles d'enfants, les bains populaires, les débits de café, afin de combattre la pauvreté et la mendicité errante, et de rendre, par l'introduction d'une vie économiquement et humainement meilleure, les masses populaires mieux en état et plus capables de recevoir la semence intellectuelle. »

(Extrait du Blætter für Genossenschaftswesen.)

II. *La Presse à Berlin.* — Les conditions d'existence de la presse ne sont pas les mêmes qu'à Paris. Elles favorisent les grands journaux, qui doivent une partie de leur force et de leur sécurité à l'absence de l'acheteur au numéro. C'est du moins l'opinion du directeur de l'un d'entre eux, qui redouterait, pour sa part, de voir nos usages s'introduire à Berlin. Il m'en a donné des raisons topiques. « Nous tirons, disait-il, à 70,000 dont 28,000 pour Berlin, 42,000 pour le reste de l'Allemagne, et presque tout pour des abonnés; la vente au numéro est insignifiante. Donc, pas de bouillons. De plus, notre clientèle est très stable. Nous lui servons deux éditions par jour, qui forment ensemble jusqu'à seize grandes pages (1), selon l'abondance des matières. Le monsieur qui avale (*ce fut son mot*) nos deux éditions dans sa journée n'a pas même la pensée de s'abonner à un second journal. N'en trouvant pas à acheter, il n'est pas continuellement troublé dans ses convictions, par des lectures contradictoires. Il est pénétré jusqu'aux moelles par les opinions de son journal, et il lui reste fidèle; il n'en change guère. »

(Débats, 1er août 1893. Arvède Barine.)

III. *L'Enseignement à Berlin.* — M. Oscar Pyfferoren (*Réforme sociale*, 1er mai 1893) donne les résultats suivants pour la population scolaire et les établissements d'instruction à Berlin en 1891.

270 écoles publiques...	3.911 classes...	201.368 élèves.
2 — juives.......	32 — ...	964 —
80 — privées	641 — ...	19.181 —

V. *L'Art à Berlin.* — M. Leixner a traité les diverses questions se rapportant aux arts à Berlin dans son quatrième essai. Il conclut que sous le rapport de l'art, il n'y a réellement aucune comparaison à établir entre ces deux centres. Berlin, dit-il, n'ose pas devenir le *Paris* de l'Allemagne.

(1) Il était encore trop modeste. J'ai sous les yeux l'un des numéros de son journal, celui du samedi 1er juillet. Les deux éditions comprennent ensemble vingt grandes pages, sans compter un supplément illustré de huit pages, d'un format moindre. Sur les vingt grandes pages, une moitié environ est donnée aux articles, télégrammes, nouvelles diverses et feuilletons. Le reste est consacré aux renseignements commerciaux et financiers et aux annonces.

§ 13. — LA RELIGION A BERLIN

I. *Les Éléments religieux à Berlin.* — L'*Elsæsser* de Strasbourg dit à ce sujet que les Berlinois s'occupent aussi peu de leurs temples que de leur religion; que, la plupart du temps, les temples sont vides et qu'on n'y voit guère du monde que le jeudi saint, le vendredi saint, le jour des Morts et le jour de la Saint-Sylvestre, qui clôt l'année.

Sur 1,700,000 habitants, Berlin compterait 160,000 catholiques et 120,000 juifs.

Les juifs possèdent huit belles synagogues, les catholiques une église collégiale, quatre églises paroissiales et deux églises succursales, sans compter trois autres églises en voie de construction et les chapelles des communautés religieuses catholiques, assez nombreuses.

Les protestants, par contre, qui forment une population de 1,300,000 individus, n'ont que 23 temples de patronal royal et 16 de patronal municipal, alors que les quelques milliers de huguenots français, établis à Berlin, ont à eux seuls 4 temples, dont un seul d'un caractère monumental.

II. *Les Éléments religieux à Paris.* — Comparer *Journal de Statistique* de Paris, septembre 1890. Chaque colonie étrangère à Paris possède ses églises et presque ses paroisses. Les Anglais, avenue Hoche et à Levallois-Perret; les Allemands, rue Lafayette et boulevard d'Italie; les Espagnols, avenue Friedland : *Corpus Christi*; les Belges, rue de Charonne et boulevard Saint-Antoine; les Italiens, rue de Vezelay, rue de Lourmel, rue Fondary; les Polonais, rue Saint-Honoré, église de l'Assomption; les Irlandais, derrière le Panthéon, au séminaire irlandais; les Arméniens catholiques, chapelle dans l'hôtel de Chambrun; les Maronites du Liban, chapelle du Sénat; les Grecs catholiques, église Saint-Julien-le-Pauvre.

III. *La Crémation à Paris.* — Une somme de 107,255 francs est accordée pour l'établissement d'un colombarium définitif au cimetière de l'Est. L'administration a été en outre invitée à soumettre avant le 30 juin prochain un projet de monument crématoire pour le cimetière Montparnasse, ainsi qu'un projet définitif du monument du cimetière de l'Est.

IV. *Le nouveau Columbarium du Père-Lachaise.* — L'administration préfectorale, qui paraît avoir le sentiment de l'actualité, a procédé le 7 novembre, dernier jour de la semaine des Morts, à l'adjudication des travaux de terrassement et de maçonnerie à exécuter pour la construction d'un Columbarium au cimetière du Père-Lachaise.

C'est le commencement de l'installation définitive, dans ce cimetière, des services de la crémation qui y sont disséminés. Actuellement, le monument crématoire se compose d'un bâtiment carré, peu joli d'aspect, que terminent désagréablement pour la vue les cheminées des fours. Des trois salles d'incinération prévues, deux seulement ont été aménagées. En attendant qu'elle soit livrée à sa destination première, la troisième sert d'abri aux personnes qui désirent rester jusqu'à la fin des opérations crématoires. Elle est fort exiguë et à peu près inhabitable. On y gèle en hiver et l'été on y gagne facilement une fluxion de poitrine, grâce à des courants d'air que l'administration qualifie d'inévitables.

Régulièrement, chaque four devrait être précédé d'une salle d'attente, de façon à ce qu'on pût faire plusieurs incinérations à la fois. Mais lorsqu'on a édifié ce four crématoire, il s'agissait avant tout d'une expérience. On ne prévoyait pas que l'idée de se faire réduire à sa plus simple expression, une fois mort, gagnerait beaucoup de nos concitoyens, et l'on n'a fait que du provisoire.

Cela explique encore que le Columbarium où sont portées les urnes funéraires est très mal établi et placé à une assez longue distance du lieu d'incinération. Il avait été question de le transporter le long du mur de clôture du cimetière. On aurait pu ainsi l'étendre indéfiniment au fur et à mesure des besoins, par la seule adjonction de travées. Mais c'eût été trop loin encore du monument crématoire et le Conseil municipal a préféré réunir en un même groupe tous les services de la crémation, afin, tout à la fois, de satisfaire aux exigences légitimes des familles et d'assurer ensemble architectural imposant.

C'est dans cet esprit qu'a été conçu le plan soumis à l'approbation de nos conseillers municipaux par l'architecte de la Ville, M. Formigé, et dont l'exécution partielle commencera prochainement.

Au centre du groupe se trouvera le monument crématoire proprement dit, c'est-à-dire le bâtiment existant, avec ses trois salles d'incinération que précéderont des salles d'attente. Un dôme élégant masquera les cheminées des fours.

Le Columbarium, en forme de quadrilatère, entourera les fours d'incinération. Très vaste, il englobera toute la 87e division du Père-Lachaise. Il sera formé de portiques avec galeries d'un très bel effet architectural. Les cases destinées à recevoir les urnes seront étagées dans le mur de ces galeries. La dépense totale s'élèvera à près d'un million.

Si partisan qu'il soit de la crémation, le Conseil municipal n'a pas voulu, en l'état de souffrance où se trouve son budget, engager d'un seul coup une pareille somme. Il a donc ouvert à l'administration un crédit modique de 107,000 francs sur lesquels 57,0000 seulement seront employés à amorcer les travaux du Columbarium.

L'achèvement de celui-ci se fera par parties, suivant le développement que prendront les idées en faveur de la crémation.

Les cinquante autres mille francs seront consacrés à la construction immédiate d'un grand hall en briquettes et en fer qui servira provisoirement au public de salle d'attente. Ce sont 50,000 francs absolument sacrifiés, puisque ce hall devra disparaître pour faire place aux trois salles prévues au plan général.

V. *La Philosophie cynique à Berlin.* — Article de M. Bourdeau (16 mars 1893), sur « Max Stirner et Frederic Nietzsche ».

« Les néo-cyniques se proclament *immoralistes*. Selon leurs disciples, « il n'y a rien de plus sot que l'idée de morale; après » Stirner et Nietzsche, nous pouvons nous dire vraiment cela... (1). » L'histoire universelle nous enseigne qu'un peuple moral est » presque toujours un peuple sans esprit, il ne crée rien, il ne

____

(1) *Die Gesellschaft,* 1892. Heft II, p. 1522.

» progresse pas. Les désirs, l'aspiration à jouir, et le sentiment
» intense de la jouissance sans scrupule moral, c'est là le sol sur
» lequel croissent et s'épanouissent les fleurs les plus éclatantes de
» l'esprit (1). »

» Il n'est point d'étrangeté que les Allemands n'aient mise en
système : celle-ci du moins comble une lacune. Nous possédions
la littérature brutale, le théâtre cruelliste, il nous manquait la
philosophie cynique. »

M. Bourdeau ajoute :

« Supposez maintenant une société composée d'*uniques*, où
chacun n'aurait d'autre droit, d'autre protection que sa propre
force. Elle aboutirait à ceci, que l'unique le plus puissant jetterait
les autres par terre, se mettrait au dessus de tous, les exploiterait
à son profit. Partant de ce principe que l'homme est un loup pour
l'homme, Hobbes, témoin des guerres civiles de son temps, conclut,
comme conséquence nécessaire, à la fondation de l'État despo-
tique. Et l'histoire consacre la théorie. Quant un État tombe dans
l'anarchie, quand ses membres se désagrègent en une poussière,
en un tourbillon d'atomes, quand il n'y a plus de partis, mais
seulement des factions, des *syndicats d'égoïstes*, où chacun ne
songe qu'à son intérêt propre et à sa vengeance, alors, au moment
psychologique, on voit entrer en scène le grand Égoïste, le
Dictateur, le César ou le Césarion, qui va dompter tous ces
égoïsmes rivaux, les organiser, les discipliner, les conduire au
butin, au carnage et à la débâcle. »

VI. *Statistique des églises pour le culte moral.* — Le Census de
1890 aux États-Unis a dressé cette statistique, dont les résultats
ont été publiés dans le n° 180 (avril 1892) : Society for ethical
culture : 4 églises avec 5 haltes. Le tout peut contenir 6,260
personnes. *Communicants* (membres) 1,064 ; — dans 4 États :
Illinois 175 ; Missouri 150 ; Pensylvanie 139 ; New-York 600.

(1) *Die Aussichts Losigheit des Moralismus,* von A. Gerecke, Zürich, 1892.

8...

TABLE DES MATIÈRES

DU TOME PREMIER

LIVRE PREMIER

L'ENTRAINEMENT ÉCONOMIQUE DE L'ALLEMAGNE

CHAPITRE PREMIER

COLOGNE — BRÊME

CHAPITRE SECOND

HAMBOURG

CHAPITRE TROISIÈME

PROGRÈS DE LA NAVIGATION MARITIME ET DU COMMERCE DE L'ALLEMAGNE

CHAPITRE QUATRIÈME

BERLIN

CHAPITRE CINQUIÈME

LA REICHSBANK ET LES BANQUES EN ALLEMAGNE

APPENDICE

Paris-Bordeaux. — Imp. Nouvelle A. Bellier et Cie, 10, rue Cabirol.

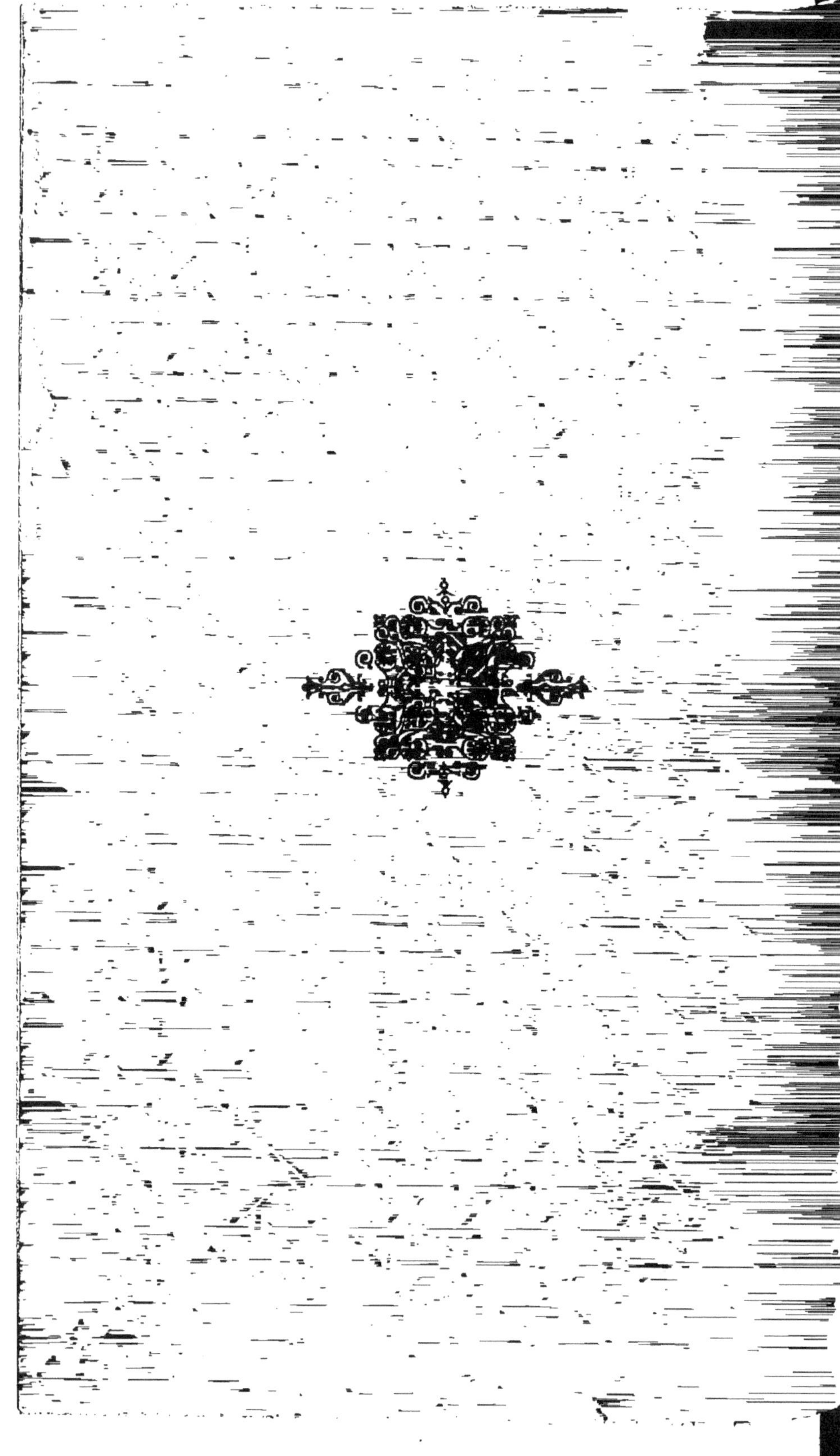